KB235241

선요, 선사의 체험으로 풀어내다

선 요,
선사의 체험으로 풀어내다

강설—설우 스님

조계종
출판사

『선요』는 참선 공부의 길에 들어선 사람들의 필독서로서
우리나라 조사선의 전통을 뿌리내리게 하는 데 결정적 영향을 끼쳤다.
우리가 본래 성불임을 알고 믿음·분심·의심 세 가지 요소를
갖추어 정진하면 누구나 반드시 깨침에 이를 수 있다고 말한다.

　꿈을 꾸는 사람이 꿈속에서 괴로울 때에는 꿈을 깨는 것이 제일 중요한 일이다. 그런데 꿈을 깨는 것이 과연 좋기만 한 일인가? 본래 꿈을 꾸지 않은 사람의 입장에서 볼 때에는 이 또한 일장춘몽一場春夢이다. 괜히 꿈을 꾼 사람이 꿈을 꿔서 깨쳤다고 하는 것이지, 꿈을 꾸지 않은 사람은 그런 것이 귀할 리 없다. 이 모든 일들이 중생 업식을 가지고 중생 업식을 깨치는 일이다. 마치 도적의 칼을 뽑아서 도적을 잡는 일과 같다.

　조사선과 간화선의 본래 뜻은 부처가 부처로서 부처의 삶을 사는 것이다. 그런데 선禪에 대한 정견正見 없이 참선하는 무리들은 '참선은 선법문禪法門 듣는 자리나 선방에서만 닦는다'고 생각하고 생활선의 중요성을 간과하고 있다.

　일찍이 육조 스님은 『단경壇經』에서 '일상생활 속의 그 많은 경계들이 본래 공空한 것인 줄 알고 그대로 잘 알아서 집착심에 머물지 말고 그 마음을 잘 쓰는 것〔응무소주 이생기심應無所住 而生其心〕'이 선禪이라고 했고, 고봉 스님은 『선요禪要』에서 '본래 모두 성불해 있으므로 굳이 닦아서 깨닫는다면 머리 위에 다시 머리를 올리는 것과 같이 군더더기일 뿐'이라고 일렀다.

고봉 스님의 『선요禪要』는 참선 공부의 길에 들어선 사람들의 필독서로서 우리나라 조사선의 전통을 뿌리내리게 하는 데 결정적인 영향을 끼쳤다.

고봉 스님은 자신의 수행 과정을 토대로 쓴 이 책에서 우리가 본래 부처임을 알고 믿음·분심·의심 세 가지 요소를 갖추어 정진하면 누구나 반드시 깨침에 이를 수 있다고 말한다. 조사선과 간화선의 바른 정견正見을 갖추게 되면 일상생활에서의 분노, 갈등, 걱정을 끊어 버리고 본래 맑고 고요한 자리로 돌아가게 되므로 말 그대로 생활 속의 선을 실천하게 만드는 공부라 할 것이다.

간화선 공부라 하면 무조건 접근하기 어렵다고 여기는 불자들이 많다. 부처님께서도 당신의 법을 펴기 위해 비유와 방편을 활용하셨듯이, 이 책에서는 현재 벌어지고 있는 일상에 기초한 비유를 통해 간화선 수행체계를 쉽게 풀이함으로써 생활 속에서 앎을 실천할 수 있도록 돕고자 했다.

지난해 말 생각지 못하게 몸이 상하게 되었다. 신라 고승 경흥 스님의 일화에 '선우善友가 병을 낫게 한다'는 말이 나오는데 소납 역시 여러 도반과 불자님들의 염려와 도움 덕분에 기운이 돌아왔다. 인연에 감사할 따름이다.

몇 달간 회복에 힘쓰던 중 오래전 정리해 두었던 고봉 스님의 『선요禪要』 원고를 다시 꺼내어 들었는데 매일의 규칙적인 운동과 원고

작업으로 몸과 마음이 안정되었다.

　이제 한 권의 책으로 엮어 세상 사람들과 나누게 되었으니 모든 공덕을 그대 살아 있는 부처님들에게 회향한다.

불기 2558년 여름 저잣거리에서 설　우

下

선禪은 부처님의 마음, 교敎는 부처님의 말씀

세존께서 세 곳에서 마음을 전하신 것은 선지禪旨가 되고, 한평생 말씀하신 것은 교문敎門이라. 그러므로 선禪은 부처님의 마음이요, 교敎는 부처님의 말씀이다.

世尊이 三處傳心者는 爲禪旨요 一代所說者는 爲敎門이라 故로 日禪是佛心이요 敎是佛語니라

— 서산대사의 『선가귀감』 중에서

우리는 대화를 할 때 마음에 있는 바를 상대방에게 그대로 이야기할 수도 있지만 그럴 수 없는 사정이 있을 때도 있습니다. 우리가 마음에 있는 바를 그대로 이야기하지 않는 것은 상대가 처해 있는 입장이나 그것을 둘러싸고 있는 상황, 그 사람이 있는 위치 혹은 그 사람이 소화할 수 있는 근기智慧에 차이가 있기 때문입니다. 똑같은 말이지만 그 사람에게 약이 될 수도 있고, 독이 될 수도 있습니다. 그래서 때로는 속뜻과는 좀 다르게 에둘러 이야기하기도 합니다. 이것은 말을 듣는 상대방을 배려하고 이해해 주는 것입니다. 경전에서도 이런 방편을 두는 경우가 종종 있습니다.

대들보를 치고 싶은데 대들보를 바로 치기는 여러 가지 걱정되는 점이 있어서, 부처님께서는 기둥을 두드려 그 울림을 통해 대들보를 흔들리게 합니다. 이런 형식의 법문을 일러 '방편법문方便法門'이라고 합니다. 선禪과 경전의 관계를 알기 위해서는 이런 뜻을 이해해야 합니다.

천태지의天台智顗, 538~597 대사께서는 부처님 말씀인 경전을 다섯 종류로 분류하셨습니다. 또 교설 방법에도 여덟 가지가 있다고 말합니다. 소위 오시팔교五時八敎입니다. 일부 불교학자는 이 오시팔교론이 『법화경』을 중심으로 일체 경의 가치판단을 시도한 것일 뿐, 경전성립의 역사적 사실과는 아무런 관련이 없다고 이야기하기도 합니다. 또 이런 내용이 지의 대사의 글 중에는 보이지 않는다고 하여 지의 대사가 처음 주장한 것이 아니라고 주장합니다. 논란이 있지만 예전부터 많은 사람들이 부처님의 경전을 잘 이해하기 위한 방편으로 이런 분류를 사용해 왔습니다. 지의 대사의 오시팔교 중 오시五時에 대해서 집중적으로 살펴보겠습니다.

경전발달사에 대해 간략히 말씀드리겠습니다.

오시란 다섯 가지의 시간을 이야기합니다.

다섯 가지의 시간은 부처님의 설법 순서에 따른 분류입니다. 처음 화엄시華嚴時를 시작으로 아함시阿含時 · 방등시方等時 · 반야시般若時 · 법화열반시法華涅槃時로 이어집니다.

화엄시는 부처님께서 성불하신 이후 3×7일3주 동안 설법하신 법문입니다. 성불하신 바로 그 경지에서 중생의 근기를 살피지 않으시고 그대로 법희法喜에 젖어 설하신 것입니다. 그래서 법문이 대단히 고준하고 그 깊이가 매우 깊습니다. 하지만 부처님께서는 고민에 빠지십니다. 이 어려운 법문을 어떻게 중생들이 이해하고 받아들일 수 있을까? 부처님께서 이런 고민에 빠져 있을 때 범천왕이 제석천에서 내려와 꽃을 올리면서 말씀드립니다.

"부처님이시여, 이 사바세계의 중생은 연못의 연꽃과 같습니다. 물에 잠겨 있는 연꽃도 있고, 물 중간에 걸쳐 있는 연꽃도 있고, 물 위에 쑥 올라온 연꽃도 있습니다. 그러니 중생의 근기에 맞게 법을 설하는 수준을 낮추십시오. 낮추셔서 이 많은 중생이 부처님의 가르침을 이해할 수 있도록 해 주십시오."

부처님께서는 범천의 청을 받아들입니다.

그렇게 해서 화엄 설법에 이어 아함이 설해집니다.

녹야원에서 시작된 아함 설법은 12년 동안 부처님 당시에 존재했던 16개 주요 국가를 유행하면서 계속됩니다. 이 시기를 일러 아함시라고 하는데 지금껏 남방불교에서는 이 아함의 가르침을 가장 중요하게 여깁니다. 이 사람들에게 불교에 대해 물으면 한결같이 고집멸도苦集滅道의 사제四諦, 팔정도八正道 그리고 십이연기十二緣起를 이야기합니다. 제행무상諸行無常, 제법무아諸法無我, 일체개고一切皆苦, 또는 열반적정涅槃寂靜을 삼법인三法印 혹은 사법인四法印이라고 합니다. 이것을 바탕으로 사제와 십이연기를 풀어나갑니다. 집착으로 인해서 고통이 생긴 것이고, 그 집착에 의해서 업이 형성되었기 때문에 업은 실제 존재하는 것이 아니고 허구입니다. 우리가 착각할 뿐입니다. 그 업에 의해서 그것이 실제로 존재한다는 착각에 빠지고 그 착각 때문에 고통을 겪습니다. 그래서 우리 중생이 사는 세계를 고해苦海라고 합니다.

고통, 그것이 헛것이고 실제로 없고 우리가 착각했다는 것을 알게 되는 것이 멸도滅道입니다. 그 멸도에 의해서 마음이 편안하고 열반의 낙樂을 얻으면서 거기에 준해서 생활 해 나가는 것을 팔정도라고 합니다. 이것을 부처님이 밝히셨습니다. 하지만 이것을 이야기해 줘도 근기가 약한 사람들은 정리가 안 되고 실천이 어렵습니다. 그래서 부처님께서는 '착한 일을 많이 하자. 착한 일을 많이 해서 일단 복을 짓자. 그래야 죽더라도 다음에 천상에 나지 않겠느냐'라고 이야기하십니다. 이런 인과 법문을 12년간 하셨습니다.

그 중에 또 어떤 사람은 이렇게 이야기합니다.

"부처님이시여, 부처님 말씀은 대단히 훌륭하십니다. 하지만 우리가 착한 일을 많이 하는데 이 사바세계에는 착한 사람만 있는 것이 아닙니다. 부처님 말씀대로 내가 착한 일을 하면 상대도 착한 행위를 해서 모두가 행복하게 어우러져야 하는데 그렇지 못한 사람이 더 많습니다. 그러니 착한 일 하는 사람만 불이익을 보는 것 아닙니까? 그래서 손해를 많이 보는 것 같습니다. 참 행하기가 어렵습니다."

이에 부처님께서는 "그 이야기도 맞다. 하지만 그것은 좁게 보는 것이다. 이 세상을 좀 넓게 봐라. 이 모든 시간도 아주 길게 봐라. 좀 더 깊게 보고 넓게 보면 우리 본성자리는 죽고자 하나 죽을 수 있는 것도 아니고, 없애고자 하나 없어지는 것도 아니고, 보지 않고자 하나 보지 않는 것도 아니다. 불생불멸의 영원한 불성의 세계가 있다. 그런 차원에서 볼 때 지금 당장 손해가 있는 것 같아도 절대 그렇지 않다. 이 세계는 우리가 던지는 부메랑과 같아서 반드시 내가 선행을 하면 그 선행에 대한 과보果報는 나에게 돌아오게 되어 있다"라고 하셨습니다.

이런 내용을 부처님께서 말씀하신 것이 방등方等입니다.

방등시는 아함을 설한 뒤 8년 동안 하신 법문입니다. 방등경에 포함된 경전들은 『유마경』, 『승만경』, 『사익경』 같은 경전이 있습니다. 방등경은 대승보살도에 들어가기 직전에 조금 준비하는 것이라고 생각하면 이해가 쉽습니다. 대승불교에 들어가기 전에 방등경을 부처님께서 8년간 설하시면서 많은 사람에게 '시야와 시각을 좀 넓게 갖자'라는 사실을 깨닫게 한 것입니다. 지금까지는 나 홀로, 내가 잘해서, 내가 똑똑해서, 내가 능력이 있어서 복을 받고, 능력이 있는 만큼 잘 산다고 생각했는데, 방등경에 들어가면서부터는 시각을 넓게 갖게 됩니다. 그래서 내가 이렇게 존재할 수 있고 행복할 수 있고 살아 움직일 수 있는 것은 모든 생명이 나를 살게끔 기도해 주고 마음으로 축복해 주는 관계 속에서, 즉 모든 생명이 그 위치에서 자기의 생명을 지키는 것이 남의 생명을 지켜 주기 위한 관계 속에서 이루어졌다는 것을 알게 되는 것입니다. 나만 생각했을 때에는 모든 것이 여유가 없고, 배려가 없고, 이해하기가 힘들었는데, 폭이 넓어지므로 주변을 둘러볼 수도 있고, 또 주변 사람 사정도 살필 수가 있고, 산다는 것은 행복한 것이고 산다는 것 자체가 모두에게 감사해야 할 일이고, 우리가 이렇게 살아 움직이는 것은 모든 생명이 모두 다 함께 살고자 하는 염원 때문이구나 하는 것을 느끼게 됩니다. 그것이 방등경의 폭넓은 가르침입니다.

반야경은 부처님께서 전법에 나선 기간 중 가장 긴 시간 동안 설한 경전입니다. 무려 21년간을 설하셨습니다. 방등경은 8년, 아함은 12년 설했는데, 반야는 21년간을 설했습니다. 그것을 볼 때 부처님께서 반야경을 설하실 때 참 많이 힘드셨지만 중요한 부분이었기 때문에 그렇게 오랜 시일 법문을 하셨다는 것을 알게 됩니다. 반야경은 총 600부입니다. 그 중에서 『금강경』은 577번째 경전입니다. 반야경에 부처님의 근본정신이 나옵니다. 반야경에서 '일체 모든 상相이라는 것은 다 믿을 바가 없다'는 것을 이야기했습니다. '응무소주 이생기심應無所住 而生其心'이라고 했습니다. 더 쉽게는 '일체유위법 여몽환포영一切有爲法 如夢幻泡影'이라고 합니다.

나를 먼저 생각하는 이기심이나 욕망, 자기만이 옳다고 생각하고, 자기만을 사랑해 주기를 바라고, 자기만이 모든 생명의 우선이 되어야 한다고 생각하는 것 등 중생 사고가 전부 『금강경』에서는 유위법이라고 했습니다. 번뇌라는 말입니다. 그런데 그런 욕망의 번뇌는 여몽환포영과 같다고 했습니다. 꿈 · 허깨비 · 이슬 · 번갯불과도 같은 것이라고 했습니다. 다 무상한 것입니다. 믿고 의지할 만한 진리도 아니고 실체가 있는 것도 아닙니다.

그러므로 우리가 본래 부처라는 것을 보려면, 마음을 다 비워야 됩니다. 생각하는 집착, 애착, 탐·진·치, 욕망 등 모든 것이 이슬과 같은 것이고 허망한 것이니, 그것을 다 비워버리면 상이 없어집니다. 상을 다 없애버리면 본래심本來心이 드러납니다. 그 본래심이 바로 '공空'입니다.

공空을 아무것도 없는 허망하고 허무한 것으로 생각하면 안 됩니다. 공은 허공과 같습니다. 허공은 비어 있지만 비어 있기만 한 것이 아닙니다. 허공에는 여러분도 있고, 나도 있고, 지저귀는 새도 있고, 노래도 있고, 춤도 있고, 세상 만물이 다 있습니다. 이것을 진공묘유眞空妙有라고 합니다. 사물이 없다는 뜻이 아니라 사대四大의 세계를 떠난 절대 세계를 이야기하는 것입니다. 참[眞] 비어 있는 모습은 그 가운데 모든 생명이 살아날 수 있는 가능성을 포함하고 있습니다. '참공'이라고도 합니다. 그래서 계속 비우라고 이야기하는 것입니다.

부처님께서 『금강경』을 21년간 설하셨는데, 제자들이 묻습니다.

"세존이시여, 비우고 비워 다 비우면 적멸寂滅의 낙樂과 아름다움이 있다고 하는데 그것을 어디서 찾습니까?"

이런 단계에 이르자 부처님께서는 『법화경』을 설하십니다.

부처님께서는 많은 제자들에게 말씀하십니다.

"비우고 비워 다 비우다 보면 비운 가운데에서 나라는 실체도 인정할 수가 없고, 부처님도 너희들의 힘이 될 수 없으며, 오로지 사실을 사실대로 보고 사실대로 알고 사실대로 삶을 살 수 있는 힘이 나오는데, 그것이 바로 이 모든 천 삼라 만 삼라 벌어져 있고 만들어져 있는 이 자체가 그대로 진리다. 이것에 이제 눈을 뜨라.”

그러면서 『법화경』에서 “그대들이나 나나 본래 부처다”라고 말씀하십니다. 즉 본래 부처님을 믿으라고 이야기하십니다. 『법화경』은 모두 28품으로 이루어져 있습니다. 그 중에서 1품에서 14품까지를 정문頂門이라고 합니다. 정문에는 일체 중생이 공空을 잘못 이해하고 허무에 빠질 것을 우려해 이 모든 생명이 어떻게 존재하고, 생명의 실상이 어떻게 움직이고 살아나가는지 밝혀 놓으셨습니다. 우리가 꽃을 볼 때에는 모양과 향기만을 생각합니다. 하지만 『법화경』의 가르침대로라면 그 꽃에서 구름도 볼 것이고, 비도 볼 것이고, 고양이 울음도 볼 것이고, 나도 볼 것입니다. 왜냐하면 이 꽃은 모든 생명이 함께 어우러져 생명을 피운 것이기 때문입니다. 즉 연기緣起입니다. 이 연기법으로 한 모양이 나타났는데 그것이 바로 이 꽃입니다. 이 꽃이 이 모양이 되기 위해 비도 내려줬고, 고양이도 밟아줬고, 천둥도 울어줬습니다. 그런데 이제 이 꽃을 만든 인연도 제 갈 길로 갑니다. 그러면 이 꽃은 어떻게 되겠습니까? 사라지는 것입니다. 이 꽃을 그대로 보면서 그런 모든 연기의 실상을 보게끔 되는 것입니다. 이렇게까지 정신이 깊이 들어가는 것을 『법화경』에서 이야기하셨습니다.

이렇게 다섯 시로 나눠 부처님께서 법문하신 것을 ‘오시교’라고 합니다.

부처님께서 이 사바세계에 오신 것은 기원전 600년경입니다. 불기 佛紀는 부처님께서 열반하신 때부터 계산됩니다. 이미 불기가 2,500년이 넘어섰으니 강림하셔서 유행하신 기간 80년을 합하면 2,600년 가까이 됩니다. 그런데 왜 강림하신 때가 아니라 열반하신 때를 불기로 잡았을까요? 초기불교에서는 몸이 있는 열반은 아직 불완전한 것이며, 몸이 없어야만 완전한 열반이라고 생각하는 경향이 있었습니다. 물론 대승불교의 열반관은 이와는 다릅니다. 열반이란 번뇌를 소멸하는 것뿐만 아니라 지혜를 생성하는 데 있다고 생각했습니다.

부처님의 열반 이후부터 100년까지를 우리는 초기불교, 근본불교 시대라고 이야기합니다. 그 이후부터 300년이 더 지나는 기간까지를 부파불교部派佛教 시대라고 합니다. 그때까지 부처님의 가르침은 문자가 아니라 암송에 의해 전해져 왔습니다. 그러다 보니 암송을 들은 사람의 지혜와 근기에 따라서 '나는 부처님의 법을 이렇게 생각한다'는 견해가 곳곳에 출몰합니다. 이에 따라 부처님의 가르침을 달리 해석하는 파派들이 생기는데 그것을 부파라 합니다. 크게 보수파인 상좌부와 진보파인 대중부로 분류하고, 상좌부가 다시 11개로 분열되고 대중부도 9개로 분열되어 모두 20여 개의 파가 생깁니다. 이 시대는 부처님의 가르침에 대한 연구가 활발하고 여러 주석서가 저술되기도 했지만, 추상적인 논쟁이 끊임없이 이어지는 폐단이 계속됩니다.

이런 와중에 부처님의 근본정신으로 돌아가자는 운동이 일어납니다. 그래서 등장한 것이 바로 대승불교입니다. 기원전 100년에서 기원후 300년 사이의 일입니다. 『화엄경』, 『법화경』, 『정토경』, 『유마경』
등이 이때 엮인 것으로 보기도 합니다.

이 대승불교 운동의 태동은 아주 중요한 사건입니다. 부처님 열반
이후 불교사에서 가장 중요한 사건이라고 할 수도 있습니다. 또 불교
가 인도에서부터 중국으로 전래되면서 선禪불교가 흥기하게 됩니다.
이 역시 대승불교의 등장 못지않게 중요한 일입니다.

우리가 흔히 소승경전이라고 이야기하는 원시경전을 보면 그 내용
이 소박하고 단순합니다. 그런데 대승경전을 보면 그 비유와 철학 체
계가 아주 다양하고 복잡합니다. 그래서 여러분이 혹시 불교를 익히
려고 하다 보면 불교가 범위가 광대하고 다양해 어디서 줄을 잡아야
할지 잘 모르는 수가 있습니다. 이것이 대승경전의 장점이면서도 우
리를 곤혹스럽게 하는 점입니다. 더군다나 불교가 인도에서 중국으
로 전래되면서 이런 문제는 더욱 크게 다가왔습니다. 우리는 초기, 부
파, 대승 등 경전을 분류하고 체계적으로 정리한 길잡이들을 쉽게 접
할 수 있지만 인도에서 중국으로 불교가 전래될 당시에는 이런 순서에
상관없이 한꺼번에 몰려듭니다. 그러다 보니 참 혼란스러웠을 것입니
다. 그래서 중국에서는 경전들을 분류하기 시작합니다. 이것을 교상
판석敎相判釋이라고 합니다. 교敎라는 것은 부처님께서 45년 동안에 가
르친 진리의 가르침을 말하는 것이요, 상相이라는 것은 내용에 따라서
그것을 분리한 것입니다. 그리고 이렇게 분리한 내용을 풀고 나열하
며 판단하는 지혜가 필요하다고 생각한 것이 교상판석입니다.

초기 중국불교에서는 이 교상판석을 가장 중요하게 여겼습니다. 그래서 800여 년에 걸쳐서 교상판석을 합니다. 당시 뛰어나다는 선지식들도 모두 교상판석에 손을 대기 시작합니다. 교상판석은 엄밀히 이야기하면 불교학입니다. 그런데 이 교상판석이 중국에서 불교를 받아들이고 체계화하는 데 큰 몫을 한 것은 사실이지만 동전의 양면처럼 또 혼란스러움도 가중시킵니다.

수나라 시대 천태지의 대사가 계셨습니다. 이분이 『법화경』 번역을 하다 보니 『법화경』이야말로 부처님 가르침의 진수를 드러낸 것으로 생각해 오랫동안 『법화경』 위주로 공부를 합니다. 그러다 보니 그 밑에 따르는 제자들은 '우리 선지식께서 『법화경』 정신을 강조하신 것을 보니 『법화경』이 대단히 훌륭하다. 그러므로 우리 스님의 정신을 받들어서 우리도 하나의 종파를 만들어야겠다. 그리고 소의경전을 『법화경』으로 해야겠다'고 생각합니다. 그래서 이루어진 것이 천태종입니다.

현수법장이라는 스님은 『화엄경』을 가장 중요한 경전이라고 생각하였습니다. 『화엄경』에서 볼 때 '이 우주 법계는 연기법으로 인해 조금도 서로가 따로 떨어져 있는 것이 아니고 관계성을 가지고 있다. 그 관계도 직선적인 관계가 아니고, 원융적인 관계성을 가지면서 생명은 모두 연결되어 있다. 마치 거미 몸에서 나온 복잡하게 얽힌 거미줄도 결국 모두 거미 하나에서 나온 생명줄이다. 우리 생명 세계도 하나로 연결되어 있는 큰 생명이다. 그 큰 생명 속에서 자성의 업으로서 우리가 인연의 모양을 드러낸 것이기 때문에 근본으로 볼 때는 전부 다 큰 하나의 생명줄기다'라는 것입니다. 그후 현수법장 스님의 후학들이『화엄경』을 소의경전으로 삼아서 화엄종이라는 종파가 형성됩니다.

이렇듯 교상판석은 장점도 있었지만 그 과정에서 종파가 형성됩니다. 선종도 이런 측면에서 보자면 종파의 하나입니다.

이제 본격적으로 선종의 출현에 대해 알아보도록 하겠습니다.

달마 스님은 부처님의 법을 이어받은 28조가 되는 분인데, 중국에 와서는 초조初祖가 됩니다. 달마 스님이 중국에 와서 보니, 중국 사람들은 부처님의 정신을 배우기 위해서 수행하고 공부를 하는데 너무 번잡하게 합니다. 다시 말하면 교학만이 너무 번세했다는 것입니다. 이것은 상당히 고급 지식을 가진 사람들만이 불교를 공부하고 소유할 수 있다는 말과 다르지 않습니다. 하지만 불교의 근본정신은 마음을 바로 아는 것입니다. 이 마음이 어떻게 존재해 가고, 어떻게 작용하고 있고, 이 마음이라는 실체가 무엇인가를 아는 것이 중요합니다. 그래서 달마 스님이 교학을 떠나 선禪을 이야기한 것입니다.

선의 종지宗旨가 무엇입니까? 직지인심直指人心 견성성불見性成佛입니다. 부처님의 근본정신은 우리 모두가 부처님과 똑같은 여래의 지혜덕성을 갖춘 부처라는 것입니다. 모두가 부처인데 경전에서는 방편을 섞어서 그렇게 이야기를 한 것입니다. 남방불교에서는 '우리 모두의 업이 지중하다. 그리고 다겁 생에 미혹해 왔기 때문에 그 업보로 인해 많이 닦아야 한다. 그래서 사제, 팔정도를 닦고, 또 십이연기법을 해서 삼십칠품을 거쳐 수다원 · 사다함 · 아나함 · 아라한과로 가야 한다'

고 점차 가르칩니다. 이것을 중생으로부터 시작하는 것입니다.

대승불교에서는 우리가 불성 종자가 있다고만 했지 그대로 부처라고는 하지 않았습니다. 『법화경』 「수기품」에 보면, 부처님께서 모든 제자들에게 수기를 합니다. 언제 부처가 될 것이고, 무슨 이름의 부처가 될 것이라고 말씀합니다. 그 말은 바로 그대가 부처라는 것을 말씀하고 싶은데 중생이 믿지 않으니 방편으로 그렇게 말씀을 하신 것입니다. 어린아이도 역시 사람의 형상을 하고 있지만 아직 지혜가 부족합니다. 그러니 더 지혜가 자라야 합니다. 죽순도 대나무지만 세월이 흘러야 큰 대가 됩니다. 그러므로 우리가 성숙기에 들어가기 위해서는 반드시 보살의 공덕을 쌓아야 합니다. 보살의 공덕을 쌓기 위한 수행 덕목은 바로 육바라밀입니다. 보시·지계·인욕·정진·선정·지혜 바라밀을 실천해야 합니다. 보살의 원을 세우고, 공을 쌓고, 또 그 원에 의해서 일체중생과 내가 한순간에 모두 불지佛地 세계에 들어가는 큰 원을 발하고 그러한 공덕을 닦아야 합니다. 그것이 대승불교입니다.

그런데 선종에서는 그런 것을 거두절미하고 바로 이야기하고 있습니다.

마조도일 스님의 제자 중에 귀종지상歸宗智常 스님이 있었습니다. 어느 날 스님에게 한 학인이 와서 묻기를, "어떻게 해야 부처님의 골수가 되는 진리를 체득할 수 있고, 부처가 될 수 있습니까?" 하자 귀종 스님이 "내가 그대에게 꼭 하고 싶은 말이 있는데 그대가 믿지 못할 것 같아서 내가 말을 못 하겠다"라고 합니다. 학인이 다시 이야기하기를

“어찌 제가 믿지 못할 것이라고 말씀하십니까? 말씀해 주십시오”라고 하자, 귀종 스님이 “네가 부처다!”라고 말하였습니다. 학인 스님은 그 소리를 듣고, 그 자리에서 깨우칩니다. 부처가 된 것입니다. 믿으면 그렇게 됩니다. 그냥 깨우치는 것입니다.

그리고 그 학인이 귀종 스님에게 “어떻게 이 부처를 지켜가겠습니까?” 물어보니, 스님이 대답하기를 “티끌만큼이라도 눈에 가리는 것이 있으면 십만팔천 리로 어긋날 것이다”라고 했습니다.

‘어떻게 나를 부처라고 하는가? 내가 이렇게 업이 지중하고 내 마음은 이렇게 불안하고, 내 마음은 이렇게 욕망과 중생심으로 꽉 차 있는데 나를 부처라 하는가? 그것은 내가 도저히 믿기가 어렵다’는 생각을 티끌만큼이라도 가지면 십만팔천 리로 벌어져 버린다는 말입니다. 그래서 티끌만큼도 가림이 있으면 안 된다는 것입니다. 이것을 절집안에서는 선문답이라고 합니다.

선禪과 교敎의 차이는 바로 이것입니다. 선은 부처님의 마음이요, 교는 부처님의 말씀입니다. 방편대로 설했으면 방편대로 알아야 합니다. 그리고 또 우리가 부처라는 것을 철두철미하게 믿어야 합니다. 『선요』를 본격적으로 살피기 전에 이것을 분명히 알아야 합니다.

고봉 화상 행장

　선가禪家에서 말하는 '직지인심直指人心 견성성불見性成佛'이란 스스로의 본성인 자성自性을 바로 가리켜서 그 자성을 즉시 깨닫는 것이며 이를 다른 말로 자기 마음을 보는 것이라 합니다. 생명 세계가 존재해 가는 근본원리 즉, 근원적인 법칙성이 바로 마음이라는 것입니다.

　그렇다면 이 마음은 또 무엇일까요? 어렵다고 생각하면 어려운 것 같지만, 사실은 각자에게 가깝게 있기 때문에 그것을 깊이 인식하지 못하고 있을 뿐입니다. 마음은 어려운 것이 아닙니다. 듣고, 보고, 판단하고 이해하는 그 물건을 말합니다. 지금 보고 듣고 알고 느끼는 것을 가지고 일상생활을 하는 것이고, 이것을 가지고 나름대로 가치를 부여해서 인생의 행복과 불행을 이야기하기도 합니다. 이것을 바로 가리켜서 깨닫도록 하는 것이 선禪입니다.

　『선요』라는 어록은 대단히 어려운 경전입니다. 그런데 참선을 하는 사람들은 반드시 『선요』를 봐야 합니다. 『선요』는 고봉 스님이 간화선 화두 수행을 실참하고 깨달으신 경험과 체험을 바탕으로 간화선 수행을 어떻게 해야 한다는 것을 구체적으로 말씀하신 것입니다. 그러므로 화두를 들고 공부하는 사람은 이것을 반드시 공부해야 합니다.

　그러면 본격적인 『선요』 공부에 앞서 고봉 스님의 행장을 살펴보도록 하겠습니다.

고봉 스님은 1238년에 출생했습니다. 속성은 서씨徐氏이고 휘는 원묘原妙입니다. 고봉高峯이라 스스로 불렀고 사람들은 고불古佛이라고도 일컬었습니다.

당시는 정치적으로뿐만 아니라 경제, 사회적으로도 극도의 혼란이 계속됐습니다.

어느 날 어머니가 태몽을 꾸었는데, 어떤 스님이 배를 타고 부두에 내리더니 곧장 고봉 스님 집으로 오셔서 하룻밤만 머물게 해달라고 했습니다. 그래서 어머니가 하룻밤 쉬어가라고 했는데, 그 꿈을 꾼 뒤에 고봉 스님이 태어나게 됩니다. 고봉 스님은 어릴 적부터 가부좌 틀고 앉아서 참선하는 것을 좋아하고, 절에 가서 스님들 흉내를 내며 염불하기를 좋아했다고 합니다.

열다섯 살에 밀인사의 법주 스님에게 출가하여 이듬해 삭발하고 1년 뒤에 구족계를 받습니다. 20세까지는 주로 천태교학을 공부합니다. 그러다가 생멸심生滅心을 끊을 수 있고 중생심을 벗어나 부처의 길로 들어갈 수 있는 길은 선종禪宗에 있다고 생각하고 스물한 살에 선지식을 찾아 헤매다가 정자사에 머물고 있는 단교묘륜 화상을 찾아갑니다. 단교묘륜 화상으로부터 화두를 받고 본격적인 참선 공부를 시작합니다. 그때 단교묘륜 화상에게서 받은 화두가 '생종하래 사향하거生從何來 死向何去'라는 화두입니다. 풀이하면 '생生은 어디로부터 오는 것이며 사死는 어디로 가는가?'라는 뜻입니다. 이 화두를 받고 고봉 스님이 종도들과 많은 스님 앞에서 원을 세우고 맹세를 합니다.

"3년 안에 견성하지 않으면 명을 마치겠다."

그리고 화두 공부를 시작했는데, 교학에 치중하다 화두를 들게 되니 참선이 무엇이며, 화두를 어떻게 들어야 하고, 화두 공부를 하는데 어떤 장애가 일어나는지 몰랐습니다. 게다가 당시는 아직 어린 나이였습니다. 그런 와중에 '생生은 어디로부터 오는 것이며 사死는 어디로 가는가?' 하는 화두를 드니 마음이 양 갈래로 갈라지는 것입니다. 집중이 안 된다는 것입니다. 이 때문에 굉장히 고뇌하고 고통을 겪게 됩니다.

그로부터 1년의 세월이 흘렀습니다.

그런데 마침 도반이 와서 이야기하기를, 설암雪巖, 1215~1287 중국 송나라 화상이라는 분이 "고봉 수좌가 3년 안에 일대사를 해결하겠다고 선을 시작한 지 1년이 지났는데 요즘 공부가 어느 정도 진척되었는지 궁금히 여기신다"고 전해 줍니다. 그러면서 그 도반이 설암 스님을 한번 찾아가 공부 점검을 받는 것이 어떻겠냐고 이야기합니다. 그래서 고봉 스님이 설암 스님을 찾아갑니다.

설암 스님을 찾아가 인사를 드리려 문을 열고 들어가는데, 설암 스님이 들어오는 고봉 스님의 멱살을 거머쥐고는 주먹으로 가슴을 치고 몽둥이로 때립니다. 고봉 스님은 방에 들어가지도 못하고 입 한 번 열지도 않았는데 그 자리에서 두들겨 맞고 쫓겨납니다.

고봉 스님은 어린 나이에 그런 황망한 경우를 당했기에, 눈물을 흘리면서 '내가 무슨 잘못이 있어서 몽둥이로 맞고, 말도 한마디 못하고 인사도 한 번 못 드리고 이리 쫓겨나는가? 나에게 무슨 문제가 있는가?'라고 생각합니다. 선방에 내려와서 가만히 많은 생각도 하고, 고뇌도 하면서 괴로워합니다.

고봉 스님이 설암 화상을 찾아갔지만 결국 거기서 깨닫지를 못합니다. 그래서 그 다음 날 아침에 다시 설암 스님을 찾아뵈러 올라갑니다. 그런데 이번에는 몽둥이질이 아니라 조용히 묻습니다.

"무슨 화두를 들고 있느냐?"

그리고는 자상하게 화두 드는 법이나 부딪히는 경계에 대해 말씀을 하시고, 고봉 스님에게 '무無'라는 화두를 내립니다.

고봉 스님은 설암 화상에게 이 무無자 화두를 받고 다시 정진을 시작합니다. 그런데 처음에는 의단이 잘 형성이 되고 정진이 잘되는 것 같았는데, 시간이 지나면서 그 의심의 힘이 자꾸 풀리기 시작합니다. 그러던 어느 날 하루는 설암 스님에게 다시 법을 물으러 찾아갑니다. 그런데 설암 스님이 또 갑자기 들어오는 고봉 스님의 멱살을 쥐고 가슴을 내리치면서 "이 송장을 끌고 다니는 그 주인공이 어떤 놈이야!"라고 소리칩니다.

이 송장을 끌고 다니는 '이놈'은 무엇을 말하는 것일까요? 지금 보고 듣고 아는 이 마음의 실체를 말하는 것입니다. 마음, 마음 하는데 그 마음이라는 그 실체가 무엇이냐 이 말입니다. 그것을 드러내라는 이야기입니다. 그러니 고봉 스님이 거기에서 또 가슴이 콱 막혀 버립니다. 다음 날 설암 화상을 찾아가자 또 붙들고서 때리고는 한마디 말씀도 없이 내쫓아 버리는 것입니다. 날마다 올라가면 그렇게 선지식이 담금질을 해 버리니 그냥 지낼 수가 없었습니다.

그런데 고봉 스님이 설암 화상을 만나기 전 단교 화상을 시봉했는데, 그때 단교 화상이 다른 사람에게 내린 화두가 '만법귀일萬法歸一 일귀하처一歸何處'입니다. 즉 '만법은 일심으로 돌아가는데 일심은 어느 곳으로 돌아가느냐?'라는 뜻입니다. 이 화두가 꿈속에 나타났고, 그것이 딱 걸려 버린 것입니다. 의심이 걸려 버린 것입니다.

어느 날 고봉 스님이 여러 스님과 함께 산탑사 법당에 경을 읽으러 올라갑니다. 그곳에는 달마 스님, 지공 스님, 그리고 원오극근圓悟克勤 선사의 스승이신 오조법연法演 선사의 세 진영을 모셔 놓은 각이 있었습니다. 그날은 달마 스님의 기일제삿날이었습니다. 고봉 스님이 경을 읽다가 고개를 들었는데, 오조법연 선사의 진영찬眞影贊 끝 구절에 '백년, 삼만육천 일 아침마다 반복하는 것이 원래 이놈이다'라고 쓰여 있는 것을 보는 순간 평소에 생각하던 '이 송장을 끌고 다니는 이놈이 무엇인가'라는 화두를 첫번째 깨닫는 계기가 되어 깊은 지견이 열렸습니다. 이때 그의 나이 24세 였습니다.

고봉 스님이 설암 화상을 찾아가서 깨친 것을 말씀드립니다.

설암 화상이 묻습니다.

"일상생활에서도 화두가 성성하냐? 꿈에서도 화두가 성성하냐?"

설암 화상은 잠이 들었을 때도, 볼 때도, 느낄 때도 화두가 성성하냐고 물으신 것입니다. 즉 마음이라는 그 실체가 어디 있는지 아느냐고 물으신 것입니다.

그런데 고봉 스님은 한마디도 할 수가 없었습니다. 그래서 그 길로 다시 공부를 하러 갑니다. 우선 여기에서 깨달았다는 것과 확철대오와는 다릅니다. 확철대오는 아주 미세한 분별심, 번뇌까지도 완전히 해체해 버리고 그것을 정화해 버린 경계를 말합니다. 고봉 스님의 경계는 깨달았다고 하지만 그런 경계가 아니었습니다. 법을 바로 볼 수 있는 정견과 안목만 갖춰진 것입니다.

선가에서 흔히 지견이 열렸다고 이야기하는 것입니다. 스물두 살에 참선 공부를 시작해 지견이 열린 것이 스물네 살입니다. 꼭 3년 만에 약속한 대로 지견이 열린 것입니다. 그로부터 다시 10년, 즉 서른네 살에 확철대오합니다.

어느 날 선방에 앉아 있는데 옆에서 잠자던 도반이 몸부림을 치는 바람에 목침이 바닥으로 툭 떨어집니다. 목침이 떨어지는 소리를 듣고 스님이 거기서 확철하게 깨달아 버린 것입니다. 이렇게 해서 고봉 스님은 설암 화상에게 인가를 받게 되고 법을 잇게 됩니다.

고봉 스님은 이후 16년간 삼관을 내걸고 제자들을 제접합니다.

중봉명본 스님은 고봉 스님을 다음과 같이 평하고 있습니다.

"천목산이 높다고 하나 고봉의 높이를 넘지 못하고, 겹겹이 지옥의 관문이 험하다고 하나 사관死관의 험준함에 비교할 수 없다."

고봉 스님은 1295년 세수 58세, 법랍 43세에 입적하십니다.

임종게는 다음과 같습니다.

來不入死關　래불입사관
去不出死關　거불출사관
鐵蛇鑽入海　철사찬입해
撞倒須彌山　당도수미산

와도 사관에 들어온 일이 없으며
가도 사관을 벗어나는 일이 없네.
쇠로 된 뱀이 바다를 뚫고 들어가
수미산을 쳐 무너뜨리도다.

본래 화두는 우리 일상사에서 밀물처럼 밀려오고 썰물처럼 밀려가
는 곳에 있습니다. 우리는 가족이나 이웃과 계속 부딪히면서 살게 되
는데, 그 속에서 화두를 들고 공부를 하게끔 하는 것이 바로 간화선
수행법입니다. 그러니 이것을 특별한 장소, 즉 인적이 끊긴 산중이나
조용한 곳에서만 찾으려 하면 안 됩니다.

禪要序

고봉 화상 선요서

參禪은 雖以不立文字하며 不假修證으로 爲宗이나 然이나 旣可參則必有
要라 要者는 何오 如網之有綱하며 衣之有領하야 使人一擧而徑得其直遂
者가 是也라 萬目이 非不網也나 捨綱擧目하면 網必不張이요 萬縷가 非不
衣也나 遺領擧縷하면 衣必不振이니라 永嘉云 摘葉尋枝는 我不能이라하니
枝與葉은 非要요 根本이 固要也어늘 學者가 復昧其根本이로다 鷲湖云 要
在當人能擇上이라하니 擇善而從이 可也어늘 學者가 往往에 差決擇於發
軔하야 終適越而北轅이로다 乃至從上祖師의 遺編이 山積하니 一話一言이
固無非綱領이어늘 奈何世降聖遠에 情僞日滋하야 心意識이 有以蠱蝕之라
則視綱領하야 爲目縷者가 蓋摁摁矣리요 我師高峯和尙이 自雙峯으로 而
西峯히 二十餘年을 念此之故로 不獲已하사 示人剋的하시니 如神藥이 刁
圭而起死하고 靈符 點畫而驅邪라 故로 有探其奇方秘呪하야 將以爲學徒
綱領者러라 或曰 獲禽은 在目이요 不在綱이며 禦寒은 在縷요 不在領이라
八萬四千法門이 門門可入이니 目與縷는 果非要耶아 將應之曰 世尊法門
이 信廣大無邊이나 顧乃設爲方便의의狹小一門하사 使諸子로 出火宅而入
大乘케하시니 是는 攝目縷하야 爲綱領耳니라 然則綱耶아 目耶아 領耶아
縷耶아 要耶아 非要耶아 未具頂門正眼인댄 未可以易言也라하리라 喬祖가
預西峯法席以來로 每抄集示徒法語之切於參決者하야 名之曰禪要라하고
久欲與有志者로 共之한대 一日에 擧似姑蘇永中上人한대 欣然欲募緣鋟梓
하야 且俾喬祖로 爲之序어늘 喬祖가 旣已承命하고 復告之曰 師의 別有一
要語가 在綱領外하야 藏之虛空骨中이리라兄欲鋟하고 我欲序가 皆不能일

새 尚俟它日에 更作一番揭露하노라

至元甲午重九日 天目參學直翁

洪喬祖 謹書

　참선參禪은 문자를 세우지 않으며 닦아 증득함을 빌리지 않음을 종지로 삼는다. 그러나 이미 참구參究한다면 반드시 요점이 있으니, 요점은 무엇인가. 마치 그물〔網〕에 벼릿줄〔綱〕이 있으며, 옷에 옷깃〔領〕이 있는 것과 같이 사람들로 하여금 한 번 들어서 곧바로 이룰 수 있게 하는 것이 이것이다. 여러 그물코〔目〕가 그물 아닌 것은 아니지만 벼릿줄을 버리고 그물코만 들면 그물이 반드시 펴지지 않고, 여러 실오라기〔縷〕가 옷 아닌 것은 아니지만 옷깃을 버리고 실오라기를 들면 옷은 펴지지 않는다. 영가永嘉 스님이 말하기를 "잎을 따고 가지를 찾는 일을 나는 하지 않는다"라고 하였으니, 가지와 잎은 요점이 아니요, 근본이 진실로 요점이거늘 배우는 자가 다시 그 근본을 모른다. 아호鵝湖 스님이 말하기를, "요점은 본인이 잘 선택하는 데에 있다"고 하였다. 선善을 택해 쫓음이 옳은 것인데, 배우는 자가 가끔 처음 선택을 잘못해서 결국 남쪽 월越나라로 가려 하면서 북쪽으로 수레를 몰고 있다. 내지 예로부터 조사들이 남겨놓은 책들〔遺編〕이 산처럼 쌓여 있어 그 말 한 마디 한 마디가 진실로 벼릿줄과 옷깃 아닌 것이 없으나 세월이 흘러 성인이 가신 지가 오래되어서 정情의 거짓이 날로 더하여

심의식心意識이 좀먹어 들어가서 벼릿줄·옷깃을 보고서 그물코·실오라기로 삼는 자가 많음을 어찌하리오.

우리 스승 고봉高峯 화상께서 쌍봉에서 서봉까지 20여 년 동안 이것을 염려하셨기 때문에 부득이하게 사람들에게 분명하게 보여 주셨으니, 신약神藥은 작은 숟가락[ㅋㅗ]의 분량으로 죽은 이를 살려내고, 영험한 부적은 점과 획으로 삿된 기운을 몰아내는 것과 같다. 그러므로 기이한 방법[奇方]과 비밀한 주문[秘呪]을 찾아내서 배우는 이들에게 강령綱領을 삼을 수 있게 하였다.

어떤 사람이 말하기를, "고기를 잡는 것은 그물코에 있지 벼릿줄에 있는 것이 아니요, 추위를 막는 것은 실오라기에 있지 옷깃에 있는 것이 아니니, 8만4천 법문은 문마다 들어갈 수 있다. 그렇다면 그물코와 실오라기는 과연 요점이 아니겠느냐?" 하였다.

그 물음에 응답해서 말하기를, "세존의 법문이 진실로 광대해서 끝이 없으나 돌아보건대 방편으로 좁고 작은 한 문을 베풀어 모든 아들들로 하여금 불타는 집을 나와서 대승大乘에 들어가게 하시니, 이는 그물코와 실오라기를 거두어 벼릿줄과 옷깃으로 삼은 것이다. 그렇다면 벼릿줄인가, 그물코인가, 옷깃인가, 실오라기인가, 요점인가, 요점이 아닌가를 뛰어난 안목[頂門正眼]을 갖추지 못했다면 쉽게 말하지 못할 것이다" 하였다.

교조喬祖가 서봉西峯의 법석에 참여한 이후로 스님께서 늘 대중에게 보이신 법어 가운데 참구해서 결택하는 데에 간절한 것들을 뽑아 모아서 '선요禪要'라 이름하고, 이것을 오래도록 뜻이 있는 자와 함께하고자 했다. 어느 날 고소산姑蘇山 영중사永中寺 스님에게 보였더니, 기뻐하며 인연 있는 이들을 모아 목판에 새기게 하였고, 또 교조에게 서문을 쓰라고 하였다. 교조는 그 부탁을 받고 다시 말하기를, "고봉 스님의 특별한 한 요점의 말씀은 강령網領 밖 허공뼈〔虛空骨〕 속에 감춰져 있으니, 형이 새기려 하고 내가 서문을 쓰고자 하는 것이 모두 될 수 없습니다. 다른 날에 다시 한 번 드러내는 것을 기다립시다" 하였다.

지원至元 갑오년甲午, 1294 9월 9일
천목天目 참학叅學 직옹直翁
홍교조洪喬祖 삼가 씀

　선요禪要. 참선할 선禪자에 요긴할 요要자입니다. 참선하는 데 가장 요긴하고 요지가 되는 고봉 스님의 법어를 편집해서 만든 책이라는 뜻입니다. '고봉화상선요서高峯和尙禪要序'에서 '서序'라는 것은 서문을 말합니다. 서문에 어록을 편집하게 된 인연과 동기에 대해 써 놓았습니다.

　『선요』는 고봉 스님의 재가 제자인 직옹 거사라는 분이 고봉 스님의 생전 법어를 수집하고 기록해 만든 것입니다. 이 서문은 바로 직옹 거사가 쓴 것입니다.

　"참선參禪은 문자를 세우지 않으며 닦아 증득함을 빌리지 않음을 종지로 삼는다"고 했습니다.

　『선요』의 첫 구절입니다.

　서문을 강의하지 않고 바로 본문으로 들어가고 싶어도 이 서문의 한 구절 때문에 그냥 넘어갈 수가 없습니다. 『선요』의 핵심이기 때문입니다. 이 첫 구절에 우리가 왜 불교를 믿어야 하는지, 그리고 그 믿음으로 인해 우리에게 어떤 변화가 오고, 우리에게 어떤 가치가 있는지에 대한 해답이 있습니다. 부처님께서 45년간 많은 법을 설하시며 드러내시고자 한 종지도 이 글귀만 잘 알면 이해할 수 있습니다.

　"문자를 세우지 않는다"라고 했습니다.

이 자리는 문자만 세우지 않는 것이 아니고, 부처님도 세우지 아니하고, 중생도 세우지 아니하고, 생사도 열반도 세우지 아니하고, 번뇌도 보리도 세우지 않는 자리입니다. 어떤 것도 세우지 않고 빌리지 않는 것입니다. 조사선은 부처의 입장에서 부처의 자리를 그대로 드러내는 것이며, 본래성불의 입장에 충실히 서 있는 것으로 고봉 스님의 『선요』의 가르침이기도 합니다.

선과 연기에 대해 말씀드리겠습니다.

어려운 이야기지만 대단히 중요한 이야기입니다. 이것이 불교의 깊은 진리를 드러내는 자리이기 때문에 그렇습니다. 하지만 이것을 잘못 알게 되면 불용문자不用文字로 자칫 잘못 알 수 있습니다. 참선은 마음 하나 깨치면 되지, 부처님의 경학이나 불교 학문을 가벼이 여겨 배우고 익히지 않아도 된다고 잘못 생각할 수 있습니다. 하지만 그런 뜻이 아닙니다. 불용문자라고 새기면 크게 종지에 어긋나는 새김이기 때문에 조심해야 합니다. 참선을 부처님의 가르침인 경학하고는 관계가 없는 것으로 여기고, 마음 닦는 공부 하나에만 치우쳐 단견에 떨어질 수가 있습니다.

그러면 왜 부처도 세우지 않고, 중생도 세우지 않고, 또 열반과 생사와 보리와 번뇌도 세우지 않느냐? 그것은 바로 부처님께서 깨달으신 진리가 연기법이기 때문입니다. 이 세상에 이름을 가지고 형상을 가진 모든 것은 연기와 인연에 의한 관계 속에서 서로 조건이 맞았을 때 일어난 현상이지, 홀로 독존하는 개체로서 영원불변한 것은 없다는 것입니다. 연기법이기 때문에 여기에는 부처님이나 모든 진리가 설 수 없습니다. 그래서 이것을 바로 아는 자, 즉 연기를 바로 보는 자는 법을 보고 법을 보는 자는 여래를 본다고 얘기했습니다.

여래는 무엇이고, 법은 무엇이며, 또 연기는 무엇입니까? 한마디로 지혜를 말합니다. 연기를 바로 보는 바탕자리가 지혜이기 때문에 그렇습니다. 『금강경』 마지막 품인 32품 「응화비진분應化非眞分」이라는 품에 "일체유위법一切有爲法 여몽환포영如夢幻泡影이고 여로역여전如露亦如電이요 응작여시관應作如是觀이니라"고 나와 있습니다. 색상을 가지고 현상을 드러내는 것은 모두 연기로 인해 이루어진 것이고, 그것은 생멸이 있기 때문에 유위법이라고 하는 것입니다. 그런데 왜 유위법이라고 하느냐? 그것은 여몽환포영이기 때문에 그렇다는 것입니다. 환幻이라는 말은 허공의 아지랑이와 같은 것을 말합니다. 실체가 없고 허구입니다. 그래서 꿈, 아지랑이, 물거품, 그림자와도 같다는 것입니다. 그런데 왜 꿈, 아지랑이, 물거품, 그림자와도 같은 것이냐? 그것은 여로역여전如露亦如電이기 때문에 그렇다는 것입니다. 아침 이슬과도 같고, 번갯불과도 같이 잠깐 나타났다가 없어지는 인연에 의한 현상이기 때문입니다. 부처님께서 강조하신 말 중에 무상無常이라는 것이 있습니다. 영원불변한 것은 이 세상에 존재하지 않는다는 것입니다. 그래서 응작여시관應作如是觀, 즉 이와 같이 봐야 한다고 말씀하셨습니다. 이렇게 보는 자는 연기를 보는 자고, 또 연기를 보는 자는 법을 보고 여래를 보는 것입니다.

그런데 세상이 꿈이나 물거품과 같고 허망하고 무상하다면, 믿을 것도 없고 아무것도 없다고 생각할 수 있습니다. 하지만 이 사실을 이대로 볼 수 있는 눈이 열리게 되면 이 세상의 모든 것은 서로 관계에서 이루어졌다는 것을 알 수 있습니다. 내가 존재하는 것은 그대가 있기 때문이고, 그대가 멸하면 나 또한 멸할 수 있다는 것이 연기법의 기본입니다. 나를 둘러싼 모든 것이 내 생명의 은인이고 은혜로운 인연이라는 것을 알게 되는 것입니다. 내가 훌륭하고 똑똑하고 능력이 있어서 나 홀로 그 능력에 의해서 존재해 나가는 것이 아니고, 모든 생명이 내가 행복하라고 기도해 주고, 자유로우라고 축복해 주기 때문에 내가 존재해 나가는 것입니다. 그러니 이 세상의 모든 것이 이 연기법에서 벗어나는 것은 한 물건도 없으니 우리가 감사하고 모두를 은인으로 생각할 수밖에 없습니다. 이 생각이 바탕이 되었을 때 우리의 삶과 의식에 변화가 옵니다. 부처님 말씀이 아무리 좋은 진리의 말씀이라고 하더라도 그것을 가슴으로 받아들이고, 그 의미를 내 삶에서 드러내야 합니다. 이런 간절함이 있어야 합니다. 이럴 때 우리 일상생활에서 우리의 성품에 변화가 오고 보살의 인격이 갖추어집니다. 보살의 삶은 큰 지혜로서 자비로움으로 항상 기쁘게 살아갑니다.

"닦아 증득함을 빌리지 않음을 종지로 삼는다"고 했습니다.

이 말은 수행하는 것을 인정하지 않는다는 말입니다. 우리는 본래 부처이기 때문에 그렇습니다. 그런데 이것을 단순히 '말'로만 이해해서 본래 부처이기 때문에 닦을 것도 없고 수행할 것도 없다고 오해할 수 있습니다. 이것은 우리 생명의 본질이 연기로 이루어져 있고, 그에 맞게끔 작용하고 있기 때문에 근본이 그렇다는 것이지 현재 우리가 그렇다는 것은 아닙니다.

예를 하나 들어보겠습니다. 러닝머신을 탔다고 생각해 보십시오. 한 시간을 타든, 두 시간을 타든 제자리입니다. 하지만 러닝머신을 계속 탄 사람하고 그렇지 않은 사람하고 똑같이 제자리일지 모르지만, 꾸준히 러닝머신을 탄 사람과 그렇지 않은 사람과의 건강에는 분명히 차이가 있습니다.

선에서는 이것을 '근본자리는 모두가 부처님과 똑같다'고 이야기합니다. 무엇이 똑같은가? 우리 마음을 쓰는, 작용하는 기능이 똑같다는 것입니다. 부처님도 볼 줄 아시고, 들을 줄 아시고, 우리도 볼 줄 알고, 들을 줄 압니다. 부처님이나 우리나 똑같습니다. 하지만 부처님께서 드러내는 효능과 우리가 드러내는 효능에는 차이가 있습니다. 기능은 똑같은데 효능에 차이가 있다는 말입니다. 다르게 표현하면 공덕성에 차이가 있다고 합니다. 부처님의 공덕과 우리의 공덕에 차이가 납니다. 부처님은 연기로 이 세상을 보고 연기법으로 삶을 사시기 때문에 모든 생명 세계에 행복을 주고 자유로움을 주고 축복을 줄 수 있는 것입니다. 그 공덕이 드러나는 것입니다. 즉 그대가 나의 생명의 은인이요, 그대와 나의 생명자리가 끊어져 있지 않다는 것입니다.

여러분이 가장 공경하고 귀하게 여기는 분은 누굽니까? 부모님이라고 대답하시는 분들이 많을 것입니다. 부모님이 안 계시면 우리가 어떻게 태어날 수 있겠으며, 형제와 이웃이 있겠습니까? 물론 우리는 이 정도에서 한계를 짓지만 부처님의 시각으로 보자면 모두가 평등한 것입니다. 부모님만 중요한 것이 아니고 무정물인 저 태양도 부모님 이상으로 중요합니다. 만약 태양이 없다면 우리는 살 수가 없습니다. 또 물이 없다고 한다면 어떻겠습니까? 이렇게 살 수 있겠습니까? 내가 존재하는 것은 이 모든 것의 절대적 참여에 의해서이고, 나 역시 그 안에 동참해 살고 있는 것입니다. 그들을 위해 감사하고, 은혜롭게 생각하고, 기도해 주어야 합니다. 이런 삶의 시각을 가져야 우리 의식에 변화가 옵니다.

'종지'라는 것은 이 생명이 존재해 나가는 근원적인 법칙을 말합니다. 그 법칙이 바로 연기입니다. 연기는 두 가지 작용으로 드러납니다. 하나는 지혜이고, 다른 하나는 자비입니다. 자비가 있으므로 해서 서로가 서로에게 행복해질 수 있도록 기도해 주는 것입니다. 이것이 보살의 원입니다.

이 첫 구절을 보고 여러분 의식에 변화가 일어나 너무 기쁘고 행복하다면, 다음 법문을 배우지 않아도 됩니다. 우리는 이미 종지를 배웠기 때문입니다. 그렇지 않고 참 내가 어리석구나 하며 아주 슬퍼하는 생각이 들 수도 있습니다. 이 두 가지 중에 하나는 일어나야 합니다. 이런 변화가 일어나지 않을 때는 더 닦아야 합니다. 기도하고 수행하고 봉사를 해야 합니다. 지금 이 법문에서 요지를 깨닫지 못했다면 닦아 들어가야 합니다. 수행을 해야 하는데, 거기에 반드시 바로 들어가는 지름길이 있습니다.

"그물에는 벼릿줄이 있고, 옷에는 옷깃이 있어서 사람들로 하여금 한 번 들어서 곧바로 이룰 수 있게 하는 것과 같다"고 했습니다.

옷을 들려면 옷깃을 들어야 반듯하게 들리지, 소맷자락을 들어가지고는 바로 들리지 않습니다. 또한 고기 잡는 그물도 그물에 벼리라는 것이 있어 줄을 끼워 그물을 오므리고 폅니다. 벼리를 치지 않으면 그물이 엉켜 버리고 맙니다. 이처럼 우리가 수행을 하더라도 반드시 그 근본 원리를 알고 해야 한다는 것입니다.

예를 들면 보살행을 하고 남을 위해서 자원봉사를 한다 하더라도 근본자리를 알면 '나'라는 아상我相이 생기지 않고, '나'라는 우월감이 생기지 않으며, 상대는 부족하고 못났다고 천시하는 생각이 들지 않습니다. 모두를 그대로 부처님으로 보면서 항상 내 생명같이 배려하는 마음이 생깁니다. 그런 바탕이 갖춰진 후에 염불도 해야 하고, 기도도 해야 하는 것입니다. 이것을 모르고 하게 되면 자만에 빠지게 되고, 아집에 빠지게 됩니다. 보통 공부를 좀 하다 보면 법상과 아상이 붙게 됩니다. 남 안 하는 공부를 내가 좀 한다는 생각을 하고, 남모르는 것도 내가 좀 안다는 생각을 하다 보면, 그 공부로 인해 오히려 본래 순수한 인성에 또 하나의 업이 형성되는 것입니다. 마치 칼을 잘 쓰는

검객이 칼을 칼집에 넣고 다녀야 하는데, 그 날이 시퍼런 칼을 들고 다니면서 저잣거리를 헤매는 것과 같습니다. 얼마나 불안하겠습니까? 연기적인 세계관이 바탕이 안 된 상태에서 공부를 잘못하면 오만에 빠지고 아만에 빠지고 법상에 빠지게 됩니다. 오히려 없던 괴로움의 업을 또 하나 형성하는 일이 되므로 근본을 잘 알아야 합니다.

"잎을 따고 가지를 찾는 일을 나는 하지 않는다"라고 영가永嘉 스님의 말씀을 인용하였습니다.

영가 스님은 육조 스님의 10대 제자 중 한 분입니다. 이 말은 영가 스님의『증도가』에 나오는 말입니다. 근원에 바로 들어가야 한다는 말입니다.

"요점은 본인이 잘 선택하는 데에 있다"고 아호鵝湖 스님의 말씀을 인용하였습니다.

아호 스님은 마조 스님의 법을 이은 제자입니다. 가지와 잎은 조사선의 입장에서 볼 때 교학적인 의리선과 선정력을 익히는 공부에 해당합니다. 즉, 실참실오를 통해 본래 성불자리를 바로 보는 조사선이 아닌 길을 가고 있다는 이야기입니다.

"정情의 거짓이 날로 더하여 심의식心意識이 좀먹어 들어가서 벼릿줄·옷깃을 보고서 그물코·실오라기로 삼는 자가 많음을 어찌하리오"라고 했습니다.

심의식은 유식에서의 6, 7, 8식을 뜻합니다. 법을 방편으로 보고 있다는 이야기입니다. 특히, 간화선 중흥을 이야기하고 있는 한국 불교의 입장에서 '간화참구자가 얼마나 되는가?'라고 반문해 볼 수 있습니다.

"우리 스승 고봉高峯 화상께서 쌍봉에서 서봉까지 20여 년 동안 이것을 염려하셨기 때문에 부득이하게 사람들에게 분명하게 보여 주셨다"라고 했습니다.

고봉 스님은 33세에 확철대오하여 쌍봉에 들어가십니다. 이것을 염려하셨다는 것은 참학자들이 가지와 잎만을 생각하고 신심은 나약해지고 생활은 세속화되어 가는 것을 염려하였다는 것입니다. '부득이하게'라는 것은 조사선의 입장에서는 어떤 것을 드러내도 허물이 되지만, 내가 눈썹 빠질 일을 각오하고 법을 드러냈다는 것입니다.

"신약神藥은 작은 숟가락[刁圭]의 분량으로 죽은 이를 살려"라고 했습니다.

이 말은 중국의 도가에서 말하는 것을 빌려 온 것입니다. '신약'이란 완성된 1,700 공안을 말합니다.

"기이한 방법[奇方]과 비밀한 주문[秘呪]"이라 했습니다.

기방은 최상승인을 다루는 법을 다루는 수단, 즉 주장자 법문을 말하거나 언어를 떠나서 행동으로 보여 주는 것을 말하며, 주문은 일자 법문 즉, 할 법문을 말합니다.

"그물코와 실오라기는 과연 요점이 아니겠느냐?"라 했습니다.
이는 다른 입장을 가진 사람의 주장 즉, '염불·주력 등 다양한 수행법의 요지가 있지 않습니까?'라는 말입니다.

그 물음에 응답해서 말하기를 "세존의 법문이 진실로 광대해서 끝이 없으나 돌아보건대 방편으로 좁고 작은 한 문을 베풀어 모든 아들들로 하여금 불타는 집을 나와서 대승大乘에 들어가게 하시니, 이는 그물코와 실오라기를 거두어 벼릿줄과 옷깃으로 삼은 것이다"라고 했습니다.
이는 『법화경』에 나오는 이야기로 화택비유입니다. 불탄다는 것은 곧 나의 문제입니다.

"그렇다면 벼릿줄인가, 그물코인가, 옷깃인가, 실오라기인가, 요점인가, 요점이 아닌가를 뛰어난 안목[頂門正眼]을 갖추지 못했다면 쉽게 말하지 못할 것이다"라고 했습니다.
이 모든 것들은 분별심과 학술적인 입장에서는 나올 수 없습니다. 공안 참구를 해야만 가능한 일입니다.
『능엄경』에 실제리지 불수일진實際理地 不受一塵이지만 불사문중 불사일법佛事門中 不捨一法이라는 말이 있습니다. 진여법성에서는 먼지 하나 없지만, 보살만행에서는 한 법도 버릴 것이 없다는 말입니다. 이것은 식심이 한 티끌도 일어나지 않은 상태, 즉 깨친 자만이 활달자재하게 쓸 수 있는 법입니다. 마치 1급수의 물을 아무리 뒤흔들어도 탁해지지 않는 이치와 같습니다.

禪要跋

선요발

古靈은 以閱經으로 爲鑽故紙하고 輪扁은 以讀書로 爲味糟粕이라하니 良以道는 不可以言語文字로 求也일새니라 然이나 道無方하고 體無形하니 似非言語文字면 何從而明之리요 是以로 吾佛世尊이 雖隨機化誘하사 曲成密庸하시나 而不能不談十二部法하시며 達磨西來하사 雖不立文字나 而授受之際에 口傳面命하시니 亦不能以忘言이시니라 蓋道는 雖不在於言語文字나 實不離於言語文字요 特精微之旨는 具於辭說之表라 未易窺覰로다 世之學者 往往에 沈著於語下하야 不能體會其精微하야 徒觀標月之指하고 不覰當天之月이라 遂以言語文字로 爲礙하야 致俾古靈輪扁으로 激而爲故紙糟粕之譏로다 然이나 言語文字는 正所以發明心華하야 模寫道妙어니 初何嘗礙道哉리요

고령古靈은 경經 읽는 것을 묵은 종이[故紙]나 뚫는 것이라고 하였고, 윤편輪扁은 책 읽는 것을 찌꺼기[糟粕]를 맛보는 것이라고 하였으니, 진실로 도道는 언어와 문자로 구할 수 없다. 그래서 도道는 방소가 없고, 체體는 모양이 없으니 만약 언어와 문자가 아니면 무엇으로 그것을 밝히겠느냐.

그러므로 우리 불세존께서 비록 근기를 따라 교화해 이끄셔서 간절하게 성취하고 자세히 쓰도록 해 주셨으나 십이부법十二部法을 말씀하지 않을 수 없었다. 달마대사가 서쪽에서 오시어 비록 문자를 세우지 않으셨으나 주고받는 때에는 입으로 전하고 얼굴을 맞대어 명하시니, 이 또한 말을 떠날 수 없었던 것이다. 대개 도는 언어와 문자에 있지

않으나 실제로는 언어와 문자를 떠난 것이 아니다. 특별히 정밀하고 미세한 뜻은 언어 밖에 갖추어져 있으므로 쉽게 엿볼 수 없다. 세상의 배우는 자가 가끔 말에 굳게 집착해서 그 정밀하고 미묘한 이치를 체달해 알지 못하며, 달을 가리키는 손가락만 보고 하늘에 뜬 달을 보지 못한다. 마침내 언어와 문자를 장애물로 여겨 고령과 윤편은 격분해서 '묵은 종이와 찌꺼기'라는 기롱譏弄하기에 이르렀다. 그러나 언어와 문자는 바로 마음[心華]을 밝혀내서 도의 묘리를 묘사하는 도구이니, 애초에 언어문자가 어찌 도를 장애했겠는가.

발문跋文이라는 것은 보통 책을 다 보고 그 책에 담겨 있는 정신이나 사상, 그 뜻을 잘 살펴서 찬讚을 해 놓은 것입니다. 쉽게 말해서 책을 읽고 난 뒤에 쓰는 독후감입니다. 고령古靈은 신찬 선사를 말합니다. 신찬 선사는 백장회해 스님 밑에서 선 공부를 하여 견성하신 분입니다.

"경을 보는 것으로 해서 묵은 종이를 뚫는다"라고 했습니다.

이 말은 『경덕전등록』 9권에 출처가 있습니다. 고령 즉, 신찬 선사가 계현 스님 밑에서 시봉을 하다가 백장 스님을 찾아뵙고 화두를 받아 선 공부를 했습니다. 3년 걸려서 견성하고 다시 스승인 계현 스님 곁으로 돌아왔는데, 계현 스님이 물었습니다. "너는 어디를 돌아다니다가 이제 왔느냐? 무슨 공부를 했느냐?" 신찬 선사가 "별 공부도 안 했습니다. 별 일도 없었습니다"라고 했습니다. 그 말이 법문이었는데, 스승이 그 말을 잘 못 알아듣고 "그렇게 볼일도 없이, 일도 없이 돌아다녔느냐? 여기서 후원 일이나 도와주어라" 했습니다. 그러다가 하루는 스승이 목욕을 하다가 신찬 선사에게 등을 밀어달라고 했습니다. 신찬 선사가 스승의 등을 밀어주면서 한번 턱 치고는 "법당은 좋은데 부처가 영험이 없구나"라고 했습니다.

그 말을 들은 스승은 기분이 안 좋아서 "이놈의 자식이" 하면서 한번 쓱 돌아봤습니다. 그러자 신찬 선사가 "영험은 없는데 방광은 할 줄 아는구나"라고 말했습니다. 즉 좋고 나쁜 것은 다 안다는 뜻입니다.

또 어느 날 스승이 선실에 앉아서 경을 보고 있는데, 벌 한 마리가 들어왔다가 들어온 문을 찾지 못하고 창호지에 계속 부딪히다가 죽었습니다. 신찬 선사가 스승 옆에서 시봉을 하면서 그것을 보다가 말했습니다. "문을 좇아서 들어왔으면 문을 찾아서 그대로 나가면 될 텐데, 창문만 두드리니 참으로 어리석다[공문불긍출空門不肯出 투창야대치投窓也大癡]". 또 말하기를, "백년찬고지百年鑽故紙면 하일출두기何日出頭期리요"라고 했습니다.

찬고지鑽故紙라는 말이 여기에서 나옵니다. 경이라는 것은 다 옛날 묵은 종이 아닙니까? 스승이 그 묵은 종이를 뚫어지도록 쳐다보고만 있으니 언제 그 들어온 문을 나가겠느냐는 것입니다. 결국 벌과 같이 창호지에 부딪혀서 한세상 허송세월 보내는 것 아니냐는 뜻으로 게송을 읊은 것입니다.

스승이 그 소리를 듣고는 놀라서 말하기를, "목욕할 때도 그렇고 오늘 일도 그렇고 네가 말하는 것이 보통이 아닌 것 같다. 그동안 무슨 일이 있었는지 사실대로 이야기해라"고 했습니다. 신찬 선사가 말하기를 "백장 스님 문하에 가서 화두를 타서 3년 만에 견성을 하고 왔습니다"라고 하자, 스승은 제자에게 절을 하고는 대중을 모두 불러 놓고 법을 청했습니다. 거기서 신찬 선사가 법상에 올라 다음과 같이 법문을 했습니다.

靈光獨耀 逈脫根塵　영광독요 형탈근진

體露眞常 不拘文字 체로진상 불구문자

眞性無染 本自圓成 진성무염 본자원성

但離妄念 卽如如佛 단리망념 즉여여불

‘영광독요靈光獨耀’는 본래 청정한 불성, 자성, 또는 법성은 항상 그 빛이 고금을 초월해서 밝다는 뜻입니다. 중생이 스스로 탐·진·치 욕망에 꺼둘려 스스로 어둡게 헤매는 것이지 영광靈光이 언제 어두운 적이 있느냐는 말입니다.

‘형탈근진逈脫根塵’에서 근진根塵이라는 것은 안·이·비·설·신·의 육근六根을 뜻합니다. 우리는 눈으로 보고 귀로 듣는 경계에 붙들려 중생고衆生苦를 스스로 윤회하는데, 이것을 벗어나 버렸다는 뜻입니다. 벗어났다는 것은 육근을 쓰되 쓴 바도 없고, 부리되 부린 바도 없고 항상 자유롭다는 말입니다.

‘체로진상體露眞常 불구문자不拘文字’란 진상의 체를 드러낼 때는 문자에 걸리지 않는다는 뜻입니다. 문자에 의지해서 모든 법이 드러나는 것이 아니라, 법이 인연을 만나서 드러날 때는 일상생활에서 활발발하게 자유로이 드러난다는 말입니다.

‘진성무염眞性無染 본자원성本自圓成’은 본래 본성은 물들래야 물들 수 없는 자리고, 부족함도 없고 모자람도 없이 다 구족했다는 뜻입니다.

‘단리망념但離妄念 즉여여불卽如如佛’이란 청정한 자성자리를 보고자 하면, 스스로 쥐고 있는 중생심, 그 허덕이는 마음과 번뇌만 쉬어 버

리라는 뜻입니다. 쉰다는 것은 화두를 들고 그 공안을 타파해야 된다
는 것입니다. 즉 쉬는 일이 화두 드는 일입니다. 아무 문제가 없는 본
래 청정 자성자리인데 우리가 문제를 만들었습니다. 그 문제는 착각
으로 인해서 만들어진 것이기 때문에 착각을 깨는 것이 중요합니다.

　"윤편輪扁은 책 읽는 것을 찌꺼기[糟粕] 맛보는 것이라고 하였으니"라
고 했습니다.

　'윤편'도 그 유래가 있습니다. 윤편은 수레를 만드는 사람입니다. 어
느 날 윤편이 누각 밑에서 수레의 바퀴를 다듬고 있다가 임금이 누각
에서 글을 읽고 있는 것을 보고 올라갔습니다. 수레 깎는 천한 직업을
가진 사람이 임금에게 다가가서 물었습니다.

　"무슨 글을 읽으십니까?"

　임금이 대답하였습니다.

　"옛날 성인의 말씀이니라."

　"그러면 옛날 성인의 말씀이면 성인이 거기 있습니까?"

　"성인은 이미 떠나신 지 오래되었지만, 성인의 진리를 밝혀놓은 글
이니라."

　"임금님께서는 한바탕 술을 마시려면 그 술의 참맛을 볼 수 있는 전
주를 마셔야지, 그 버린 찌꺼기를 드시면 술맛이 납니까?"

　이것 또한 신찬 선사의 스승하고 같은 입장이 되어 버린 것입니다.
그 말을 들은 임금이 "네가 감히 나에게 와서 그런 소리를 하는데, 합

당한 이치와 그만한 법이 있으면 용서하겠지만, 말장난하는 것 같으면 너를 용서하지 않겠노라"라고 했습니다. 그러자 윤찬이 말하기를, "저는 글도 잘 모르고 정치도 잘 모르고 철학과 같은 고준한 것도 잘 모릅니다. 그러나 저는 평생 수레를 만들고 수레바퀴를 만드는데, 그것이 빡빡하지도 않고 헐렁하지도 않고 중심이 맞게끔 돌아가게 합니다. 그것은 내 손바닥의 감각으로써 만들어집니다"라고 하였습니다.

즉, 손바닥에 익혀진 감각은 많은 세월 동안의 경험과 체험을 통해서 내 손 끝에서 익어나가는 것이지, 부모가 이것을 이야기해 준다고 해서 알려 줄 수 없는 것이며, 내 자식에게 물려준다고 해서 물려줄 수 없다는 말입니다. 자기 스스로 체험해서 알 일이지, 어떻게 글과 말로써 전할 수가 있겠습니까. 체험이 중요하다는 것을 말합니다. 그 말을 듣고 임금이 윤편의 말을 받아들입니다.

경을 보고 법문을 듣는 것은 어떻게 가야 한다는 것을 알려 줄 뿐이지, 가는 것은 내가 나서서 가야 하는 것입니다. 즉 실천을 해야 하는데, 그 실천은 화두를 들면서 일상생활에서 가족이나 이웃이나 형제간에 베풀고 배려해 주고 조건 없는 사랑을 주면서 보살도의 실천을 해야 하는 것입니다. 그 이야기를 여기에 빌려온 것입니다.

"찌꺼기를 맛보는 것이라 하였으니, 진실로 도道는 언어와 문자로 구할 수가 없다. 그래서 도는 방소가 없다"고 했습니다.

도는 시간과 공간을 초월한 것이고, 귀하고 천한 것도 초월한 것이고,

차별하고 분별하는 것도 초월한 것이고, 상대성을 초월한 것입니다.

'체무형體無形'이라고 했습니다.

체는 형상이 없다는 말입니다. 사실 우리 법성, 자성자리, 불성자리는 형상이 없습니다. 왜 형상이 없느냐. 그 자리는 본래 정한 자성이 없으므로 인연을 따라서 잠깐 형상을 드러낼 뿐이고, 그 자성이 없는 것이 연을 따라서 움직여 티끌만큼도 머무는 바가 없기 때문입니다. 『금강경』에는 "아상我相 인상人相 중생상衆生相 수자상壽者相이면 즉비보살卽非菩薩이니라"라고 했습니다. 그런 사상四相이 없는 것입니다.

시간과 공간도 초월하고 모든 상相도 초월하니, "그런데 언어문자가 아니면 또 무엇을 좇아서 도를 밝히겠냐"고 했습니다.

앞에서는 언어문자를 가지고는 도에 들어갈 수가 없다고 했는데, 지금은 언어문자가 아니면 또 도를 어떻게 알겠느냐고 말하고 있습니다. 참 이해하기가 어렵습니다.

도라는 것을 이렇게 생각해야 합니다. 법문이 나올 때는 양면을 가지고 나옵니다. 이른바 언어문자나 말로써 형상도 용납할 수가 없다는 것은 문수보살의 입장에서 하는 말입니다. 이것을 선적禪的으로는 무심無心이라고 합니다. 문수보살은 삼세제불과 역대조사와 천만의 모든 종사宗師를 다 출현시키는 어머니입니다. 문수보살의 자리에서 볼 때는 부처와 조사와 열반과 해탈까지도 거기에 머물 수가 없다는 것입니다. 왜냐하면, 그 불성자리는 항상 향상일로向上一路를 향해서 티끌만큼도 머묾이 없이 연緣을 따라서 자유롭게 움직이기 때문입니다. 무심한 바탕에서 문수의 지혜가 활발발하게 움직인다는 말입니다.

그런데 다른 측면에서는 항상 보현의 입장이 있습니다. 그러나 문수와 보현이 항상 둘이면서 하나입니다. 문수와 보현은 갈라 놓을 수도 없고 하나라고 묶을 수도 없습니다. 보현은 보살도의 실천을 말합니다. 보현의 입장에서 볼 때는 언어와 문자와 몸짓 등이 다 필요합니다. 제법諸法이 그대로 다 실상의 모습을 본다는 것입니다. 그래서 항상 언어와 문자의 측면이 있고, 언어문자를 용납할 수 없는 측면이 있다고 하는 것입니다.

양나라 무제 때 지공誌公 화상이라는 분은 대승찬大乘讚이라는 시를 읊었는데 그 시에 다음과 같은 내용이 있습니다.

若欲悟道眞體　약욕오도진체
莫除聲色言語　막제성색언어

만약 참된 도의 본체를 깨닫고자 하면
소리, 색, 언어를 제거하지 말라.

즉 듣고 보고 말하는 이 모든 일을 일상생활에서 떠나 도를 보려고 하지 마라, 이것이 그대로 도라는 이야기입니다.

무심의 입장에서 볼 때는 티끌만큼도 머물 수도 없고 집착할 것이 없지만, 보현의 입장에서, 즉 평상심의 입장에서는 일상생활 그대로가 진리이고, 그것을 도에 들어가는 경계로 삼아야 한다는 것입니다. 양면을 항상 같이 봐야 합니다. 이것을 자유자재 잘 하는 것을 중도中道라고 합니다.

대개 도는 언어문자에 있지 않으나 실제 언어와 문자를 떠나 있지도 않고, 특별히 정밀하고 미세한 뜻은 말 밖에 갖추어져 있어서 쉽게 엿볼 수가 없다는 뜻입니다. 법문을 들을 때도 이 법문은 본래 불성 청정한 자리에서 나오는 법문이기 때문에 알음알이를 발동시키고 집착해서는 안 된다고 알아야 하고, 또 한 측면에서는 그 모든 것이 일상생활 그대로 우리가 소홀히 할 수 없는 현실적인 것을 이야기하는 방편법문도 있다는 것을 잘 알아야 합니다.

달을 가리키는 손가락을 보고 하늘에 있는 달을 보지 못하므로 드디어 언어문자가 장애가 되어서 고령 선사와 윤편으로 하여금 격분해서 옛 종이를 뚫는다, 술 찌꺼기를 맛본다는 희롱을 입게 된다는 말입니다. 언어문자가 필요 없을 때도 있겠지만, 언어문자가 신심을 발심시키고 믿음도 돈독하게 해 주는 데 필요할 때도 있습니다.

그런데 법문의 주 내용이 일상생활에서 참 실천하라고 매우 강조되어 있습니다. 법문으로만 이해하려 들지 말고 실천하라는 것을 항상 강조합니다. 밥 이야기를 아무리 많이 해도 배가 부르지 않습니다. 밥이 영양가가 많다고 이야기하는 것은 실제로 먹어보고 하는 소리입니다.

『유마경』에 보면, 유마 거사가 병이 들어 문수보살이 병문안을 갑니다. 병문안을 가서 이런저런 법문을 서로 주고받습니다. 유마 거사가 문수보살에게 "어떤 것이 부처가 될 씨앗입니까?"라고 묻자, "이 허물어져 가는 몸뚱이가 부처가 될 종자입니다. 또 무명과 애욕과 집착이 부처가 될 종자입니다. 그리고 탐욕과 성내는 마음과 어리석은 것이 부처가 될 종자입니다"라고 대답을 했습니다. 어려운 질문을 했는데, 참 깊고 깊은 말을 했습니다.

좀 전에 문수 측면과 보현 측면, 무심과 평상심 측면을 두 군데로 이야기를 했습니다. 문수보살은 이렇게 표현한 것입니다. 왜냐하면 부처님 법은 불이법不二法이기 때문입니다. 중생심이 불심이고 불심이 중생심입니다. 하나의 이치를 드러내기 때문에 탐·진·치 그대로가 다 불성에서 나온 법이라는 것입니다. 그것을 모를 때는 지옥 가는 일이 되지만, 알고 나면 지옥과 천상극락도 다 자유자재로 하는 일이라는 뜻입니다.

또 『유마경』에 보현보살이 유마 거사에게 묻는 내용이 있습니다.

"거사는 세속에 살면서 부인도 있고 자식도 있을 것인데, 여기 와서 보니 부인도 안 보이고 자식도 안 보이고 아무도 안 보이니, 그들은 다 어디로 갔습니까?"

그러자 유마 거사가 대답합니다.

"나는 항상 지혜를 어머니로 삼고, 자비·보살도의 실천을 아버지로 삼습니다."

사람에게 항상 배려해 주고 조건 없는 사랑을 주고 이렇게 보살도를 실천하는 속에서 즐거움이 있기 때문에, 그 법희法喜로서 부인으로 삼았다는 것입니다. 중생들이 본래 부처인데 부처인 줄을 모르고 헤매고 있는 것이 안타까워서 연민히 여기는 그 자비심을 딸로 삼고, 성실하고 정직한 것을 아들로 삼는다는 뜻입니다.

高峯老師의 說法이 如雲如雨어늘 直翁洪君이 撮其奇秘하야 名曰 禪
要라하고 永中上人이 從而鋟梓하야 以廣其傳하니 擧網而得綱이며 挈
裘而振領이라 將俾學者로 因法語之要하야 以會道體之全하니 其開牖
後學之心이 可謂篤矣로다 學者於此에 果能優柔以求之하며 厭飫以趨
之하면 渙然冰 釋하고 怡然理順하리니 則工夫次第와 進趣操略을 老師
已和盤托出하사 盡在此書矣언만은 特患學者 未能猛烈承當耳로다 吁
라 扁鵲方中에 具有靈藥하니 或名神丹이며 或名無憂散이라 回生起死
功在刹那하니 具眼目하니는 著精神盡心力하야 汲汲而求之하면 未有
不得者리니 老師之言이 豈欺汝也리요 學者가 愼無錯認古靈輪扁之言
하야 而忘老師諄諄之誨하면 庶幾直翁永中이 功不虛施며 亦使觀語錄
而得發明者로 不專美於前矣리라

至元甲午十月哉生魄
參學 淸苕 淨明 朱穎遠 謹跋

　　고봉 스님의 설법이 구름과 비와 같거늘 직옹홍군直翁洪君:홍교조이
그 기이함과 비밀함을 뽑아 모아서 『선요』라 이름하고, 영중永中 스님
이 따라서 목판에 새겨 널리 전하였다. 이는 그물을 들어 벼릿줄을 얻
음이며, 옷을 들어 옷깃을 펴는 것이다. 장차 배우는 이로 하여금 법
어의 요점을 근거로 해서 도의 체體 전부를 알게 하니, 그 후학을 깨
우쳐 이끄는 마음이 참으로 돈독하다고 할 만하다. 이에 배우는 이는
참으로 넉넉하고 부드럽게 그것을 구하여 나아가면 밝게 얼음이 녹

듯 하고, 즐겁게 이치가 따를 것이다. 공부하는 순서와 앞을 향해 나아가는 지조와 지략[操略]을 노사老師께서 이미 밥상까지 다 내 주어서 모두 이 책 속에 있지만, 다만 배우는 이가 맹렬하게 알아내지 못할까 근심할 뿐이다.

아! 편작扁鵲의 처방에 신령한 약이 갖추어 있으니 신단神丹이라 하며, 혹은 무우산無憂散이라 한다. 죽은 사람을 일으켜 살아나게 하는 공이 찰나에 있다. 안목을 갖춘 이는 정신을 차려서 심력心力을 다 쏟아 열심히 구하면 얻지 못할 것이 없을 것이다. 노사의 말씀이 어찌 그대를 속이겠는가. 배우는 이가 고령과 윤편의 말을 잘못 알고서 노사의 간절한 가르침을 잊지 않으면 아마 직옹과 영중의 공이 헛되게 베푼 것이 되지 않으며, 또한 어록을 보고 밝힐 수 있는 자가 나와서 오직 그 전前인 고봉 스님 당시에만 아름답게 되지 않으리라.

至元甲午十月哉生魄
지원 갑오년 10월 16일

參學淸苕淨明朱穎遠 謹跋
참학청초정명주영원 삼가 발문을 씀

"구름과 같고 비와 같다"라고 했습니다.

어두운 중생들을 모두 근기에 맞춰 쓸어안아 가뭄에 비를 내려 생명을 살려내고 꽃피우려고 하신 큰 자비라고 이해하면 됩니다.

영중사에 계시는 스님도 따라서 목판에 글을 새겨서 널리 전하니, 그물을 들어 벼릿줄을 얻는 것과 같고, 옷을 끌어당겨 그 깃을 펴는 것과 같다고 했습니다. 그물 위에 벼리라는 것이 있는데, 그 벼리를 접어서 던져야 그물이 제대로 펴집니다. 또한 옷도 깃을 바로 들어야 옷이 반듯해지듯이, 부처님의 공부를 하는 사람은 발심發心이 먼저 되어야 하고, 대승의 보살도인 정견正見을 바로 알아야 한다는 것입니다.

『육조단경』에 보면, 법달이라는 학인이 육조 스님을 찾아가 뵙고 말하기를, "제가『법화경』을 3천 독을 읽었습니다" 했습니다. 그런데 육조 스님은 글을 몰라『법화경』을 한 번도 본 적이 없었지만, 법달에게 말하기를 "한번 읽어 보거라" 했습니다. 법달 스님이 줄줄 잘 읽으니, "그만 읽어라. 많이 들을 것 없다"라고 하시며, "너는 글은 많이 읽었는데 그 진리에는 통달하지 못했구나" 하셨습니다. 진리에 대한 근본 요지, 즉 정견을 잘 모르고 읽으면, 3천 독을 읽었어도『법화경』에 오히려 구속을 당하고 군림을 당했다는 뜻입니다. 그런데 육조 스님은 그 근본 요지를 알고 정견을 바로 세웠기 때문에『법화경』을 한번 들어도 『법화경』의 뜻을 살려서 그대로 생활에서 쓴다는 이야기입니다.

장차 배우는 이로 하여금 고봉 스님의 고준한 법의 요지에 근거하여서 도의 체體가 온전한 것을 알게 한다고 했습니다. 도의 체가 온전해 진다는 것은 우리 마음에 발심이 찬다는 이야기입니다. 그래서 후학 을 인도하여 마음을 열어주는 공덕이 참으로 두텁다고 할 만하다는 뜻 입니다. 고봉 스님의 자비가 대단하다는 것입니다.

"이에 배우는 이는 참으로 넉넉하고 부드럽게 그것을 구하여 나아가 면"이라 했습니다.

넉넉하게 구한다는 것은 이『선요』에서 넉넉하게 구한다는 것입니 다. 염어厭飫라는 말도 충분하고 아주 만족하다는 뜻입니다. 즉『선요』 하나만 제대로 알면 법에는 충분하다는 말입니다.

충분해서 '환연빙석渙然冰釋한다'고 했습니다.

'환연'이란 말은 얼음이 뜨거운 물에서 거침없이 녹아 버리듯이, 정 견을 알고 발심이 되어 있고 믿음이 강한 자는『선요』에서 업장이 다 녹아 버리고 마음 꽃이 확 피어버린다는 뜻입니다. 그것을 이연이순怡 然理順이라고 했습니다.

'조략操略'이라 했습니다.

'조략'은 지조와 책략을 뜻합니다.

조操라는 것은 어미 닭이 계란을 품어서 그 생명을 살려내는 것을 말 합니다. 그 생명이 계란 속에서 '삐약' 하면 어미 닭이 콕 쪼아 생명을 드러내는 것입니다. 아무리 계란 속에 생명이 있다 하더라도 어미 닭이 품어 주지 않으면 불가능합니다.

그렇듯이 발심이 되어 있고 불법에 대한 신심이 있다 하더라도 이렇게 고봉 스님의 고준한 법문을 들어서 여기에 의지해서 공부하지 않으면 안 된다는 것입니다. 즉 고봉 스님이 어미 닭과 같은 역할을 하신 것을 말하는 것입니다.

략略이라는 것은 고봉 스님이 법문하신 내용은 처음부터 끝까지 전부 화두 법문인데, 이 화두는 아주 간단하다는 것입니다. 왜냐하면 의심만 잘 걸리면 되기 때문입니다. 하지만 그 의심 일으키는 것이 만만치는 않습니다.

그러나 이것이 한순간에 이루어질 수 있는데, 금방 이루어질 수 있는 힘이 어디서 나오느냐? 첫째는 법에 대한 바른 정견이 서야 하고, 둘째는 본래 부처이기 때문에 공부를 하면 부처자리로 돌아갈 수 있다는 믿음을 가져야 하고, 셋째는 발심이 되어야 한다는 것입니다.

'화반탁출和盤托出'이라 했습니다.

이 말은 어록에 많이 나오는데, 배고픈 사람에게 음식을 만들어 상에 차려서 갖다 바치는 것입니다. 『선요』 법문이 그렇다는 것입니다. 모든 것이 선요 글 속에 있지만 걱정이 된다고 했습니다. 배우는 자가 맹렬하게 공부해서 승당하지 못할까봐 걱정한다고 했습니다.

‘승당承當’이라 했습니다.

이 말은 뒤를 잇는다는 뜻인데, 즉 고봉 스님의 뒤를 잇는다는 이야기입니다. 고봉 스님의 뒤를 잇는다는 말은 고봉 스님이 깨치신 분이므로 나도 깨쳤다는 이야기입니다. 그러므로 승당은 깨침을 말하는 것입니다.

‘편작’이라 했습니다.

편작이라는 사람은 어떤 병이든지 잘 고치는 명의名醫를 말합니다. 그 처방 가운데에 신령스러운 약이 있는데, 그것이 바로 『선요』의 가르침을 말합니다. 거기다 비유를 하는 것입니다.

‘무우산’이라 했습니다.

근심걱정이 다 없어진 것을 말합니다. 근심걱정이 다 없어진다는 것은 다른 어려운 것이 없고 화두 하나만 잘 들어 의정에 딱 걸리면 일체 모든 중생의 번뇌나 잡념이 없어져 버린다는 말입니다. 없어져서 주객主客이 나눠지지도 않고, 화두 드는 내가 있고 화두 들어야 될 화두 대상이 있는 것이 아니고, 하나가 이루어져 마음 꽃이 확 피기 때문에 근심걱정이 사라져 버린다는 이야기입니다.

“죽은 사람을 일으켜 살아나게 하는 공이 찰나에 있다”고 했습니다.

의정이 온몸에 퍼지기 시작하고 꽉 차면 한 찰나에 눈이 열려 버립니다. 그래서 순간 깨침, 찰나 깨침이라고 합니다. 안목을 갖춘 이는 정신을 바짝 차려 그 마음에 진력을 다하여 열심히 용맹정진하면 얻지 못할 것이 없을 것이라고 했습니다.

'착인錯認'이라 했습니다.

이 말은 잘못 알지 말라는 뜻입니다. 즉 참선하는 사람은 책을 볼 필요가 없고 글을 볼 필요가 없다고 생각하면 그것은 정견이 서 있지 않은 것입니다. 참선 공부를 해도 어록을 봐야 하고 부처님 경전도 봐야 하고 대승경전을 많이 보아서 법에 대한 안목과 발심이 되어야 합니다. 그런데 참선해서 도만 깨치면 만병통치약처럼, 한문을 모르는 사람이 한문을 알게 되고, 신통이 생긴다고 생각한다면 그것은 법을 바로 보지 못하는 것입니다.

『육조단경』에서 육조 스님은 이것을 '불용문자不用文字'라고 했습니다. "문자를 쓰지 않는 것으로 착각하지 마라. 글은 실천을 하고 바른 길을 갈 수 있게끔 이정표 역할을 해 주므로 글은 대단히 중요하다. 그러나 글에 머물고 집착하지 말고 그 글로 인해서 바로 체험의 길로 들어가라"고 육조 스님은 이야기했습니다.

책도 안 보고 글도 안 보면 무식해집니다. 무식해서 도를 깨치지 못하는 것은 아니겠지만, 부처님 경전이나 어록을 많이 보고 나중에 도를 깨치고 나면 법을 펼 때 그 법이 아주 화려합니다. 범위가 크고 넓고, 중생 근기에 맞춰서 아주 다양하게 법을 펼 수 있습니다.

‘노사순순지회 老師諄諄之誨’라 했습니다.

순諄자는 간곡할 순 자입니다. 그러므로 간곡하게 가르치는 것을 잊지 말아야 한다는 것입니다. 그래야 서문을 쓰고『선요』의 법을 편찬, 편집을 한 직옹 거사와 목판에 새겨서 널리 보급한 영중사 스님의 베풂이 헛되지 않는다는 것입니다.

‘관어록이득발명 觀語錄而得發明’이라 했습니다.

발명發明이라는 것은 마음 꽃이 확 피는 것을 말하는데 여기서는 깨침을 말합니다. 어록만 잘 봐도 깨친다는 것입니다. 그런데 어록을 봐서 깨칠 때는 반드시 필요한 것이 있습니다. 그것은 정견을 알고 믿음이 확고하고 발심이 되어야 합니다.

“오직 그 전前인 고봉 스님 당시에만 아름답게 되지 않으리라”고 했습니다.

이 어록을 봄으로써 그 아름다움이 전만 그렇게 아름답겠느냐는 뜻입니다. 즉 고봉 스님께서 견성하셔서 법을 펴는 것이 아름다운데, 우리도 이『선요』를 듣고 여기에서 깨친다면 아름답다는 것입니다.

‘지원 갑오년 시월 至元甲午十月’이라 했습니다.

서문에 보면 홍 거사는 지원 9월에 서문을 썼고, 여기는 10월이니 한 달 뒤에 쓴 것입니다.

'재생백哉生魄'이라 했습니다.

이 말은 음력 16일을 말합니다. 왜 재생백이라고 하느냐? 보름달이 될 때는 전부 다 흰 옷을 입은 것처럼 밝지만, 보름이 지나면 검은 그림자가 드리우기 시작합니다. 그래서 검은 옷을 입고 나오는 날이라고 해서 재생백이라고 합니다.

1

開堂普說
개당보설

侍者　持正　錄

參學直翁居士洪喬祖　編

僧이 問 十方同聚會하야 箇箇學無爲하나니 此是選佛場이라 心空及
第歸라하신 龐居士의 恁麼道 還有爲人處也無잇가 師云 有니라 進云
畢竟에 在那一句닛고 師云 從頭問將來하라 進云 如何是十方同聚會닛
고 師云 龍蛇混雜하고 凡聖交參이니라 進云 如何是箇箇學無爲닛고 師
云 口呑佛祖하고 眼蓋乾坤이니라 進云 如何是選佛場이닛고 師云 東西
十萬이요 南北八千이니라 進云 如何是心空及第歸이닛고 師云 動容揚
古路하야 不墮悄然機니라 進云 恁麼則言言見諦요 句句朝宗이니다 師
云 你甚處見得고 僧이 喝한대 師云 也是掉棒打月이로다 進云 此事는
且止하고 只如西峯은 今日에 十方聚會하야 選佛場開하시니 畢竟에 有
何祥瑞닛고 師云 山河大地와 萬象森羅와 情與無情이 悉皆成佛이니라
進云 旣皆成佛인댄 因甚하야 學人은 不成佛이닛고 師云 你若成佛인댄
爭敎大地成佛이리요 進云 畢竟에 學人은 過在甚麼處닛고 師云 湘之南
潭之北이니라 進云 還許學人으로 懺悔也無잇가 師云 禮拜著하라 僧이
纔拜한대 師云 獅子는 咬人하고 韓獹는 逐塊니라

어떤 스님이 물었다.

"'시방의 대중이 한 자리에 모여서 저마다 무위無爲를 배우니 여기가
부처를 선발하는 도량〔選佛場〕이어서 마음을 비워 급제해 돌아간다'고

하신 방 거사의 이러한 말은 사람을 위한 곳이 있습니까, 없습니까?”

고봉 화상이 말하였다.

“있다.”

스님이 다시 나와서 물었다.

“마침내 어느 한 구절에 있습니까?”

고봉 화상이 말하였다.

“처음부터 차례차례로 물어보라.”

스님이 다시 물었다.

“어떤 것이 시방의 대중이 한 자리에 모인 것입니까?”

고봉 화상이 말하였다.

“용과 뱀이 뒤섞여 있고 범부와 성인이 서로 어울려 참석하는 것이다.”

스님이 다시 물었다.

“어떤 것이 저마다 무위를 배우는 것입니까?”

고봉 화상이 말하였다.

“입으로 부처와 조사를 삼키고 눈으로 하늘과 땅[乾坤]을 덮는 것이다.”

스님이 다시 물었다.

“어떤 것이 부처를 선발하는 도량입니까?”

고봉 화상이 말하였다.

“동쪽과 서쪽이 십만이요, 남쪽과 북쪽이 팔천이다.”

스님이 다시 물었다.

“어떤 것이 마음을 비워 급제해 돌아가는 것입니까?”

고봉 화상이 말하였다.

"눈 깜짝할 사이에 옛 길이 드러나 낮은 근기에 떨어지지 않는 것이다."

스님이 다시 물었다.

"그렇다면 말마다 분명한 진리요 구절마다 종지〔朝宗〕이겠습니다."

고봉 화상이 말하였다.

"그대는 어느 곳에서 견득見得했는가?"

스님이 "할喝" 하니, 고봉 화상이 말하였다.

"몽둥이를 휘둘러 달을 치려 하는구나."

스님이 다시 물었다.

"이 일은 그만두고, 고봉 화상께서는 오늘 시방에 있는 모든 대중이 모여서 선불장이 열렸으니 결국 어떤 상서로움이 있겠습니까?"

고봉 화상이 말하였다.

"산하대지와 삼라만상과 유정有情과 무정無情이 모두 성불하였다."

스님이 다시 물었다.

"이미 모든 것이 성불하였다면 무엇 때문에 저는〔學人〕 성불하지 못했습니까?"

고봉 화상이 말하였다.

"그대가 만약 성불한다면 어찌 대지로 하여금 성불케 하겠느냐?"

스님이 다시 물었다.

"결국 제 허물이 어디에 있습니까?"

고봉 화상이 말하였다.

“상주湘州의 남쪽이요, 담주潭州의 북쪽이다.”

스님이 다시 물었다.

“저에게 참회를 허락하시겠습니까?”

고봉 화상이 말하였다.

“예배하라.”

스님이 예배하자마자 고봉 화상이 말하였다.

“사자는 사람을 물고 개〔韓獹〕는 흙덩이를 쫓는다.”

제목이 '개당보설開堂普說'입니다.

고봉 스님께서 견성하시고 설암 스님으로부터 법의 인가를 받습니다. 법의 인가를 받으시고 처음 법문을 하시는 것입니다. 이를 개당이라고 합니다. 물론 전에도 법문을 하셨지만 법의 인가를 받으심으로써 명실공히 부처님의 55대 적손이 되셨고, 육조 스님의 23대손이 되셨습니다.

보편적으로 첫 법문을 하시는 날은 선사께서 '나는 어떤 스님으로부터 법을 이었다'는 것을 밝히고, 부처님 전에 향을 올리고 법상에 앉으셔서 법문을 합니다. 고봉 스님께서 설법을 위해 법상에 올라앉으시니 바로 그때 학인이 고봉 스님에게 물었습니다.

"'시방의 대중이 한 자리에 모여서 저마다 무위無爲를 배우니 여기가 부처를 선발하는 도량[選佛場]이어서 마음을 비워 급제해 돌아간다'고 하신 방 거사의 이러한 말은 사람을 위한 곳이 있습니까, 없습니까?"라고 했습니다.

인도, 중국, 한국 불교사에서 각각 한 명씩만 유명한 거사를 꼽으라면 유마 거사, 방 거사, 부설 거사를 들 수 있습니다.

학인이 인용한 게송은 중국 당나라 출신 방 거사龐蘊의 오도송입니다. 방 거사는 808년경에 입적하신 분입니다. 대대로 유학을 업으로 했던 명문 집안 출신이고 재력도 겸하고 있었습니다. 그런데 이 분이 어느 날 가족을 데리고 공부를 위해서 떠납니다. 동정호를 지나가면서 당신이 애지중지하던 모든 재물을 가족이 보는 앞에서 그 호수에 던져 버립니다. 가족들은 그것을 보면서 '아버님이 참으로 깊은 의지를 가지고 공부를 위해 재물을 버리는구나'라고 생각했습니다. 물론 명예나 재물이나 권력이 중요하겠지만, 방 거사는 그보다 더 중요한 것을 가족들에게 가르치고, 그 의미에 대해 공감할 수 있도록 의지를 보이신 것입니다. 우리 삶의 기쁨과 행복, 자유로움이 부처님께서 가르치신 근본정신에 있다는 것을 표현한 것입니다. 그것을 이제 확실하게 가족들에게 보인 것입니다. 그 이후부터는 산에서 산죽을 베어다가 요리를 만들어서 연명합니다. 그러면서 공부를 해 견성을 하셨습니다.

처음에 이분이 찾아간 선지식은 석두 스님입니다. 석두 스님은 육조 혜능 스님의 손상좌가 됩니다. 혜능 스님의 십대제자 가운데 청원행사青原行思라는 분이 계셨는데, 석두 스님은 청원행사의 상좌가 되므로 혜능 스님의 손상좌가 됩니다. 방 거사가 석두 스님을 찾아가 "만법과 더불어 짝을 이루지 않는 사람은 어떤 사람입니까?"라고 묻습니다. 이 말하기가 무섭게 석두 스님이 그 자리에서 바로 방 거사의 입을 손으로 막습니다. 선가에서 선문답을 할 때는 굉장한 긴장감이 흐릅니다. 그 순간에 손을 막은 것은 방 거사의 수행 경지가 이미 상당하기 때문에 그 지혜가 드러나는 자리를 이용해 견성하라고 그런 행동을 보인 것입니다. 그런데 방 거사가 거기서 깨닫지를 못합니다. 서로 기연機

緣이 맞지 않았습니다.

뒷날, 방 거사는 다시 마조도일 스님을 찾아갑니다. 마조 스님 역시 남악회양南嶽懷讓 선사의 제자로 혜능 스님의 손상좌가 됩니다. 그분을 찾아가 똑같은 질문을 합니다. "만법과 더불어 짝하지 않는 사람은 어떤 사람입니까?" 마조도일 스님께서 "그대가 한 입으로 서강西江의 물을 다 마신 연후에 일러주겠다"고 합니다. 같은 질문인데도 석두 스님께서 쓰는 법의 가풍과 마조 스님께서 쓰는 가풍이 조금 다릅니다. 그런데 마조 스님과 방 거사가 기연이 맞아 방 거사가 그 자리에서 확철대오廓徹大悟를 하고 그 자리에서 오도송을 짓습니다. 앞에 나온 오도송이 바로 그것입니다.

"방 거사의 이러한 말은 사람을 위한 곳이 있습니까, 없습니까?"라고 학인이 고봉 스님에게 묻습니다.

생명의 실상이 이 구절 안에 있냐고 묻는 것입니다. 다시 말하면 중생은 좋고, 나쁘고, 취하고, 버리고 그로 인해 슬픔과 괴로움을 반복하면서 사는데, 이런 전도된 우리의 삶을 벗어나 날마다 마음에 안락과 평화와 자유로움을 얻을 수 있는 그런 삶이 있느냐는 것입니다.

'있다'라고 했습니다.

사실은 선이라는 것은 있다, 없다를 논리적으로 이야기하는 것이 아닙니다. 다만 수행자의 병이 어디에 있느냐에 따라 풀어 줄 뿐입니다. 본래 선사는 의심을 되돌려 줄 뿐입니다. 이것은 실참실오의 견처에서만 나올 수 있습니다.

네 구절 안에 그런 의미가 충분히 있다는 것입니다. 그런데 법을 쓰는 가풍에 따라 "없다"고 하면 어떻게 되겠습니까? 이 "있다", "없다"에 상대적인 생각을 가져서는 안 됩니다. 있다고 하면 있다는 측면에서 법을 설하는 것이고, 없다고 하면 없다는 측면에서 법을 설할 수 있는 법의 가풍이 있습니다. 좀 더 공부가 진척되면 이해가 깊어질 수 있습니다.

"처음부터 차례차례로 물어보라"고 다시 말씀하십니다.

"어떤 것이 시방의 대중이 한 자리에 모인 것입니까?"라고 학인이 처음부터 묻습니다.

"용과 뱀이 뒤섞여 있고 범부와 성인이 서로 어울려 참석하는 것이다"라고 했습니다.

부처님께서는 사람의 목숨은 한 찰나, 한순간에도 9백 번을 생멸한다고 이야기했습니다. 그 9백 번 중에서 한 번만 삐걱해도 내생입니다. 천하장사 영웅호걸도 숨 한 번 들이켰다 내 쉬지 못하면 내생입니다. 그러니 우리는 아침에 천상에 올랐다 저녁에 지옥에 떨어지기도 하고, 아귀와 아수라와 축생을 번갈아 가며 하루에도 끊임없이 윤회를 합니다. 그런데 이러한 윤회의 삶이 아니고 '날이면 날마다 항상 부처님과 같이 자유롭고 기쁘고 행복한 삶을 살려면 어떻게 해야겠습니까?'라고 물은 것입니다.

이 질문에 고봉 스님은 뜬금없이 "용과 뱀이 뒤섞여 있고 범부와 성인이 서로 어울려 참석하는 것이다"라고 이야기를 합니다.

세상에는 뱀도 있고 용도 있을 수 있고, 범부도 있고 성인이 있을 수도 있습니다. 이런 것들이 서로 어울려 살아가는 것이 어려운 대답은 아닙니다. 그런데 고봉 스님은 견성하신 분입니다. 부처님의 사고와 시각을 가지고 세상을 보고 있습니다. 분명 뭔가 다른 뜻이 있을 것입니다.

뱀이라는 이미지를 머릿속에 떠올려보십시오. 혐오스럽고, 더럽고, 피하고 싶은 생각이 듭니다. 그럼 용이라는 이미지를 머릿속에 한 번 떠올려보십시오. 순간 뭔가 길한 일이 있을 것 같고 행복한 일이 펼쳐질 것 같은 예감이 듭니다. 또 범부는 어리석고 못난 사람이라는 이미지가 떠오르고, 성인은 거룩하고 청정하고 깨끗한 이미지가 떠오를 것입니다. 그래서 중생심은 범부보다는 성인을 더 가까이 하고 싶고 귀하게 여깁니다. 비교하고 차별하는 마음에 구속을 받아서 내 자성자리가 자유롭고 평화롭지 못하고 기쁜 생활을 할 수 없는 것이 중생심입니다. 그러면 고봉 스님께서 보시는 차원은 어떤 차원이겠습니까? 우리 중생은 비교하고, 차별하고, 분별하면서 뱀을 보고, 용을 보고, 범부를 보고, 성인을 보는데 지견이 열리면 뱀을 보든, 용을 보든 있는 그대로 볼 수 있게 됩니다. 뱀을 볼 때 뱀이 가지고 있는 기능과 작용 그리고 뱀이 할 수 있는 생명의 역할을 그대로 여실히 본다는 것입니다. 그래서 높고 낮고 귀하고 천하다는 분별심, 집착하는 마음에서 벗어납니다.

범부와 성인도 마찬가지입니다. 범부는 범부대로 이 생명세계가 흘러가는 대로 나름의 조화를 만듭니다. 생명세계가 행복해질 수 있는 자기의 기능과 역할을 다합니다. 지견이 열린 것을 비유하자면, 뱀이 와서 비치든 용이 와서 비치든 거울은 사실을 있는 그대로 비춰줍니다. 성인이 온다고 해서 그 옷자락을 더 예쁘게 보여 주고 범부가 천하다고 해서 정성 없이 대충 비추는 것이 아닙니다. 성인이나 범부나 용이나 뱀이나 다 같이 대하고 비춥니다. 부모가 자식을 바라보는 눈과 같습니다. 부모는 열 자식이면 열 자식 다 똑같은 마음으로 바라봅니다. 저놈은 나한테 효심이 많으니, 더 똑똑하니까 더 좋아하고, 저놈은 애를 먹이니 더 미워하지 않습니다. 부모가 자식을 보는 마음은 열 손가락 가운데 어느 한 손가락이라도 다치지 않게 하려는 사랑과 자비심을 가지고 보는 것입니다. 부모와 자식 간의 관계뿐 아니라 시야를 넓게 가지면 모든 생명세계를 살아가는 인간관계를 그렇게 본다는 것입니다.

그러므로 업심으로 보는 우리와 부처님이 보는 시각하고는 다릅니다. 이것을 선적으로 말씀을 하신 것입니다. 교학에서는 질문에 대해 이성적으로 그리고 논리를 가지고 자상하게 이해를 시켜주지만, 선禪에서는 아주 본질적인 면을 이야기해 근기가 뛰어난 사람은 그 자리에서 이해하고 그렇지 못한 사람은 문제를 갖고 의심을 하고 참구합니다.

지금 이야기하는 것이 이해가 되면 좋고, 그렇지 않더라도 의심을 품고 화두 공부를 계속하면 됩니다.

"어떤 것이 저마다 무위를 배우는 것입니까?"라고 물었습니다.

"입으로 부처와 조사를 삼키고 눈으로 하늘과 땅[乾坤]을 덮는 것이다"라고 답했습니다.

입으로는 부처와 조사를 삼켜 버렸으니 부처도 없어져 버리고 조사도 없어져 버렸습니다. 눈으로 하늘과 땅을 덮어 버렸으니 하늘도 없어지고 땅도 없어져 버렸습니다. 이것은 무슨 의미입니까? 부처다, 조사다, 하늘이다, 땅이다 다 덮어 버리고 삼켰다는 것은 평등하다는 것입니다. 생명세계가 부처님의 연기법으로 볼 때는 모두 평등하다는 것입니다. 왜 평등합니까? 내가 존재한다는 것은 그대가 존재하므로 의미가 있고, 또 그대가 존재하므로 내가 존재하고 멸하는 것도 이와 같습니다. 사람 위에 사람이 없고 사람 밑에 사람이 없습니다. 서로가 서로의 생명을 지켜주고 존재할 수 있게끔 합니다. 은혜와 은인의 관계입니다.

남녀 간에 사랑을 합니다. 그리고 그것을 확인하기 위해 하루에 열 번도 넘게 전화를 해서 서로 사랑하는지 확인합니다. 그래야 안심이 되고 편안한 모양입니다. 그런데 이것이 과연 둘만의 관계일까요? 두 사람이 만나는 인연이 생기게끔 해 준 주변의 많은 은혜와 도움이 분명히 존재했을 것입니다. 그런 것은 잊어버리고 삽니다. 그러니 혹여

결혼을 하게 되면 고부 간의 갈등도 생기고, 사돈 간의 갈등도 생깁니다. 옛날 분들은 사랑한다는 말을 '은혜한다'는 용어로 썼습니다. "내가 당신을 은혜한다"고 이야기했습니다. 내가 당신을 사랑한다는 의미는 내가 당신을 만날 수 있게끔 당신을 낳아준 부모와 보호해 주고 키워 준 사람들, 더 나아가 이웃과 사회까지 확대된 굉장히 넓은 의미로 사용했습니다.

청원유신 스님과 관련한 비유를 말씀드리겠습니다. 황룡조심黃龍祖心, 1025~1100 중국 송나라 때 스님 선사의 법을 이은 청원유신靑原惟信 선사라는 분이 법문하기를, "내가 부처님 법을 만나기 전에 산을 보니 산이 산이고, 물을 보니 물이 물이더라"고 했습니다. 그리고는 "부처님 법을 만나고 나서는 내가 이 성품을 보는 지혜가 열리니 산을 보니 산이 아니고, 물을 보니 물이 아니더라"고 했습니다. 이 말은 산이 곧 물이고 물이 곧 산이라고 이해하면 됩니다. 부처와 조사를 삼키고 눈으로는 하늘과 땅을 덮었다는 것과 같은 말입니다. 산이 물이 되고 물이 산이 된다는 것은 관계에서 존재하고 서로 은혜롭고 은인의 관계라는 것을 드러낸 것입니다. 평등하다는 것입니다. 평등하기 때문에 우리의 생명자리가 다 통일되어 있다는 것입니다.

그럼 출가하기 전, 불법을 만나기 전에 산은 산이었고 물은 물이었다고 하는 것은 무엇입니까? 업심業心으로 바라보면 일을 하고 행동을 할 때 진실하고 양심적이고 윤리적이라고 이야기를 하지만 거기에는 나라는 자의식이 있고 이기심이 있습니다. 결국 자기가 이해한 쪽으로만 일과 행동을 하게 되어 있습니다. 그러면 상대는 서운하고 고통스러울 것입니다. 불교는 내가 없다는 무아無我에서 출발합니다. 무아는 모두가 통일된 자리, 평등한 자리를 이야기하는 것입니다.

이제 산하고 물하고 완전한 통일된 자리를 얻었고, 너와 내가 나누어지지 않는 가운데 벽을 허물어 버렸습니다. 그리고 너와 나의 생명을 하나로 연결시킨 은혜로운 관계를 얻었습니다. 그 자리에서 보는 산은 산이고 물은 물이라는 것은 차원이 다릅니다.

그러면 여기서 용을 보고, 뱀을 보고, 성인을 보고, 범부를 보고, 산은 산이고, 물은 물이라고 하는 것은 이것을 바탕으로 일상생활을 본다는 것입니다. 이것을 조사선에서는 평상심이라고 이야기합니다. '평상심이 도'라는 이야기입니다. 여기서 말하는 평상심은 거울이 사물을 비추듯 사실을 있는 그대로 보는 것입니다.

불교에서 말하는 '견성을 했다', '성품을 봤다', '성불했다'는 말은 이 통일된 자리, 평등한 자리, 은혜로운 생각을 체험하고 경험한 것을 이야기합니다. 그러므로 무심과 평상심이 다른 이야기가 아닙니다. 둘이 아닙니다.

평상심은 일상생활에 쓰는 용심用心입니다. 교학에서 용과 체를 이야기할 때 쓰는 '용用'과 같은 것입니다. 여러분이 집에 들어가면 하루에도 문을 10번, 20번, 100번 이상 열고 닫습니다. 그 문은 곧 작용입니다. 평상심으로 볼 수도 있습니다. 그런데 그 문은 돌쩌귀에 의지합니다. 돌쩌귀에 의지하지 않는다면 그 문은 한 번만 열어도 넘어지고, 뒤집어지고, 상처가 나 부서질 것입니다.

기도를 하고, 참회를 하고, 봉사를 할 때 이 무위無爲의 세계, 평등의 세계를 바로 알아야 역경과 고난이 없습니다. 이것을 알지 못하고 작용에서만 복을 짓기 바란다면 삼칠일기도, 사십구일기도, 백일기도를 해도 소원이 성취되지 않습니다. 그럴 때 골이 깊어지고 평생 믿어온 부처님에게도 배타심을 일으키면서 인연을 끊게 됩니다. 특히 연세 많으신 분 중에 종교를 바꾸시는 분들이 많습니다. 근본자리를 이해 못하고 차별과 분별에 구속받아 갈등을 일으켜서 그렇습니다.

종교만 그런 것은 아닙니다. 노사문제도 마찬가지입니다. 한 해 노사문제로 인한 경제 손실이 우리가 상상할 수 있는 수치를 넘어선다고 합니다. 자본을 가진 입장에서 볼 때는 더욱더 회사를 키워야 하고 발전시키고 성장시켜야 한다는 입장이고, 노조 입장에서 볼 때 성장한 것만큼 우리에게 분배해 달라고 요구합니다. 서로를 평등한 자리, 무의 자리로 보지 않고 내가 우선되어야 한다는 이기심 때문에 '화해'의 가능성은 없습니다. 부처님의 가르침대로 보면 변합니다. 산과 숲의 관계로 변합니다. 자본을 가진 기업주는 많은 영양분을 가진 토양, 즉 산입니다. 그런데 산이 산의 역할을 하려면 숲이 있어야 합니다. 숲이 없는데 산이라고 할 수 없습니다. 자본이 있다고 하더라도 생산을 할 수 있는 노동자가 있어야 합니다. 하지만 서로 이런 상황을 배제하려고만 하기 때문에 문제가 생깁니다.

부를 축적하는 것도 마찬가지입니다. 이런 자리를 알고 사업을 해서 부를 성취한다면 그는 존경의 대상이 될 것입니다. 하지만 그렇지 않은 경우가 종종 있어서 사회적 지탄의 대상이 되기도 합니다. 우리가 기도할 때도 이 자리를 명확히 알아야 합니다. 그래야 복과 지혜가 함께 하는 신앙생활입니다. 이 자리를 모르면 모래 위에 건물을 쌓는 것과 같습니다. 자기 신앙의 정체성을 알지 못하다 보니 신앙심이 흔들리고 쉽게 원망하는 마음을 갖습니다. 이 자리는 도를 닦는 자리입니다. 이것을 알아야 신앙의 폭이 넓어집니다. 얼마나 넓어지냐에 대한 내용은 그 다음 대목에 나옵니다.

"어떤 것이 부처를 선발하는 도량입니까?"라고 학인이 묻습니다.

"동쪽과 서쪽이 십만이요, 남쪽과 북쪽이 팔천이다"라고 답합니다.

우리 마음 그릇이 동서가 십만이고 남북이 팔천이 될 정도로, 허공과 같이 넓다는 것입니다. 우리가 사는 아파트 평수는 설사 20평이라도 내 마음 평수는 허공과 같이 넓게 산다는 것입니다.

물질이 성장하고 넉넉할수록 우리 마음도 넓어질 것 같지만 그렇지가 않습니다. 서로가 갈등하고 상처를 냅니다. 각자가 정직하고 성실하다고 이야기하지만 결정적인 순간이 되면 전쟁도 마다치 않습니다. 미국과 이라크도 사실은 테러 예방이다, 경제적 이전투구다 말이 많은데 사실 거기에는 종교적인 이유도 개입되어 있습니다. 이스라엘과 레바논 사태도 마찬가지입니다. 종교 간에 벽을 쌓고 자기만 옳다는 독선을 가지고 있으니 생명을 죽여서까지 그것을 성취하려고 하는 것입니다. 불교는 무아사상에서 출발하고, 나까지도 비우는 사상에서 출발하기 때문에 '자비무적'이라고 합니다. 계속 얘기하지만 모든 생명을 은인으로 생각하고 은혜롭게 생각하기 때문에 '자비'입니다. 이 자비에는 적이 없습니다. 그래서 불교사에서는 침략 전쟁을 찾아볼 수가 없습니다.

"어떤 것이 마음을 비워 급제해 돌아가는 것입니까?"라고 학인이 또 묻습니다.

'심공급제心空及第' 즉, 마음이 비워졌다는 것입니다. 마음이 비워졌다는 것은 곧 무위법의 세계를 말합니다. 부처를 보는 그 순간이 견성입니다. 그런데 '심공급제' 뒤에 귀歸자가 붙었습니다. 돌아간다는 말인데, 어디로 돌아가느냐? 여러분은 내 마음으로 돌아간다고 생각할 수도 있겠습니다. 그런데 이렇게 생각할 수 있습니다. 수행을 하고, 내 마음의 의식 변화가 왔고, 또 내가 그런 갈등과 고통과 괴로움에서 벗어나 안락과 즐거움과 기쁨과 자유를 얻었다고 생각해 보십시오. 그 행복감은 말할 수 없이 대단합니다. 내가 그런 자락을 느끼고 기쁨을 느끼는 것은 '상구보리上求菩提'한 것입니다. 부처를 보면 이 순간 이 기쁨을 부모형제, 이웃에게 실천하고 보여줘야 합니다. 이것이 돌아간다는 것입니다.

제가 참 좋아하는 게송입니다.

實相無垢常淸淨　실상무구상청정

貴賤老幼事如佛　귀천노유사여불

極重罪人極尊敬　극중죄인극존경

深怨害者深愛護　심원해자심애호

실상무구상청정　實相無垢常淸淨. 우리 생명의 실상자리는 본래 중생이 아닙니다. 본래 우리는 부처고 본래 그 자리는 때가 없는 자리고 본래 그 자리는 서로 대립하고 비교하고 차별하는 자리가 아닙니다.

귀천노유사여불　貴賤老幼事如佛. 그 자리는 귀한 것도 천한 것도 차별하지 않고, 그 자리에는 젊은이나 노인이나 모두가 다 부처라는 것입니다.

극중죄인극존경　極重罪人極尊敬. 극중한 죄를 저지른 사람도 본래 그 사람의 본성은 부처라는 것입니다. 한순간 어리석어, 한순간 번뇌에 휩싸여 실수를 했지만 이 생명세계 꽃을 피우고 평화롭게 사는데 인연을 다한다는 것입니다.

심원해자심애호　深怨害者深愛護. 나를 해치고 내 마음에 상처를 준 사람도 부처님의 근본정신을 몰라 잠깐 어리석음을 드러낸 것이니 불쌍히 여기는 우월감을 내서는 안 됩니다. 평등한 세계이므로 사랑하고, 존경해 주고, 보호해 주어야 한다는 이야기입니다.

"눈 깜짝할 사이에 옛 길이 드러나 낮은 근기에 떨어지지 않는 것이다

[動容揚古路 不墮悄然機]"라고 답합니다.

동용은 움직이는 용을 말하는데 일상생활을 말합니다. 여기에 고로古路가 붙었으니 옛길에서 일상생활을 한다는 것입니다. 옛길은 은혜로운 관계, 평등의 관계, 무심의 자리를 말합니다. 본래의 부처 성품을 말하는 것입니다.

불타초연기不墮悄然機는 초연기에 떨어지지 않는다는 뜻인데, 초연기라는 말은 좀스러운 데를 뜻합니다. 이기심과 독선을 가지고 있으면 좀스러운 데에 떨어질 수밖에 없습니다. 이 관계를 바로 알고 나면 마음그릇이 엄청나게 넓어집니다. 동서가 십만이고 남북이 팔천이 될 정도로 굉장히 넓어지니, 서로가 배려해 주고 사랑하고, 은혜롭게 생각하고 은인으로 생각할 수 있습니다. 이것을 신앙의 바탕으로 해야 하고, 우리가 삶을 살아가는 바탕으로 해야 합니다. 이렇게 했을 때 우리 의식에 변화가 옵니다.

"그렇다면 말마다 분명한 진리요 구절마다 종지[朝宗]이겠습니다"라고 학인이 다시 묻습니다. 그러자 "그대는 어느 곳에서 견득見得했는가?"라고 되묻습니다.

지견과 법에 대한 안목이 학인에게 갖춰졌는지 시험해 보는 것입니다. 학인이 대답 대신 "할喝"을 합니다. "할"은 고함을 지르는 것입니다. 선어록에 보면 자주 나옵니다. 언전言詮이 미치지 않는 곳을 나타낼 때 사용됩니다. 언전이 미치지 않는 곳이란 생각이 일어나기 전,

분별심이 일어나기 전, 생각이 가는 길도 끊어져 버리고, 마음이 가는 길도 끊어져 버린, 다시 말하면 말로써 더듬을 수 없는 자리를 말하는 것입니다.

부모미생전 본래면목父母未生前 本來面目이라는 말이 있습니다. '부모한테서 몸 받기 전에는 내가 과연 무엇이었던가?'라는 말입니다. 다시 말하면 내가 한 생각, 분별, 망상이 일어나기 전에 내 본래 소식이 무엇이었느냐는 말입니다. 이것을 표현한 것이 "할"입니다.

그런데 고봉 스님이 '도방타월掉棒打月'이라 했습니다.

몽둥이를 가지고 달을 치려는 격이라는 뜻입니다. 몽둥이로 달을 치니 얼마나 어리석은 일입니까? 학인 스님이 "할"을 했지만 고봉 스님이 볼 때는 아직 수행이 많이 부족하고 체화되어 있지 않다고 본 것입니다.

"이 일은 그만두고, 고봉 화상께서는 오늘 시방에 있는 모든 대중이 모여서 선불장이 열렸으니 결국 어떤 상서로움이 있겠습니까?"라고 학인이 다시 묻습니다.

"산하대지와 삼라만상과 유정有情과 무정無情이 모두 성불하였다"라고 답합니다.

모두가 이미 성불되어 있다는 말입니다. 이 말을 들은 학인이 "산하대지와 삼라만상이 모두 다 이미 완성된 부처라는데 저는 왜 중생이냐?"라고 묻습니다.

여러분은 어떻습니까? 이 학인 스님처럼 부처가 아니라고 생각하십니까? 그런데 불교, 특히 선禪은 우리들의 이런 착각을 깨트려 줍니다. 우리가 중생이라고 붙들고 있는 이 생각이 착각이라고 말합니다.

『육조단경』에서 육조 스님이 말했습니다.

"만약 내가 부처를 보고자 하고, 부처가 되고자 한다면 따로 부처를 구하지 마라. 내가 지금 하고 있는 분별과 망상이 착각인 줄 알고 꿈인 줄 알고 깨버리면 된다. 그것을 그냥 놔버리면 된다. 부처는 찾으려고 해서 찾아지는 것이 아니고 망상과 분별에 의지하지 않고 풀어버리고, 꿈을 깨고 착각을 깨버리면 그대로 부처가 드러난다."

『육조단경』뿐 아니라 『유마경』에도 이런 얘기가 나옵니다.

"정토를 얻으려면 마땅히 그 마음을 청정하게 가질지니, 그 마음의 청정함을 따라 부처님의 국토가 청정해지느니라."

청정은 더러운 것의 반대되는 개념입니다. 그런데 부처님께서 말씀하신 청정은 더러움의 상대되는 개념이 아닙니다. 우리가 그렇게 이야기하면 또 분별과 중생심에 빠져드는 것입니다. 깨끗함은 더러움으로 돌아갈 수 있고, 깨끗함은 언제든지 추한 것으로 바뀔 수 있습니다. 여기서 말하는 청정은 더럽고 깨끗한 것을 초월한 것입니다. 정리하면 정견이 서서 성품의 본래 속성과 존재 원리를 알아버리면 중생심이 그대로 불성이고 부처님 불심이라는 것입니다. 그 순간에 중생세계가 성불이 됩니다. 그래서 부처님께서 성불하시는 순간 일체중생이 모두 성불했다는 이야기가 나오고, 부처님께서 천상천하 유아독존이라고 한 의미를 알게 됩니다.

그런데 부처님께서 이 이야기를 한 순간, 사리불이 앉아 있다가 의심을 갖습니다.

'부처님께서도 보살로 계시다가 부처가 되셨을 것이다. 그러면 보살이 부처가 될 때 그 한 생각 청정한 공덕으로 부처가 되고, 또 그로 인해 모든 중생이 청정해지고, 모든 국토가 청정해진다고 말씀하셨는데, 어찌하여 나는 아직 중생인가? 그리고 이 사바세계는 청정국토, 불국토가 아니고, 선과 악은 여전히 내 눈에 보인다.'

그러자 부처님께서 이것을 타심통으로 보시고 발가락으로 땅을 누르시니 삼천대천세계가 즉시 불국토로 바뀝니다. 그러면서 사리불뿐 아니라 보적이 데리고 온 장자의 아들 오백 명이 각기 다 연화보좌에 앉습니다. 즉 무생법인無生法忍을 얻게 됩니다. 또 팔만사천 사람이 아뇩다라삼먁삼보리의 마음을 발했다고 합니다. 무생법인은 태어남이 없다는 것입니다. 태어남이 없다는 것은 다른 말로 불생불멸不生不滅이라는 것입니다.

경에서는 본래 성불에 대해 이렇게 표현합니다. 정견이 서면 부처님의 법문이 이해가 되지만, 정견이 안 서면 어찌하여 부처님 한 말씀에 일체중생이 부처가 되고 청정국토가 되는지 이해가 안 갑니다.

여기에 향나무 한 그루가 있어서, 이 원목으로 의자를 만들든지, 탁자를 만들든지, 부처님을 조성한다고 할 때 원목으로 무엇을 만들지 간에 원목 그 자체가 없어지는 것은 아닙니다. 다만 형상만 바뀌었을 뿐이지 없어지는 것은 아닙니다. 그러면 부처님이 되었든, 탁자가 되었든, 의자가 되었든, 그 원목이 가지고 있는 원래 본성은 향나무입니다. 그 향나무는 의자라도 향이 나는 것이고, 탁자라도 향이 나는 것입니다. 나무 입장에서 볼 때는 의자가 되든, 부처님이 되든 간에 그것은 새로 생긴 것은 아닙니다. 의자도, 탁자도 나무입니다. 그 용도가 인연을 다해서 탁자를 책상으로 바꾼다든지, 의자로 바꾼다고 할 때, 형상은 바뀌더라도 나무 자체는 생하고 멸하는 것이 아닙니다. 또한 그 본성은 항상 향기를 가지고 있습니다.

그러나 정견이 서 있지 않은 중생심으로 보면 가구다, 의자다 하고, 새로 생긴 것으로 본다는 것입니다. 인연에 따라서 형상은 바뀐다 하더라도 나무 자체는 없어진 것이 아니므로 나무 입장에서 보면 불생불멸이고 본래 가지고 있는 향기는 변함이 없습니다. 그 변함이 없다는 것은 중생 속에 부처가 있고 부처 속에 중생이 있다는 소리로도 표현될 수 있고, 중생이 부처고 부처가 중생이라는 말도 될 수도 있고, 또 생사가 곧 열반이라는 말과 같은 것입니다. 정견이 서면 어떤 표현을 하든 혼란스럽지 않습니다.

여기 등장하는 학인 스님은 이런 견해가 부족하기 때문에 "일체 모든 것이 다 성불해 있다고 하는데 저는 왜 아직도 중생이냐?"고 이야기하는 것입니다. 의자가 되었다고 해서 나무의 본래 성품이 변하는 것이 아닌데 학인 스님은 그것을 분별로서, 죽고 사는 것으로서 보기 때문에 아직도 중생인 것입니다.

"그대가 만약 부처였다면 어찌 산하대지가 모두 성불했겠느냐?"라고 역으로 묻습니다.

왜냐하면 학인 스님은 스스로 중생이라는 생각을 붙들고 있으니 삼라만상을 본래 부처의 세계로, 불국토로 볼 수가 없기 때문입니다.

"제 허물이 어디에 있습니까?"라고 학인이 묻습니다,

"상주湘州의 남쪽이요, 담주潭州의 북쪽이다"라고 했습니다.

이것이 바로 선문답禪問答입니다. 선문답은 정견이 안 서 있으면 이해하기 어렵습니다. 선문답을 다른 말로 하면 화두話頭라고 합니다. 또는 간화看話라고 합니다. 간화는 선어록을 말하는 것이고 선어록에서 주고받는 선문답이 해결되지 않을 때 공안公案으로 남아 화두로서 의심하는 것입니다.

그런데 왜 고봉 스님은 충분히 설명하지 않고 상식 밖의 이야기를 해 버렸을까요? 앞 장에서도 이야기했지만 교학적으로 다 풀어주면 그것을 지식으로 받아들이고 공부하고자 하는 생각이 일어나지 않습니다. 즉 애쓰는 마음이 없어져 버립니다. 이것이 화두 공부하는 방법입니다. 계속 부딪히는 이야기를 듣습니다. 이런 경계를 만나면 피하고 싶겠지만 피하고 살다 보면 우리에게는 업이 남고 윤회가 생기고,

고통과 근심이 생깁니다. 그런데 이 알 수 없는 한 마디, 칠통같이 캄캄한 어두운 한 마디가 우리 근심걱정을 없애 주고, 우리의 업심業心을 뿌리째 뽑아버리고 윤회의 길도 바로 끊어버립니다. 우리가 붙들려서 고통받는 번뇌심도 완전히 해체해 버립니다. 알 수 없는 한 마디가 어째서 고통을 없애 주느냐고 항변할 수도 있습니다. 하지만 다시 한 번 곰곰이 생각해 보십시오.

'나에게 무슨 잘못이 있고, 무엇이 문제일까? 모두가 부처고 성불해 있다는데 나는 왜 중생일까? 나에게 무슨 문제가 있을까?'

"허물이 어디에 있습니까?"라고 물었는데 "상주는 남쪽에 있고 담주는 북쪽에 있다"고 말했습니다. 중국의 양쯔 강을 중심으로 해서 상주는 남쪽에 있고 담주는 북쪽에 있습니다. 이 대답을 아주 깊이 참구해야 합니다. 이 공부가 제대로 되어야 중생심이 완전히 없어지는 것입니다. '왜 이런 소리를 할까?' '이것이 무슨 소리일까?'라는 의심이 들기 시작하면 화두 공부하는 기본이 갖춰지는 것입니다.

화두참구법에 대해 말씀드리겠습니다.

선가에서는 줄탁동시啐啄同時라는 말을 자주 씁니다. 줄탁은 어미 닭이 알을 까려고 품고 있을 때 그 알 안의 생명도 밖으로 나오려고 톡톡 쪼는 것을 가리킵니다. 알 안의 새끼가 알을 쪼며 삐약삐약 소리를 냅니다. 내가 나가야겠다는 소리지요. 그러면 어미 닭은 밖에서 그 소리를 듣고 때가 되었다는 것을 압니다. 때가 되었다는 것을 알기 때문에 어미 닭이 탁 쪼아주는 것입니다. 어미 닭이 쪼아주는 것을 탁啄이라고 하고, 병아리가 밖에 나오려고 안에서 쪼는 것을 줄啐이라고 합니다. 어떤 일이 일어나려고 하면 그것이 한순간에 기연이 잘 맞아 떨어져야 한다는 것입니다. 어미 닭이 잘못 보고 미리 뚫어줘 버리면 병아리가 죽어 버립니다. 또 어미 닭이 잘못해서 너무 늦게 뚫어주면 병아리가 안에서 숨이 막혀 죽어 버립니다. 이 때문에 굉장히 긴장이 넘치는 순간이고 그때가 정확해야 합니다.

선문답이라는 것이 바로 이것입니다. 학인이 바로 공부하고 있으면서 자기의 문제점을 그 스승에게 물었을 때 스승은 해답을 주지 않고 문제점을 던져줍니다. 그러면 그 문제점을 가지고 계속 씨름을 하는 것입니다. 어째서 내 허물이 무엇인가 물었는데 강남, 강북이라고 이야기하나 생각하는 것입니다. 강남, 강북에 대해서 계속 고민을 해 보시기 바랍니다. 여러분은 계속 거기에 대해서 고민을 해야 합니다. 그래서 어느 날 눈 밝은 선지식이나 큰스님에게 내가 묻고자 하는 것을 묻는 것입니다. 물을 때 줄탁동시가 이루어지는 것입니다. 그러므로 선문답이 매우 귀하고 가치 있는 법문이고 중요하다는 것을 알아야 합니다. 이것을 오히려 답답하고 골치 아픈 교육 방법이라고 생각하면 안 됩니다. 이것을 잘 생각하면 생각하는 그 자리가 의심의 자리로 들어가는 것입니다. 골똘하게 생각해야 합니다. 여기서 생각하는 골똘한 의심은 세상사에서 중생이 생각하는 잡스럽고 부정적인 의심이 아니라 부처가 되어야겠다는, 불성을 깨달아야겠다는 구도적인 원願에서 나오는 의심입니다. 이 의심은 일체 모든 중생의 업을 완전히 없애 버리는 것입니다. 이런 공부는 달을 바로 드러내는 달 법문입니다. 교학적으로 배우고 다른 방법으로 공부하는 것은 손가락 법문이라고 합니다. 손가락은 달을 가리키기 위한 수단입니다. 그런데 우리는 수단에 매달려 있습니다. 수단으로 공부하면 계속 손가락만 보고 있으므로 달을 보기가 어렵습니다.

여기 재미있는 이야기를 하나 하겠습니다. 어느 날 농부가 산에서 독수리 새끼를 잡아와서 닭장에서 키웠습니다. 그러던 어느 날 어미 독수리가 닭장 위에서 날고 있을 때 새끼 독수리는 다른 닭들과 함께 닭장으로 숨어 버렸습니다. 만약 옆에 있는 닭이나 혹은 주인이 독수리에게 "너는 닭장에 있더라도 닭이 아니야. 너는 독수리야. 너는 독수리이기 때문에 언제든지 독수리의 기능과 효과를 드러낼 수 있어. 완벽하게 갖춰져 있는 부족함 없는 독수리야"라고 일러 주었더라면, 그 독수리는 하늘에 있는 독수리를 봤을 때 기운이 솟아 창공을 날았을 것입니다. 그러나 손가락에서만 매일 머물고, 나는 중생이라는 생각만 갖고 공부를 했기 때문에 선법문이나 선문답을 들었을 때도, '나는 왜 아직도 중생이고, 내 눈에는 왜 이렇게 중생세계가 더러울까'라고 생각합니다. 마음은 가는 길이 하나입니다. 하나이기 때문에 여기에 대한 의심을 완전하게 일으킴과 동시에 어둠도, 중생심도, 윤회도, 고통도 사라지고 거기에는 아무것도 붙들 수가 없습니다.

의심은 용광로와 같은 것입니다. 의심이 간절하면 무엇이든 다 녹아 버립니다. 미움도, 사랑도, 집착도, 분별심도 다 녹아 버립니다. 다 녹아 버리면서 오로지 우리 본래심, 본래면목, 불성 그것을 의심 기운 하나로서 볼 수 있습니다. 그러므로 중생이라는 집착심을 쥐고 있는 이상 절대적으로 이 산하대지가 불국토로 바뀌지 않는다는 것입니다.

"저에게 참회를 허락하시겠습니까?"라고 학인이 묻습니다.

아직도 못 깨달아서 이런 소리가 나오는 것입니다. 즉 줄탁동시가 안 되는 것입니다. 우리가 본래 부처라는 것을 믿어야 하는데 그 믿음이 없습니다. 믿음이 크면 씨앗을 하나 보더라도 뿌리, 줄기, 잎사귀, 열매까지 다 볼 수 있습니다. 어느 날 찰나에 성불할 수 있습니다. 달을 바로 보는 차원 높은 선공부가 들어간다는 것입니다.

'예배하라'고 했습니다.

그러자 고봉 스님 앞에서 절을 합니다. 사실 고봉 스님이 예배하라는 말은 절하라는 소리가 아닙니다. 그런데 학인 스님이 절을 합니다.

그러자 "사자는 사람을 물고 개[韓獹]는 흙덩이를 쫓는다"라고 했습니다.

고봉 스님께서는 지금까지 달을 가리키는 법문을 하셨습니다.

생명자리가 어떻게 존재한다는 것을 바로 보라는 것입니다. 그렇다면 이 이야기 끝에 바로 깨달아야 하는데 절을 하라고 하니 그 말에 떨어져서, 경계에 떨어져서 절을 해 버립니다. 미련한 개는 돌을 던지면 돌을 쫓아가지만 영리한 사자는 돌을 던지면 사람을 물어 버립니다. 이 말 끝에 본성을 바로 깨달으라는 이야기입니다.

부처님이나 중생이나 보는 상은 똑같습니다. 물을 담는 그릇은 컵인데, 부처님도 그것을 컵으로 보고 우리도 그것을 컵으로 봅니다. 그런데 부처님이 보시는 것과 고봉 스님이 보시는 것과 우리가 보는 것의 차이는 무엇인가 하면, 우리는 그 컵을 보면 즉, 상相을 보면 상에 붙들려 버리고 상에 집착합니다. 상 이상의 것은 보지 못합니다. 왜냐하면, 내 업심이 있고, 이기심이 있고, 욕심이 있고, 집착으로 인해서 컵 밖으로 생각이 나가지 못한다는 것입니다. 그런데 도인이 컵을 볼 때는 그 컵을 보는 순간 컵의 본질을 보아 버린다는 것입니다. 컵이 어디로부터 온 것인가? 컵은 물과 여러 가지로 이루어진 것입니다. 이러한 것이 연기법입니다. 컵을 보면서, 상은 있지만 상을 떠날 수 있는 본질을 보는 것은 바로 그 컵 자체가 독존할 수 있고 영구적인 개체로써 실재하는 물건이 아니라는 것을 알아 버린다는 것입니다.

우리가 일상생활을 하면서 그것이 연기라는 것을 알고 대하는 것과 모르고 대하는 것은 다릅니다. 마치 쇠가 불기운에 달궈진 것을 알고 집는 것과 모르고 덥석 집는 것은 화상 입는 정도가 다른 것과 같습니다. 그냥 사는 것과 정견이 갖춰져서 세상을 보면서 살아가는 안목과는 다르다는 것입니다.

또한 컵을 볼 때 컵을 보는 순간 컵이라고 생각을 일으키는 내 생각도 연기로 본다는 것입니다. 본래 무심으로 있는 상태에서 컵을 보는 순간 컵이라는 개념을 일으킵니다. 개념을 일으키는 것이 왜 일어났습니까? 컵으로 인해서 일어난 것입니다. 인연에 의해서 생각이 일어나므로 이 생각도 역시 가구가 탁자가 되고, 탁자가 의자가 되는 인연에 의해서 변화하는 하나의 사건이고 현상일 뿐입니다. 가구를 붙들고 계속 울거나, 책상을 붙들고 계속 괴로워하는 중생의 생활에서 벗어날 수 있다는 것입니다.

한순간에 여러분이 정견과 법에 대한 안목이 갖춰지기는 어렵습니다. 그런데 이 법문이 계속 그렇게 나갑니다. 『선요』를 열심히 공부하면 정견이 바로 서게 되고 확실한 법에 대한 안목을 갖추게 되기 때문에 언제 어느 순간에라도 어떤 법을 듣든지, 어떤 수행법을 행하더라도 그 요지를 알고 근본을 알기 때문에 흔들림이 없고 혼란이 없습니다.

그래서 많이 공부해야 합니다. 골이 깊으면 물도 차고 물이 차면 거기서 나오는 바람도 찹니다. 그래야 그 찬물과 찬바람은 뼈에 사무치고 뼛속까지 서늘하게 만들어 줍니다. 마찬가지로 우리가 많이 사유하고 공부하고 체험해야 더욱더 일상생활에서 부처님의 가르침이 인격으로 드러나게끔 의식의 변화가 올 수 있습니다. 공부는 의식에 변화가 오지 않으면 아무 의미가 없습니다. 이런 공부를 통해서 의식의 변화가 오도록 해야 합니다.

師乃竪拂하시고 곰大衆云 此是選佛場이라 心空及第歸니 怜悧漢이
若向者裏하야 見得하면 便見龐居士의 安身立命處리라 旣見龐居士의
安身立命處인댄 便見從上佛祖의 安身立命處요 旣見佛祖의 安身立命
處인댄 便見自己의 安身立命處요 旣見自己의 安身立命處인댄 不妨向
者裏하야 拗折拄杖하고 高掛鉢囊하고 三條椽下와 七尺單前에 咬無米
飯하며 飮不濕羹하고 伸脚打眠하야 逍遙度日이어니와 若是奴郎不辨
하며 菽麥不分인댄 抑不得已하야 按下雲頭하고 向虛空裏하야 書一本
上大人하야 敎諸人으로 依樣畵猫兒去也리라

고봉 화상이 이에 불자를 세우고 대중들을 불러서 말씀하셨다.

"이것이 선불장이어서, 마음을 비워 급제해 돌아가는 자리이니 영
리한 사람이 만약 이 속에서 알아차리면 곧 방 거사의 안신입명처安身
立命處를 볼 것이다. 이미 방 거사의 안신입명처를 보았다면, 곧 역대
부처님과 조사의 안신입명처를 볼 것이다. 이미 부처님과 조사의 안
신입명처를 보았다면 곧 자기의 안신입명처를 볼 것이다. 이미 자기
의 안신입명처를 보았다면 이 자리에서 주장자를 꺾어 버리고 바랑을
높이 걸어 두고 세 서까래 아래 한 사람이 앉는 자리와 칠 척이 되는
자리옷과 발우를 두는 곳에서 쌀알 없는 밥을 먹고 물기 없는 국을 마
시며 다리를 펴고 잠을 자면서 자유롭게 세월을 보내는 것이 방해되
지 않을 것이다.

그러나 만약 종과 상전을 구별하지 못하며 콩과 보리를 구분하지

못한다면, 부득이하게 구름을 눌러 내리고 허공을 향해 한 줄의 상대
인上大人을 써서 여러 사람들로 하여금 그 본에 의해서 고양이를 그려
가게 하리라.

선에서 본래 부처에 대해 말씀드리겠습니다.

앞부분에서는 고봉 스님께서 개당설법을 위해 법상에 오르실 적에 난데없이 학인이 질문을 하면서 선문답이 이어졌습니다. 이 선문답은 대단히 중요합니다. 학인은 내가 중생이라는 입장에서 계속 질문을 하고, 고봉 스님은 산하대지, 생명이 있는 것이나 생명이 없는 것이나 모두 이미 불성의 실상을 그대로 온전하게 드러내고 있다, 본래 모두가 성불된 자리에서 그대로 불성이 있다는 입장에서 답을 하고 있습니다. 하지만 학인은 집착의 틀을 깨지 못합니다. 그러고는 묻습니다. "결국 제 허물이 어디에 있습니까?" 이에 대해 고봉 스님은 "상주湘州의 남쪽이요, 담주潭州의 북쪽이다"라고 했습니다.

이 대목에서 꼭 명심해야 하고 꼭 믿어야 할 중요한 메시지가 있습니다. 우리는 중생심의 틀을 깨지 못하고 스스로 중생이라고 착각하고 있지만 깨치든 깨치지 못하든 간에 본래 부처라는 사실입니다. 고봉 스님은 일체 산하대지가 생명이 있는 것이나 없는 것이나 모두가 완벽하고 부족함이 없는 부처라는 것을 계속 설하고 계십니다.

선禪에서는 내가 부처라는 사실을 확신하고 믿는 자는 이 법문을 듣는 가운데 스스로 깨칠 수 있고, 그런 확신이 없는 사람은 중생의 틀을 깨기 어렵다고 이야기합니다.

섬진강 연어는 섬진강에서 출발해 태평양을 건너 지구 반 바퀴를 돌아 3년 만에 섬진강으로 돌아옵니다. 태평양 바다에 이정표가 있고 어떤 길잡이가 있어서 다시 섬진강으로 돌아오는 것은 아닙니다. 이와 같은 이치입니다.

『육조단경』을 보면 이런 장면이 나옵니다. 육조 스님께서 오조홍인 대사를 친견하셨을 때 홍인 대사가 말씀하시기를, "그대는 어디서 왔는가?"라고 묻습니다. 육조 스님은 "영남 땅 신주에서 왔습니다"라고 대답합니다. 그러자 홍인 대사가 "영남 땅 신주는 축생같이 천박하고도 천한 신분이 사는 곳인데 네가 어찌 그런 천한 신분으로 부처가 되고자 생각하느냐?"라고 이야기합니다. 육조 스님의 마음을 한 번 읽어 보려는 것이지요. 그때 육조 스님은 부족함이 없는 본래 완전한 부처로 살아갈 수 있는 불성이 갖춰져 있다는 것을 확신했기 때문에 "사람에 있어서는 남과 북이 있고 천하고 귀한 것이 있지만, 불성과 불심의 자리에 남과 북이 어디 있으며, 천하고 귀한 것이 어디 있습니까?"라고 대답했습니다. 불심의 그 자리는 본래 차별이 없다는 것입니다. 비교하면 안 된다는 이야기입니다. 본래 성불해 있는, 본래 부처의 소식을 육조 스님이 그대로 드러낸 것입니다. 이 말 끝에 오조 스님은 육조 스님이 본래 성불되어 있는 그 본래 부처에 대한 믿음이 확실한 것을 아시고는 훗날 『금강경』을 강의해 줍니다.

육조 스님은 『금강경』의 '응무소주 이생기심應無所住 而生其心'이라는 구절에 이르러 홀연히 깨치게 됩니다. '응무소주 이생기심'은 '마땅히 머무는 바 없이 마음을 내어야 한다'는 뜻입니다. 마땅히 머무는 바 없

는 자리는 부처님도, 조사도, 보살도, 열반도, 해탈도, 중생도 세울
수 없는 자리, 즉 모든 생명이 다 통일된 하나의 생명체, 평등한 자리
입니다. 모두가 평등한 자리이기 때문에 거기에는 자기가 설 수 없습
니다. 그 자리에서 본래 갖춰진 불성 그대로 그렇게 보라는 것입니다.
　그 법문을 듣는 순간에 육조 스님은 확연히 깨닫고 나서 오도송을
읊습니다.

何期自性 本自淸淨　하기자성 본자청정
何期自性 本不生滅　하기자성 본불생멸
何期自性 本自具足　하기자성 본자구족
何期自性 本無動搖　하기자성 본무동요
何期自性 能生萬法　하기자성 능생만법

어찌 자기 성품이 본래부터 청정함을 알았으며,
어찌 자기 성품이 본래 생멸하지 않는 자리임을 알았으며,
어찌 자기 성품이 본래 구족함을 알았으며,
어찌 자기 성품이 본래 동요하지 않을 줄 알았으며,
어찌 자기 성품이 만 가지 법을 내는 줄을 알았으리.

우리는 본래 부처이며 우리 성품 안에 모든 공덕성이 갖춰져 있다는
이야기입니다. 경계에 부딪힐 때도 그것이 경계인 것을 알고 우리가

본래 부처라는 것에 대해 조금도 의심하지 않아야 한다는 것입니다. 연어도 부족함이 없이 태평양을 건너 섬진강으로 돌아올 줄 아는데 우리가 무엇이 부족해 부처의 행을 하지 못합니까? 우리는 지금 착각과 꿈속에 살고 있습니다. 그 착각과 꿈을 깨뜨려야 합니다.

나무에 호리병을 묶어 놓고 그 안에 맛있는 과일을 넣어놓으면, 원숭이는 그 과일을 손으로 덥석 집습니다. 그런데 구멍이 작아서 손을 편 상태로는 자유롭게 손이 들락거리지만, 과일을 쥔 손으로는 빠져나올 수 없습니다. 그래서 원숭이는 사람에게 잡힙니다. 원숭이가 목숨을 보전하는 방법은 간단합니다. 그 과일을 놔버리면 됩니다. 하지만 멍청한 원숭이는 절대 그렇게 하지 않습니다.

지금까지 제 법문의 요지가 이것입니다. 내가 중생이라는 생각을 가지고 사는 것과 내가 부처라는 믿음을 가지고 사는 것이 얼마나 다른지 체험해 보십시오. 수없이 부딪히는 경계에서 생기는 괴로움과 갈등 그리고 스트레스를 처리하는 방법이 얼마만큼 달라지는지 체험해 보십시오.

고봉 스님은 지금까지 본래 우리가 부처라는 것을 확신하라고 법문을 하셨습니다. 그런데 지금부터 법문은 좀 다릅니다. 자신이 부처라고 확신하고 있는 사람에게 하는 법문이 계속 이어졌지만 법문을 듣는 사람이 그것을 믿지 않으니, 이젠 방편법문이 필요합니다. 중생이라고 생각하는 집착을 쥐고 있으니 그 착각을 깨기 위해 방편법문을 써서 의도적으로 설법의 방법을 바꾸기 시작합니다.

"고봉 화상이 이에 불자拂子를 세우고 대중들을 불러서 말씀하셨다"
고 했습니다.

불자는 인도 수행자들이 쓰던 물건입니다. 인도는 더운 나라입니
다. 수행자가 숲이나 들의 나무 밑에서 정진을 하면 풀벌레들이 달려
듭니다. 또 불살생계不殺生戒를 지켜야 하는 수행자들이 길을 가려고
하면 온갖 작은 벌레들이 앞을 가로막습니다. 이럴 때 불자를 사용합
니다. 바닥을 쓸면서 앞으로 나가기도 하고 좌정坐定을 할 때 달려드는
날짐승을 막기도 합니다.

이것이 중국으로 건너와서, 특히 선사들에게 법을 상징하고 진리의
자리를 드러내는 상징물로 바뀐 것입니다. 이 불자를 세우고 고봉 스
님이 대중을 불렀다는 것입니다. 이 대목에서 든 것이 주장자여도 상
관없고 한 송이 꽃이어도 상관없습니다.

"이것이 선불장이어서, 마음을 비워 급제해 돌아가는 자리다"라고 했
습니다.

이 물건을 모든 대중이 다 보고 있습니다. 보는 그 자리에서 바로 본
래 불성자리, 본래 면목인 부처의 그 자리를 깨치라는 것입니다. 이것
은 불자를 봐도 되고 주장자나 꽃이라도 상관없습니다. 이것을 보는
순간 자기의 본래 불성을 깨치라고 고봉 스님께서 방편법문을 쓰신 것

입니다. 그런데 여기서 깨치지 못할 때는 '어째서 꽃을 드는 저 도리가 우리 본래 불성을 보는 자리라고 하는가?'라는 의심을 가지고 여기에 대해서 깊이 사유하고 의심해야 합니다. 그런데 굉장히 조심스러운 부분이 있습니다. 화두는 지식을 가지고 풀려고 하면 안 됩니다. 공식이 있고 그 공식에 따라 해답을 드러내는 것이 아닙니다.

당나라 때 백장 스님이라는 아주 유명한 고승이 계셨습니다. 백장 스님 문하에 많은 대중이 살았는데, 어느 날 한 스님이 백장 스님에게 찾아와서 "호남성에 위산이라는 아주 아름다운 수도지가 있는데, 법의 안목을 갖추고 선의 지혜가 출중한 스님이 그곳에 가시면 천오백 대중을 거느릴 만한 산입니다. 그곳에 계실 적임자를 한 분 소개해 주십시오"라고 했습니다. 그러자 백장 스님이 "내가 그곳에 가면 되지 않겠느냐?"고 했습니다. 그랬더니 그 스님이 "그 산은 덕산德山이고, 스님은 고산高山입니다. 인연이 맞지 않습니다"라고 하면서 다른 스님을 추천해 달라고 부탁했습니다. 그래서 지혜가 뛰어나다는 몇 사람에게 선문답을 시켜 그 이치를 바로 아는 사람이 기기로 했습니다.

백장 스님이 한 수좌 스님을 오라고 해서 옆에 놓인 정병을 가리키며 물었습니다. 정병은 병에 물을 넣어 놓은 것을 말합니다. 보통 스님이 화장실에 갔다 오면 손을 씻을 때 쓰는 물병입니다.

"이 정병을 정병이라고 하면 정병에 집착하는 것이 되고, 정병이 아니라고 하면 본래 정병의 뜻에 어긋나는 일이 되니, 이 두 가지 양변을 벗어나서 그대의 안목을 한번 드러내 봐라.”

수좌 스님이 “그렇다고 나무막대기라고 할 수도 없지 않습니까?”라고 대답을 합니다.

그런데 백장 스님이 고개를 저었습니다. 시원찮다는 것입니다. 무언가 교학적이고, 분별의 냄새가 풍기고, 의식의 흐름이 있다는 것입니다. 알음알이가 발동된 느낌이 깔려 있다는 말입니다. 흔적을 지워버리고 아주 자취를 없애버리는 훌륭한 대답을 기다리고 있었는데, 그렇지 못한 것입니다.

그때 공양주를 하고 있던 영우 스님이라는 젊은 수좌가 있었는데, 그 스님을 불러서 “그대는 이것을 뭐라고 이르겠느냐?”고 물었습니다.

그 말이 떨어지기가 무섭게 영우 스님이 일어나서 그 정병을 발로 걷어차 버렸습니다. 정병은 그대로 마당에 떨어져 박살이 났습니다. 그러자 백장 스님이 호탕하게 웃으면서 “참으로 법을 멋지게 쓰는구나!”라고 하였습니다.

영우 스님은 위앙종을 개조開祖한 분입니다. 당말唐末에서 송초宋初에 걸쳐 중국 선종의 다섯 문파가 있었는데, 임제종臨濟宗, 조동종曹洞宗, 운문종雲門宗, 법안종法眼宗 그리고 위앙종潙仰宗입니다. 다시 임제종파에서 갈라진 황룡파黃龍派와 양기파楊岐派까지 합쳐서 흔히 5가7종五家七宗이라고 부릅니다. 위앙종은 바로 위산영우 스님과 그 제자 앙산혜적 스님 두 분이 개조하였습니다. 이 분이 위산에 가서 10년 동안 정진하면서 도토리와 과일을 따 먹고 그 덕화로 천오백 대중을 거느리셨다고 합니다.

왜 영우 스님 이야기를 하느냐 하면, 알음알이를 가지고, 또는 분별심을 가지고 차별하고 철학적으로나 논리적으로나 개념적으로 꽃을 든 소식을 알려고 하면 결국 그것은 분별심만 더욱 늘어나는 일밖에 안 된다는 것입니다. 그런데 위산 스님으로부터 그런 것을 다 끊어버리고 그대로 드러낸 소식을 우리가 엿볼 수 있는 것입니다.

"중생의 틀을 부숴버리고 불심의 세계로 들어가는 그러한 순간이므로 영리한 사람이 이 소식을 알아차리면 방 거사의 안신입명처를 볼 것이다"라고 했습니다.

영리한 사람이란 세속에서 말하는 영악스러운 사람을 이야기하는 것이 아닙니다. 내가 중생이라는 집착심을 깨뜨린 사람을 말하는 것입니다. 그리고 안신입명安身立命이라는 말이 나옵니다. 안신입명은 중도정견中道正見이라고 말할 수 있습니다. '안신'은 중생으로서 분별하고 비교하고 차별하고 대립하는 마음이 남아 있지 않은 상태입니다. 내가 중생이라는 고통의 번뇌가 조금도 남아 있지 않고 완전히 마음이 불심의 세계, 청정의 세계로 들어간 자리입니다. '입명'이란 이런 불심의 자리에 바탕하여 부처의 시각대로 산은 산이고 물은 물이라는 것을 이야기할 수 있는 것을 말합니다. 즉, 안신은 구하는 것이 없고, 의심하는 것이 없으며, 어두운 것이 없다는 뜻입니다. 입명이란 한 법도 버림 없이 만선만행의 보살행을 평상심으로 일상생활한다는 것입니다. 안신입명은 견성한 자리를 말합니다.

이 자리는 우리가 중생심이라는 집착을 깨뜨리고 부처의 세계에서 그 소식을 그대로 드러낸 자리입니다. 그래서 이것을 중도라 할 수 있고 안신은 곧 무심無心의 자리라고 할 수 있습니다. 무심은 평상심平常心입니다. 비유하자면 무심은 손등이요, 평상심은 손바닥입니다. 손등과 손바닥은 하나의 손입니다. 하나의 손에서의 작용이 하나는 지혜로 드러나고 하나는 자비로 드러난다는 것입니다. 지혜와 자비는 둘로 나눌 수가 없고 하나입니다. 무심과 평상심이라고 이야기했지만 무심과 평상심은 그 작용이 하나라는 것을 알아야 합니다. 평상심이 드러날 때 무심이 함께 가고 무심할 때 평상심이 함께 드러나는 도리라는 것입니다. 이것을 중도中道라고 합니다.

중도에 대해 좀 더 설명하겠습니다.

『반야심경』을 독송하다 보면 "관세음보살님께서 깊은 반야바라밀다를 행할 때……"라는 구절이 나옵니다. 이 반야바라밀이 바로 안신입명을 말하는 것이고 중도를 말하는 것입니다. 무심과 평상심으로서 일상생활을 해 나가는 경계를 반야바라밀이라고 합니다. 반야는 지혜를 말하는 것이고, 바라밀은 일상생활이 부처님의 불심으로서 일상생활화되어 조금도 어색하지 않고, 조금도 인위적이거나 조작적으로 하는 것이 아니며, 천명 그대로 한다는 것입니다.

그래서 관세음보살님께서 깊은 반야바라밀을 행하므로 오온五蘊이 공한 줄을 알았다는 것입니다. 오온은 색온色蘊, 수온受蘊, 상온想蘊, 행온行蘊, 식온識蘊입니다. 색온은 분별과 관념으로 대상을 채색하는 의식작용을 말합니다. 수온은 괴로움이나 즐거움 등을 느끼는 감수작용입니다. 상온은 대상을 보고 이름을 부여하고 개념을 짓는 것을 말합니다. 행온은 과거에 들어왔던 기억정보에 의해 판단하고 상상하는 것을 말합니다. 식온은 '좋다, 싫다'라고 분별을 일으키는 것을 말합니다. 중생의 다섯 가지 의식작용이 모두 공함을 알았다는 것입니다. 왜 공한 것입니까? 여기 꽃 한 송이가 있습니다. 이 꽃을 만든 것은 꽃이 아닌 제법인연입니다. 구름이 와서 만들었고, 비가 와서 만들었고, 바람이 와서 만들었고, 고양이 울음이 만들었고, 여러분 눈빛이 만들었습니다. 이것은 인연이 다하면 시들어 버립니다. 꽃이 없어지는 것입니다. 즉 실체가 없어집니다. 그와 같이 이 꽃을 보는 순간에 지금 내 마음도 한생각이 움직여 버린 것입니다. 그러면 한생각이 움직인 것도 형상입니다.

생가에 형상이 없다고 생각합니까? 그렇지 않습니다. 만약 화가 치밀고 진심瞋心이 일어났을 때, 상이 있기 때문에 얼굴에 색상이 달라집니다. 상이 비추기 때문입니다. 이러한 생각도 모두 하나의 경계로 인해서 일어난 생각입니다. 인연에 의해서, 연기에 의해서 한 생각이 이루어지는 것이기 때문에 그것도 역시 실체가 없다는 것을 관세음보살님이 아셨다는 것입니다. 그래서 색·수·상·행·식이 공한 줄을 알고 보니 내가 중생이라고 생각하고 붙들고 있던 모든 괴로움이 다 소멸되었다는 것입니다. 소멸되었으면 그 소멸된 자리가 무슨 자리입니까? 아무것도 세울 수 없고, 인정할 수 없고, 전부 연기로 된 것이므로 실체가 없는 것이라는 것을 아는 그 자리가 무엇입니까? 그것은 부처도 중생도 번뇌도 도리도 세울 수가 없는, 무심의 자리입니다. 마음을 다 비워 버린 자리, 혹은 허심虛心의 자리입니다. 그러면 그 무심의 자리에서 머물고 있어야 될까요? 그 자리도 머물면 안 됩니다. 머물면 무심이 병이 되어 버리기 때문입니다. 부처가 좋다고 부처의 자리에 머물면 부처가 병이 되어 버리는 것입니다.

그래서 『육조단경』과 『금강경』에서는 무주無住라고 했습니다. 머문 바가 없다는 말입니다. 머물 수가 없는 것입니다. 우리 생명의 본성자리는 그렇게 흘러가고 있습니다. 그러면 다시 그 자리에서 중생을 모두 성불자리로 이끌어야 되고, 또 우리 일상생활에서 밀려오는 순경계와 역경계의 모든 생활에서 일어나는 현실적인 문제를 분명히 바로 봐야 할 것 아닙니까? 바로 보기 위해서 다시 무심의 자리에서 평상심을 그대로 써야 되는데, 그것이 바로 중도입니다.

그래서 관세음보살님은 일체가 공한 줄 알면서도, 화려한 천의를 입고 영락구슬 보배를 몸에 많이 두르고 나오시는 것입니다. 관세음보살님이 우리 중생처럼 영락보배에 집착하고 좋아해서 그것을 하고 오신 것이 아닙니다. 현실생활에서는 그것이 그대로 필요한 것이고 그대로 존재하는 것입니다. 하지만 그 존재를 그대로 용도에 맞게끔 쓸 뿐이지 거기에 집착하거나 매달리거나 구속받거나 괴로워하지 않습니다. 이러한 경계를 안신입명의 경계라고 합니다.

"이미 방 거사의 안신입명처를 보았다면, 곧 역대 부처님과 조사의 안신입명처를 볼 것이다. 이미 부처님과 조사의 안신입명처를 보았다면 곧 자기의 안신입명처를 볼 것이다. 이미 자기의 안신입명처를 보았다면 이 자리에서 주장자를 꺾어 버리고 바랑을 높이 걸어 두고 세 서까래 아래한 사람이 앉는 자리와 칠 척이 되는 자리옷과 발우를 두는 곳에서 쌀알 없는 밥을 먹고 물기 없는 국을 마시며 다리를 펴고 잠을 자면서 자유롭게 세월을 보내는 것이 방해되지 않을 것이다"라고 했습니다.

요절주장拗折拄杖은 주장자를 요절내 버린다는 말입니다. 보통 스님들이 몸을 돌보지 않고 명을 아끼지 않고 귀한 법을 구하거나 도를 깨치기 위해서 강을 건너고 산을 넘어서 만행을 할 때 들고 다니는 것이 주장자입니다. 그 주장자를 왜 요절냈을까요? 이 소식을 알아 버렸으니 이제는 주장자를 쓸 일이 없다는 것입니다. 즉, 다 마쳤으므로 주장자 짚고 다닐 일이 없다는 말입니다.

또한 발우와 걸망은 무엇입니까? 걸망에 발우는 꼭 들어가 있습니다. 스님의 재산이어서 스님들은 이것을 항상 걸머지고 다니는데, 이 발우와 걸망도 저 높은 데 걸어 버렸다는 것입니다. 즉 쓸 일이 없다는 말입니다. 일대사를 모두 마쳐 버렸다는 것입니다.

'세 서까래 아래와 칠 척이 되는 자리'라고 했습니다.

서까래 세 개를 말하는데, 서까래 하나 사이가 한 자, 즉 33cm입니다. 세 개면 석 자인데 1m입니다. 그리고 칠 척은 일곱 자를 말하는데 2m 10cm를 말합니다. 앉아 있는 자리가 1m고, 이 자리에서 누우면 2m 미만 정도이므로, 이것은 선방에서 스님이 좌선하는 모습입니다. 좌복의 넓이가 그 정도이고, 그 좌복에 앉아서 공부하다가 잠이 오면 좌복을 배에 덮고 그대로 누워 자는 모습입니다.

이것은 일상생활을 떠나지 말라는 이야기입니다. 특별하고 기특한 일이 따로 있는 것이 아니라, 지금 앉고 눕고 일상생활하는 모든 생활에서 공부하라는 이야기입니다. 그것을 떠나 공부를 하려고 생각하면 파도를 버리고 물을 구하려고 하는 이치와 같습니다. 물이 파도고 파도가 물이므로 그 경계에서 안락을 취하고 마음의 평화를 얻고 안심을 얻기 위해서 이 공부를 하는 것입니다. 결국 생활에서 모든 것이 이루어지고 해결이 되어야 한다는 것을 비유한 것입니다.

"쌀알 없는 밥을 먹고 물기 없는 국을 마신다"고 했습니다.

이것은 삼매三昧를 표현한 것입니다. 삼매는 적적성성 성성적적寂寂惺惺 惺惺寂寂을 말합니다. 생활에서 아무리 본래 부처라는 것을 믿으려고 해도 자꾸 중생 업이 발동하고 번뇌가 일어나지 않습니까? 이것을 끊을 방법은 화두를 드는 것입니다.

옛날에 어떤 스님이 "부처님이 무엇입니까?"라고 물었을 때, 조주 스님이 "뜰 앞에 잣나무가 부처"라고 했는데, 이 말은 '부처를 밖에서 구하지 말라. 바로 그대가 부처다'라고 일러 준 말입니다. 그 소식을 깨치지 못하니 어째서 그런 말을 했을까 하고 간절하게 의심이 일어나면 모든 일상생활에서 분별하고 비교하고 차별하는 중생심이 한순간에 뿌리째 뽑혀버리는 것입니다. 잎사귀 하나하나 가지 하나하나 따는 것이 아니고 뿌리째 뽑아버리는 방법이 화두 공부입니다. 일상생활에서 음식 먹고 생활할 때 의심만 제대로 고리가 걸려서 들게 되면 무심하게 생활할 수 있는 안락한 마음의 경지를 얻을 수 있습니다. 화두를 들지 않고는 성성적적 적적성성이 어렵습니다. 화두가 아주 깊게 들어가고, 의심이 일어나는 것을 성성惺惺이라고 하고, 그 의심이 성성하면 성성할수록 모든 번뇌망상이 다 끊어져 버리고 무심의 세계에 들어가므로 그것을 적적寂寂이라고 합니다. 그래서 적적성성寂寂惺惺, 화두가 삼매에 잘 들어가 있다는 것입니다.

　지금까지는 고봉 스님과 학인 스님이 선문답을 계속해 왔습니다. 그런데 고봉 스님 입장에서는 도를 깨치신 분이고, 견성하신 분입니다. 고봉 스님께서는 그대로 생멸하고 있는 만물의 모든 현상이 생멸 업을 떠난 불생불멸로써 현상 그대로 진리를 드러낸 말씀을 하셨습니다. 그러나 학인은 항상 중생의 입장에서 중생의 업을 붙들고 스님의 말씀을 받아들이려고 하니 계합이 안 되어 마음의 문이 열리지 못했습니다. 그런데 고봉 스님께서는 마음의 문을 열어 주기 위해서 하신 법문입니다. 지금까지 내용을 볼 때 학인 스님이 고봉 스님의 법문을 듣고 왜 마음의 문이 열리지 못했는가를 살필 줄 알아야 합니다. 그것은 학인 스님이 바른 정견이 서 있지 않았기 때문입니다.

'정견'이란 무엇인지에 대하여 살펴보겠습니다.

부처님 진리의 법을 바로 볼 수 있는 안목을 정견이라고 합니다. 특히, 선법문을 이해하기 위해서는 정견이 바로 서 있어야 합니다. 정견이 정립되어 있으면 언제 어느 때 혹은 중간에 선법문을 듣더라도 다 이해할 수 있습니다.

우리의 번뇌를 나무에 비유할 때, 수행이란 나무를 없애는 것을 말합니다. 나무의 가지와 잎사귀를 따면서 나무를 죽이려고 한다면 끝이 없습니다. 그것은 근본을 다스리는 법이 아니기 때문에 세월이 가면 그 나무에는 새로운 가지와 잎사귀가 또 나옵니다. 마치 풀을 돌로 눌러 놓은 것과 같습니다. 그런데 정견을 바로 갖추면 번뇌의 나무라는 가지와 잎사귀를 따는 것이 아니고 뿌리를 바로 뽑아 버리는 것과 같습니다.

간화선 수행이란 화두로 공부를 하는 것입니다. 간화선 수행에서 가장 중요한 점은 선문답으로 이루어지는 선법문입니다. 선법문은 도를 깨치신 분이 이 법문을 듣고 바로 깨달아라, 내 생명의 본질, 부처님께서 말씀하신 진리를 바로 깨달으라는 것입니다. 그런데 그것을 바로 깨달을 수 있으려면 정견이 서야 합니다. 정견이 서 있어야 이 자리에서, 이 순간에, 이 소리를 듣고 알고 이해하여 마음의 문이 열리면서 본래 부처를 볼 수 있습니다.

그렇다면 정견이란 무엇일까요? 불교 공부하면서 연기, 무아, 중도에 대하여 많이 들었을 것입니다. 그런데 사실 연기, 무아, 중도를 올바로 이해하기란 참으로 어렵습니다. 무아라고 하면 내가 없다는 데 집착이 되어 내가 없는데 무엇이 윤회를 하며, 내가 듣고 보고 이렇게 살아 있는 나의 현재의 모습이 무엇인지에 막혀 버립니다.

우리가 허공이라고 인식할 수 있는 것은 허공에 연기된 생명세계가 있기 때문입니다. 그런데 허공에 일체 형상 있는 만물이 한 티끌만큼도 없다면 우리는 그것을 허공이라고 알 수 없습니다. 허공이라는 단어도 만들어낼 필요가 없습니다. 왜 그러한가? 전체가 허공이 되면 그 속에는 산도, 물도, 별도, 달도, 구름도 없고, 생명이라고는 아무것도 없는 그냥 그대로 전체이기 때문에 허공이라고 하면 그 허공은 허공으로써 자기를 드러낼 수 있는 아무런 의미가 없어지기 때문입니다.

우리 불성이라는 것도 이 허공과 같습니다. 우리가 허공을 허공이라고 할 때는 허공에 산도, 물도, 별도, 달도, 태양도 있을 때 이런 것들로 인해서 허공이라 인식합니다. 새가 허공을 날아가는 것으로 인해서 허공이 허공의 역할을 할 수 있다는 것입니다. 허공이 생멸이 없듯이 우리 생명자리는 본래 생멸이 없는 자리입니다. 그런데 그 허공이 허공으로써 드러낼 수 있는 것은 별과 달 등 만물이 인연을 만들어 줄 때 허공이 허공으로써 그 이름과 모양을 드러낼 수 있습니다. 만약 별과 달, 물과 산 등 생명세계가, 만물의 형상이 거기에 동참하지 않을 때는 허공은 허공이라는 이름도 지을 수가 없고, 허공 자체가 드러날 수 없다는 것입니다. 우리는 이를 다른 표현으로 무아라고 합니다.

허공은 없어지는 것이 아니고 허공이 없는 것도 아닙니다. 여러분이 결혼해서 자식을 낳으니 어머니라는 이름을 듣게 되고 어머니라고 불릴 수 있는 것이고, 자식이 없으면 어머니란 이름을 쓸 수도 없고 어머니라고 불릴 수도 없는 이치와 같습니다. 그렇다고 여러분 자신이 없는 것은 더욱이 아닙니다. 인연이 주어짐으로써 본래 불성자리가 그러한 모든 현상을 드러내므로 그것을 불성이라고 이름 붙일 수도 있고 자성이라고 이야기할 수도 있는 것입니다. 불교에서 말하는 무아는 허망과 허무와 같이 단견의 아무것도 없는 것을 말하는 것이 아닙니다. 허공이라는 것은 없애려고 없어지는 것도 아니고, 보지 않으려고 해서 보지 않을 수 있는 것도 아니고, 죽으려고 해서 죽을 수도 없는 것입니다. 바로 우리의 불성자리가 그렇다는 것입니다. 그런데 그러한 불성자리는 무엇이겠습니까?

허공에 어둠이 오면 허공이 어둠으로 변합니다. 또 밝음이 오면 허공은 밝아집니다. 그런데 우리가 그것을 깨치지 못했을 때는 허공이 어두워졌다고 생각하고 불안하고 괴로워하고 긴장하고 고통스러워합니다. 또 밝음이 왔을 때는 허공이 밝아졌다고 생각하고 기뻐하고 즐거워합니다. 사실 밝음과 어둠이 오고 가지만 허공하고는 아무 상관이 없습니다. 허공은 본래 허공일 뿐입니다. 우리 생명의 본원자리는 생멸하고는 아무런 상관이 없는 것입니다. 다만 우리가 어두워서 깨치지 못해 어둠이 오면 어둡다고 괴로워하고, 죽음이라고 생각하여 고통스러워하고, 그것을 하나의 업식으로 붙들고 있으니 괴로워하는 것입니다. 또 밝음이 오면 새로 태어난 것이고 광명이라고 생각하여 기뻐하는 것입니다. 사실 허공의 본질자리를 바로 알면 기뻐할 일도 괴로워할 일도 없습니다. 이것을 바로 아는 게 정견입니다.

불교에서 말하는 무상은 계속 변화되어 나가는 것을 말하는 것입니다. 고정되어 있고 영원히 변하지 않는 실존하는 것이 없다는 것을 말합니다. 고정되어 있지 않기 때문에 창조할 수 있고 창조적으로 살 수 있고 아름답게 더 발전할 수 있고 영광스럽게 모든 것을 할 수 있는 가능성이 있다는 것을 말합니다. 바로 이것이 불교에서 말하는 무상입니다. 우리는 색이 공으로 돌아가면 모든 것이 다 색즉시공이고 이는 허무하고 허망한데 뭐 별 거 있느냐고 이해할 수 있습니다. 이것은 불교를 잘못 아는 것입니다. 공이 색을 만들고 색이 공으로 돌아온다는 것은 좀 더 발전적이고 창조적이고 행복하고 아름다움을 창조해낼 수 있다는 것으로 이해해야 합니다.

모든 생명은 허공에서 나왔으니 한 생명체입니다. 통일된 생명체입니다. 너와 나를 분리할 수 없습니다. 모든 생명이 그렇게 되려면 평등하다고 봐야 합니다. 허공에서 나왔기 때문에 허공은 더 중요하고, 거기서 나온 달이나 별이나 생명체는 덜 중요하다고 생각하면 안 됩니다. 허공이 허공을 드러내고자 하는데 달과 별과 생명체가 동참해서 허공이 드러나기 때문에 그 가치로 놓고 볼 때는 모두가 평등합니다.

부모는 더 중요하고 자식이라 하여 차별적인 존재가 아니고, 허공이 허공으로 드러낼 수 있었던 것은 모든 만물, 생명체가 동참함으로 인해서 허공이 허공으로 드러날 수 있었기 때문에 가치로 볼 때 공이나 색이나 평등하다는 것입니다.

때문에 이러한 것을 이해하게 되면 우리의 삶이 어떻게 변해야 하는지를 잘 알 수 있습니다. 제가 항상 강조하듯 은혜롭게 생각하고 은인으로 생각하면서 삶을 살아야 합니다. 그것은 모두가 통일된 생명체이기 때문이며 나와 남을 구분할 수 없기 때문입니다. 그래서 불교에서는 선을 알게 되면 삶이 바뀌게 됩니다. 남을 위해 사는 것이 곧 나를 위하는 일이 되고 나를 위해 사는 일이 곧 남을 위하는 일이 되는 것입니다. 이것을 '착탈선승'이라고 합니다.

무심을 우리 마음에 비유를 해 보면 일체의 모든 번뇌, 갈등, 이기심, 에고이즘 등 중생 업식이 하나도 없는 자리를 무심이라 할 수 있습니다. 이를 다른 말로 허공이라고 하고 부처라고 생각하면 됩니다. 무심이 무심으로 드러나려면 모든 인연과 더불어 함께 할 때 무심이 무심으로 드러납니다. 공이 공으로 드러나려면 색이 동참이 될 때 허공이 드러나는 것과 같습니다. 그 무심자리에서 산을 보면 산이라 하고 물을 보면 물이라 하고 아버지는 아버지고 어머니는 어머니고 이렇게 분명하게 보게 됩니다. 그런데 무심자리에서 보지 않을 때는 산을 보면 산에 욕심이 나서 산에 집착하게 되고, 별을 보면 별을 소유하고 싶어 욕심을 부리다 보니 고통이 일어나고, 업식이 일어나고, 그 업식에 붙들려서 그 업식에 맞는 옷으로 바꿔 입는 윤회를 하는 것입니다. 윤회라는 것은 죽어서만 하는 게 아닙니다. 지금 이 순간 판단을 잘못하면 고통이 따르게 되며 이러한 고통이 일어나는 것도 윤회입니다. 정신계에서 윤회하고 있다는 것입니다.

도인의 삶이란 무심을 본 자리가 먼저 바탕이 되어서 그 무심의 바탕에서 모든 일상생활을 평상심으로 살아가는 것을 말합니다. 그래서 그런 분들의 삶은 관자재합니다, 관세음보살님이 관자재한다고 합니다. 모든 사물을 보는 데 붙들리지 아니하고, 매이지 아니하고, 구속받지 아니하고 본질을 보기 때문에 자유자재하다는 것입니다. 이처럼 무심에 바탕한 평상심의 삶은 자유롭고 평화롭고 행복하고 기쁨으로 살게 됩니다. 이것이 바로 선입니다.

제가 정견에 대해 거듭 강조하는 이유는 본문 뒤에 가면 고준한 법문이 나오는데 이를 이해하기 위한 기초이기 때문입니다. 여러분이 큰스님 법상에 가서 주장자 법문을 들었을 때 그것이 무슨 소리인지 모르지 않습니까? 그런데 이 정견을 알면 그 법문을 쉽게 이해할 수 있습니다. 그리고 주장자를 들든지 원상을 그리든지 이렇게 고준한 법문을 듣는 그 순간에 바로 마음의 문이 열려 자기 본래 불성의 부처자리를 확신하고 믿고 깨달으라는 말씀임을 바로 알게 됩니다. 그런데 정견을 모르고 그 법문을 들으면 도저히 이해가 안 가고 여러분 마음에 의식의 변화가 안 온다는 것입니다.

그래서 아주 상근기는 정견을 확신하는 사람을 뜻한다는 말이 있습니다. 이런 사람은 법문을 들으면 허공에 도장 찍는 것과 같다고 했습니다. 허공에 도장을 찍으면 표가 없습니다. 이게 무슨 뜻이냐 하면, 도를 깨치신 분이 법을 설하여 진리를 드러낼 때에는 부처자리를 드러내는데, 여러분이 정견을 확실히 믿어버리면 부처가 부처로서 부처끼리 이야기하는데 부담되고, 어렵고, 갈등이 생기고, 고민하는 게 없다는 것입니다. 그냥 알아 버리는 것입니다. 그래서 허공에 도장 찍는 것과 같다는 것입니다. 아무 갈등과 불편 없이 그냥 눈만 끔뻑해도 알아 버리는 것입니다. 이것이 최상근기입니다.

두 번째는, 법문을 들어도 물에 도장 찍는 것과 같다고 했습니다. 물에 도장을 찍으면 그 순간에만 인주 자국이 물에 잠깐 나타납니다. 그리고 잠깐 사이에 없어집니다. 법문할 때 바로 그 자리에서 깨닫지 못하면 물에 도장 찍는 수행법으로 들어가는 것이 화두를 들거나, 염불을 하거나, 기도를 하거나, 봉사를 하는 등입니다. 이런 것은 본래 자리에 들어가려고 애를 쓰는 것을 말하지만 물에 도장 찍는 순간에만 물에 잠깐 인주가 나타났다가 없어지는 것과 같습니다. 본래 부처인지 알고 바로 깨닫는 사람하고는 조금 다릅니다.

그런데 정견을 전혀 모르는 사람은 정견을 들어도 진흙에 도장 찍는 것과 같다고 하였습니다. 진흙에 도장을 찍으면 어떻게 되겠습니까? 진흙에도 자국이 남고, 도장과 진흙이 갈라져 버립니다. 이 사람은 항상 법문을 듣고 불교 공부를 하지만, 나는 나고 너는 너라는 자기 이기심과 욕심을 놓지 않고, 자기의식의 변화는 없이 공부한다고 애를 쓴다는 말입니다. 이는 아무리 해도 서로 대립되고 갈등이 생기고 그 업이 변함이 없습니다.

여러분이 화두 공부를 하는데도 정견은 경절문 즉, 지름길이라고 하였습니다. 도를 깨칠 수가 있고 마음의 문이 확 열릴 수가 있는데, 정견을 모르고 화두만 타가지고 의심하면 된다는 생각으로 의심하기 위한 의심의 화두 수행이 돼 버리면, 오랜 세월을 앉아 있어도 내 마음의 문이 열리기가 어려울 뿐만 아니라 문이 열리지 않을 수도 있습니다. 법문을 들어도 저 법문이 무슨 법문인지 모르고, 계합이 안 된다는 말입니다. 그래서 화두 공부를 하더라도 이 정견을 전체적으로 잘 알고, 그 화두에 대한 본질을 바로 직관해 들어가는 지혜로움이 차원 높은 쪽으로 들어가기 때문에 이생에 바로 성불할 수 있는 것입니다. 정견이 서있지 않고 의심만 하라고 한다 해서 의심만 하고 앉아 있다면, 결국에 가서 멍해져 버립니다. 이것을 모르기에 화두 공부가 어렵다고 하고 화두 공부해서 되느냐고 하고, 화두 공부가 이 시대에 맞느냐고 하는 등의 말을 하게 됩니다. 그런데 정견을 바로 알고 화두 공부를 제대로 하면 이것은 어떤 수행보다도 내 자성을 두드리고 열어보는 공부이기 때문에 아주 위대하다는 것입니다. 다시 본문으로 돌아가겠습니다.

"만약 종과 상전을 구별하지 못하며 콩과 보리를 구분하지 못한다면" 이라 했습니다.

노예인지 신랑인지 구분 못하는 바보가 있습니까? 시집간 처녀가 신랑인지 따라온 종인지 모르고 첫날 저녁을 지내겠습니까? 또 콩하고 보리하고도 분별 못하는 사람이 있습니까? 콩은 둥글둥글하고 보리는 뾰족한데 그것을 구분 못하겠습니까?

정견이 바로 확립되어서 불자를 드는 순간, 주장자를 드는 순간에 최상승最上乘 도리를 바로 깨달은 사람을 고봉 스님은 상승근기라고 했습니다. 그리고 거기에서 깨치지 못한 사람은 부득이하게 수행, 공부를 해서 본래 부처자리에 들어야 한다고 했습니다. 하지만 스스로 상승근기가 아니라고 실망할 필요는 없습니다. 이런 법문을 통해서 중생이 본래 부처자리에 들어가는 일이 반드시 있습니다. 그런 확신과 믿음을 가져야 합니다. 화두 공부를 하면서 상이 붙는 사람이 있습니다. '나는 수행법 중에 최고 수행법인 화두 공부를 한다'고 아상이 붙은 사람들입니다. 그런 사람들은 고봉 스님이 말씀하신 이 구절이 큰 도움이 될 것입니다. 공부하는 것이 콩인지 보리인지도 모르고, 종인지 신랑인지도 모르는 그런 사람이라는 것입니다.

수행을 하면서 절대 아만을 부리거나 아상을 가지면 안 됩니다. 불교 공부라는 것은 하면 할수록 무아無我의 진리를 체득하는 것입니다. 그 무아의 자리에서 부처가 출현했고, 보살이 출현했고, 팔만사천 가지 온갖 지혜가 다 출현했습니다. 그 무아의 자리는 너도나도 나눌 수 없는 통일된 생명체의 자리이기 때문에 항상 서로가 서로를 연민히 여기고 사랑하고 자비롭게 이해하는 마음의 폭을 넓혀야 합니다. 앞에서도 공부를 많이 하게 되면 마음이 허공과 같이 된다고 했습니다. 그러나 정견을 모르고 공부를 하면 자꾸 상이 붙게 되고 자만이 붙게 됩니다.

'안하운두按下雲頭'라 했습니다.

이는 다른 말로 구름을 내리누른다는 것입니다. 부득이하게 구름을 내리누르고 허공을 향하여 하나의 화두를 잡아 쥐고서 모든 사람으로 하여금 모양을 의지해서 고양이를 그려가겠노라고 했습니다. 또 상대인上大人의 한 본을 그린다고 했습니다. 상대인은 공자를 말하는 것입니다. 그러나 고봉 스님의 본뜻은 공자를 말하는 것이 아니라 화두를 말하는 것입니다. 그 화두를 일념으로 의심해 들어가라는 말입니다.

山僧이 昔年에 在雙徑이라가 歸堂하야 未及一月하야 忽於睡中에 疑
著萬法歸一 一歸何處하니 自此로 疑情이 頓發하야 廢寢忘餐하며 東西
不辨하고 晝夜不分하야 開單展鉢과 屙屎放尿와 至於一動一靜 一語一
黙히 總只是箇一歸何處요 更無絲毫異念이며 亦要起絲毫異念이라도
了不可得이 正如釘釘膠粘하야 撼搖不動이라 雖在稠人廣衆中이라도
如無一人相似하야 從朝至暮하며 從暮至朝히 澄澄湛湛하며 卓卓巍巍
하야 純淸絶點하고 一念萬年이라 境寂人忘에 如癡如兀터니 不覺에 至
第六日하야 隨衆在三塔할새 諷經次에 擡頭하야 忽覩五祖演和尙眞하
고 驀然觸發日前仰山老和尙의 問拖死屍句子하니 直得虛空이 粉碎하
고 大地가 平沈하야 物我俱忘이 如鏡照鏡이라 百丈野狐와 狗子佛性과
靑州布衫과 女子出定話를 從頭密擧驗之하니 無不了了라 般若妙用이
信不誣矣러라

내〔山僧〕가 옛날에 쌍경사에 있다가 참선당으로 돌아온 지 한 달도
채 못 되어 문득 잠결에 '만법은 하나로 돌아가니, 하나는 어디로 돌
아가는가〔萬法歸一一歸何處〕'라는 화두에 의심이 들었다. 이로부터 의정
疑情이 갑자기 일어나 잠자는 것도 잊고 끼니도 잊으며 동서를 분간하
지 못하고 밤낮을 나누지 못하였다. 좌복을 펴고 발우를 펴거나, 대소
변을 보거나, 한 번 움직이고 한 번 고요하고 한 번 말하고 한 번 침묵
함에 이르기까지 전부 다 '하나는 어디로 돌아가는가?' 할 뿐이었다.
더 이상 털끝만큼도 다른 생각이 없었으며, 또한 조금이라도 다른 생

각을 일으키려고 해도 끝내 전혀 할 수 없음이 마치 못을 박고 아교로 붙인 것처럼 흔들어도 움직이지 않았다. 비록 사람들이 빽빽이 찬 많은 대중 가운데 있을지라도 한 사람도 없는 것과 같았다. 아침에서 저녁까지, 저녁에서 아침까지 맑고 고요하며 우뚝하고 드높아서 순수하게 깨끗하여 티 한 점 없고 일념一念이 만 년萬年이어서 경계가 고요하고 나도 잊어버려서 바보와 같았다. 알지 못하는 사이에 6일째가 되던 날, 대중을 따라 삼탑사三塔寺에 갔었는데 경을 읽다가 머리를 들어 문득 오조법연五祖法演 화상의 진영眞影을 보고 갑자기 일전의 앙산仰山 노화상이 물으신 '송장을 끌고 다니는 자는 누구인가'라는 화두를 타파하였다. 바로 허공이 무너지고 대지가 꺼져 사물과 내가 함께 없어짐이 마치 거울이 거울을 비추는 것과 같았다. 백장야호百丈野狐와 구자불성狗子佛性과 청주포삼青州布衫과 여자출정女子出定 등의 화두를 처음부터 자세히 들어 점검해 보니 분명하지 않은 것이 없었다. 반야般若의 묘한 작용은 실로 속임이 없었다.

"만법은 하나로 돌아가니, 하나는 어디로 돌아가는가?"라 했습니다.

이 화두는 단교묘륜斷橋妙倫, 1201~1261 화상이 스님들이나 불자들에게 내려 주었던 화두입니다. 고봉 스님이 처음에 단교 화상으로부터 받은 화두는 '태어난다는 것은 어디로부터 오는 것이며, 죽는 것은 어디로 가는 것인가'라는 화두였습니다. 그런데 시봉하면서 들었던 앞의 화두가 우연히 꿈에서 확 잡힌 것입니다.

고봉 스님이 참구했던 두 번째 화두는 설암 스님에게 받은 '무無'자 화두입니다. 생명이 있는 것이나 생명이 없는 것이나 모든 것은 다 불성을 갖고 있다고 부처님께서 말씀하셨는데, 조주 스님은 '개는 불성이 없다'고 했습니다. 그래서 없을 무無자를 써서 무자 화두입니다. 학인은 여기서 생각이 막히고 의심이 갑니다. 이 화두를 들었지만, 이것 역시 깊이 못 들어갔습니다.

하루는 고봉 스님이 설암 스님에게 법문을 물으려고 들어갔는데, 갑자기 설암 스님이 고봉 스님의 멱살을 쥐고는 "이 송장을 끌고 다니는 주인공이 있을 것 아니냐? 이 송장을 끌고 다니는 주인공이 누구냐? 일러봐라"며 흔들어 다그치는 것입니다. 고봉 스님이 굉장히 당황하고는, 다시 돌아가서 '송장을 끌고 다니는 이놈이 누구인가?' 이렇게 항상 의심을 했습니다. 그런데 갑자기 '만법은 하나로 돌아가니 하나는 어디로 돌아가는가?'라는 화두가 꿈에 잡혀 버린 것입니다.

이로부터 그 의심이 아주 깊게 돈발되어 잠자는 것도 없어지고, 밥 먹는 것도 잊어버렸으며, 동쪽인지 서쪽인지도 분간하지 못하고, 밤인지 낮인지도 가리지 못하고, 또 발우를 펴고 좌복을 깔 때나, 화장실에 가서 대소변 볼 때나, 일상생활하면서 고요히 있을 때나, 움직일 때나, 앉고 눕고 이렇게 일거수일투족 24시간이 오로지 '하나는 어디로 돌아가는가?'라는 의심이 든 것입니다.

화두는 왜 들어야 하는지에 대해 말씀드리겠습니다.

일상생활에서 괴로운 일도 있고 슬픈 일도 있고 여러 가지 일이 많은데, 그 많은 일이 닥칠 때 괴로워하고 스스로 학대하고 밤에 잠을 이루지 못하고 계속 시달리게 하는 것은 누가 합니까? 자기가 합니다. 누가 나 자신을 불행하게 합니까? 내가 나 자신을 불행하게 만듭니다. 그런데 우리는 깨닫지 못합니다. 그럴 때 화두를 들라는 것입니다. 화두를 들면 그 자리에서 모든 중생사에 잡된 고통과 괴로움이 한순간에 없어져 버립니다. 한순간에 없어지면서 마음이 편안한 안락의 자리에 들어갑니다. 처음에는 안락을 느끼기 어렵습니다. 그러나 정견을 깊게 믿으면서 그 정견의 생각대로 여러분이 생각하면 깊이 들어가는 것입니다. 그러면서 '참 편안하구나, 감사하구나, 참으로 부처님 법이 고맙구나'라는 생각이 들게 되면서 화두와 친해지고 자연스럽게 화두를 들게 됩니다. 꼭 신경 써서 해결해야 할 문제를 놓고 화두만 든다고 그 일이 해결되는 것은 아닙니다. 신경을 쓰고 괴로워하고 고통받고 자기를 학대하고 괴롭혀본들 해결되지 않는 것을 어리석게 집착하는 일상사가 많습니다. 그럴 때 그것을 쥐지 말고 화두를 쥐라는 것입니다.

보통 원하는 바가 있어 기도를 합니다. 그러나 기도하면서 부산에도 갔다 오고 서울에도 갔다 오고, 또 누구도 만나고, 또 한 가지 소원이 있어서 기도했는데 기도하면서 소원이 몇 가지로 늘어나 버립니다. 이것이 분별심입니다. 이때 화두를 들고 기도를 해 보십시오. 그러면 바로 우리 생명의 본질자리, 부처자리로 들어가기 때문에 우리가 원하는 대로 이루어집니다. 본래 우리 마음속에, 부처자리에 팔만사천 모든 공덕이 갖춰져 있기 때문입니다. 우리 속에 그런 것이 갖춰져 있지 않으면 아무리 기도를 해도 이루어지지 않습니다. 본래 갖춰져 있지 않은데, 무에서 무엇이 나오겠습니까?

우리 자성자리에 본래 모든 공덕이 갖춰져 있기 때문에 그 있는 자리가 불성자리이고 부처자리입니다. 우리 주인공 자리입니다. 그래서 그 주인공 자리에 바로 들어가야 거기에 갖춰져 있는 공덕이 바로 나옵니다. 염불하고 기도하고 다른 수행을 하면서도 그 본질자리에 바로 들어갈 수만 있다면 어떤 수행이든 다 같습니다. 그러나 그것이 쉽지는 않습니다. 일념이 잘 안 됩니다. 그런데 화두를 들면 일념이 됩니다. 일념이 되면서 부처자리에 바로 들어가는 것입니다. 화두를 들면서 원이 있을 때는 원을 머리에 한 번 올려놓고는 그 다음에 화두를 드는 것입니다. 화두를 들면 모든 생각이 다 끊어집니다. 그리고 바로 무심자리에 들어갑니다. 무심자리에서 계속 의심을 해 나가는 것입니다. 그러면 기도, 소원이 굉장히 빨리 이루어집니다. 그런데 그 자리에 들어가는 것이 힘들어 열흘도 하고 백일도 하는 것입니다. 또 그 실상자리에 못 들어갔기 때문에 기도 소원성취가 어려워지고 멀어지는 것입니다. 그런데 화두는 딱 드는 순간, 생명자리에 들어가기 때문에 바로 원이 이루어집니다. 기도와 화두는 하나입니다. 또 화두와 생활도 하나입니다. 이런 믿음을 가지고 화두 공부를 하십시오. 다시 본문으로 돌아가겠습니다.

"하나는 어디로 돌아가는가?"라는 의심이 드니, "더 이상 털끝만큼도 다른 생각이 없었다"고 했습니다.

이것은 고봉 스님께서 실제로 경험하고 체험하신 것을 그대로 이야기하는 것입니다. 그래서 털끝만큼도 다른 생각이 없으며, 다른 생각을 일으키려고 해도 끝내 망상이 내 화두 속에 들어오지 못한다는 것을 이렇게 말씀하셨습니다. 그러면 그 화두, 의심의 삼매에 깊이 들어가면 많은 사람들이 앉아 있는 이 자리에서도 자기 마음은 항상 그 의심에 조금도 불안함이 없이, 번뇌망상이 없이 공부할 수 있다는 것을 말합니다. 비록 빽빽하게 사람이 많고 넓은 곳에 앉아 있더라도 마치 한 사람도 없는 것과 같다는 것입니다. 그래서 아침부터 시작한 것이 저녁까지, 저녁부터 시작한 것이 아침까지 항상 맑고 맑으며 우뚝하고 높으며 순수하고 깨끗해서 털끝만한 오온五蘊도 끊어져서 한 생각이 만 년을 가듯 지속이 됐다는 이야기가 원문에 나옵니다. 이것은 곧 화두삼매를 말합니다. 삼매를 잘 이해해야 합니다. 보통 선에서 삼매에 들어가야 한다, 삼매에 들어가야만 내 주인공을 볼 수 있고 내 자성을 깨칠 수 있다고 이야기하지 않습니까? 그런데 이 삼매를 이야기할 때 독서삼매다, 또는 영화 볼 때 영화삼매다, 이렇게 이야기하는데 그것은 삼매를 잘못 이야기하는 것입니다.

선에서 말하는 화두, 즉, 간화선에서 말하는 삼매와 잘못 정의하는 삼매의 차이점을 이야기해 보겠습니다.

책을 열심히 보면 흔히 독서삼매에 들었다고 이야기합니다. 그런데 독서를 할 때 독서에 깊이 들어가면 다른 소리가 귀에 안 들어옵니다. 그래서 삼매라고 하는데, 글을 읽다보면 그 글을 읽어가는 과정에서 우리 생각이 글의 뜻에 계속 심취되어서 그 뜻을 붙들고 생각의 흐름이 분별해 나가면서 또 젖어 들어가는 것입니다. 그것은 삼매가 아닙니다. 왜냐하면 그것은 내가 있고, 그 글을 읽어 들어가는 뜻에 들어가는 것입니다.

또 영화를 보다가 영화 내용에 심취가 되어서 슬플 때는 눈물을 흘리고 기쁠 때는 같이 기뻐할 때가 있습니다. 그것이 대상과 내가 하나로 이루어지고, 대상과 내가 하나의 일체감을 이루었다고 해서 삼매라고 생각하는 분들이 있습니다. 그것은 대상의 시나리오, 즉 그 내용을 머리에 그려가면서 눈물을 흘리는 것입니다. 내용을 그려가지 않으면 눈물이 날 턱이 없습니다. 그러면 그 내용을 그려간다는 자체는 분별심입니다.

화두의 가장 핵심은 생각 가는 길도 끊어버리고, 마음이 가는 길도 끊어버리고, 뜻이 가는 길도 끊어버리는 것입니다. 그래서 만법은 하나로 돌아가는데, 모든 이치와 분별심이 결국 일심으로 돌아간다는 것입니다. 그러면 그 일심은 어느 곳으로 돌아가느냐 했을 때, 모든 생각의 길이 끊어지는 것입니다. 팔만사천 번뇌, 망상, 괴로움, 어려움, 고민 등 여러 가지가 완전히 끊어져버리는 것입니다. 끊어지면서 거기에는 '하나는 어디로 돌아가는가?'라는 이 지혜의 빛만 살아 있는 것입니다. 이것을 지혜라고 합니다. 무심無心이라고도 할 수 있습니다. 무심은 지혜를 말하는 것입니다. 그 지혜에서 일상생활을 하면 평상심平常心이 드러납니다. 그 평상심은 자비심으로 드러납니다. 부처님 공부는 지혜와 자비가 일체를 이루어야 합니다. 지혜와 자비가 나누어지는 것이 아닙니다. 모두 한마음에서 나오는 것입니다.

화두를 취모검吹毛劍에 비유하기도 합니다. 취모검이란 칼날 위에 솜털을 올려놓고 입으로 불면 끊어지는 예리하고 날카로운 칼입니다. 선어록에는 이처럼 칼에 대한 얘기가 자주 등장하는데 반야지혜의 영묘한 작용을 비유한 것입니다. 우리 일상사 모든 중생의 번뇌, 망상, 일체의 분별, 비교, 차별, 욕심이 화두 명검에 들어가면 한순간에 다 끊겨버린다는 것입니다. 그래서 화두는 용광로와 같다고 했습니다. 어떤 것도 화두 속에 들어가면 다 녹아 버린다는 이야기입니다. 그러니 화두를 들면 여러분이 원하는 기도도 소원도 바로 성취가 되어 버립니다. 이런 자세로 수행하고 포교해야 합니다. 중생심을 붙들고 기도하고 그 기도로 소원을 성취하려고 하는 것은 바른 것이 아닙니다. 바르지 않을 뿐 아니라 기도 성취 역시 어렵습니다. 바로 화두를 들어 모든 번뇌가 다 끊어질 때 본래 우리의 공덕자리가 다 드러납니다. 그곳이 바로 내 원이 이루어지는 자리입니다. 얼마나 빠릅니까?

또 자꾸 분별망상과 알음알이를 지으면서 화두를 들면 안 됩니다. 우리가 추리소설을 읽을 때처럼 유추나 추리를 해 가면서 화두를 들면 안 됩니다. 끼워 맞추는 식으로 화두를 들면 앞에 이야기한 독서삼매, 영화삼매에 들어가는 것과 똑같습니다. 그것은 아무리 해도 분별심만 늘 뿐 결국 본래의 자성자리, 무심의 자리에 들어갈 수 없습니다. 무심의 자리에 들어가야 내 원도 이루어지고, 내 자성도 보고, 부처의 모습이 드러납니다. 다시 본문으로 돌아가겠습니다.

"아침에서 저녁까지, 저녁에서 아침까지 맑고 고요하며 우뚝하고 드높아서 순수하게 깨끗하여 티 한 점 없고 일념一念이 만 년萬年이어서 경계가 고요하고 나도 잊어버려서 바보와 같았다"고 했습니다.

기도를 해서 일념이 되는 순간을 생각해 보십시오. 얼마나 오랫동안 일념을 가질 수 있을까요? 30분? 아니면 10분? 아마 10분도 쉽지 않을 것입니다. 기도하면서 계속 알음알이와 분별심이 흘러서 그렇습니다. 그런데 고봉 스님은 화두를 깊이 드니 24시간이 됐다는 것입니다. 24시간 그대로 계속 불심의 세계에서 당신의 모든 일상이 이루어졌다는 것입니다. 이렇게 해서 경계가 고요해지고 나도 잊어버려 무지한 사람이 됐다고 했습니다. 삼매에 들어가면 밥 먹는 것도 잊어버리고, 잠자는 것도 잊어버립니다. 마치 어린아이가 어머니를 바라볼 때 너무 순진하고 천진해 그냥 멍하니 바라보는 것과 같습니다. 아주 순진무구하여 천진한 그대로의 모습입니다. 화두삼매에 들어가면 우리의 모습도 그렇게 변합니다. 그러면 '아무것도 못하는 상태냐'고 질문할 수 있습니다. 그러나 그렇지 않습니다. 삼매에 들면서도 시장도 가고, 운전도 하는 등 대소 간의 일을 다 볼 수 있습니다. 그러면서도 항상 화두의 기운은 흐릅니다.

그런데 그런 일이 하루도 아니고 이틀도 아니고 6일이 지나갔습니다. 옛 스님들 말씀에 삼매에 들어가면 삼일 만에 도를 깨칠 수 있고 늦어도 일주일이면 도를 깨친다고 했습니다. 고봉 스님은 일주일 만에 깨쳤습니다. 그날은 달마 스님 제사가 있는 날이어서 대중들이 경을 읽으러 탑사에 올라갑니다. 원문에는 삼탑사三塔寺라고 나오는데, 세 분 성인의 영정을 모셨다고 해서 삼탑사입니다. 한 분은 달마 스님이고, 한 분은 지공 스님 그리고 또 한 분은 오조법연 선사입니다. 흔히 선사들 앞에 붙는 호는 그분이 주석하고 계셨던 산 이름에서 따온 경우가 많습니다. 오조법연 선사는 오조산에 계셨기 때문에 그렇게 부릅니다. 이분은 선가의 제일서인 『벽암록』을 편찬한 원오극근 선사의 스승입니다.

그런데 고봉 선사가 그 세 분의 영정을 모신 자리에 들어가 경을 읽는데 우연히 머리를 들어 세 분의 영정에 눈이 머물렀습니다. 그 중 오조법연 선사 영정에 붙어 있는 '백년삼만육천조百年三萬六千朝 반복 원래시자한返覆元來是子漢'이라는 구절이 눈에 확 들어왔습니다. 백 년 은 삼만육천 번의 날이 됨이라는 말은 인간세상 백 년을 말하는 것입 니다. 그 백 년, 즉 삼만육천 날 아침마다 보고 듣고 하는 그놈이 바로 이놈이라는 문구입니다. 이 문구를 고봉 스님이 보고 의심하다가 도 를 깨칩니다.

고봉 스님이 처음에 들었던 화두는 '생은 어디에서 오고 죽으면 어 디로 가는가?'였고, 두 번째는 '무無'자 화두였습니다. 그리고 '송장 끌 고 다니는 이놈이 무엇인가'라는 화두를 들고 계속 공부를 하다가, '만 법은 하나로 돌아가는데 하나는 어디로 돌아가는가?'라는 화두를 들었 습니다. 사실 '만법이 하나로 돌아가는데 하나는 어느 곳으로 돌아가 는가?'라는 화두로 삼매에 들었는데, '송장을 끌고 다니는 이놈은 어떤 물건인가'라는 설암 스님의 화두로 깨친 것입니다.

흔히 1천7백 공안公案이라고 합니다. 화두가 이렇게 많지만 한 화두 를 깨치게 되면 다 깨치는 것입니다. 왜냐하면 1천7백 화두가 모두 내 자성에서 나옵니다. 마음에서 나온 것입니다. 가지를 더듬고 잎사귀 를 하나하나 따는 식으로, 번뇌를 하나하나 제거하는 수행을 하겠다 고 생각하면 안 됩니다. 그렇게 해서는 공부가 끝이 없습니다. 그런 식으로 공부하는 것은 간화선의 방법이 아닙니다. 정견이 아니라는 말입니다. 화두는 수수께끼 풀듯해서는 안됩니다. 그러면 내 의식에 변화가 없습니다.

지금껏 불교를 교학적으로 공부하신 분들이 있다면 이제는 생활과 수행이 둘이 아니고 내 생활에 변화를 이끌기 위해 화두를 들 것을 권합니다. 지금껏 항상 밖에서 구하는 수행을 하셨다면 자기 자성을 돌이키는 공부를 하시길 바랍니다. 내 인생의 주인공이 되는 공부를 하셨으면 합니다.

"허공이 무너지고 대지가 꺼져 사물과 내가 함께 없어짐이 마치 거울이 거울을 비추는 것과 같았다"고 했습니다.

이는 고봉 스님이 화두가 타파되는 경지를 말씀하십니다.

허공이 부서지고 대지가 내려앉는다는 말은 우리가 생명줄이라고 붙들고 있던 이 중생의 업식이 전부 해체됨을 표현한 것입니다. 분별하는 마음, 비교하는 마음, 차별하는 마음이 한순간 불심佛心으로 전환되어 버린 것입니다. 그러면서 열리는 불佛세계를 고봉 스님은 허공이 무니지고 대지가 꺼져 버린다고 표현했습니다.

'물아구망 여경조경物我俱忘 如鏡照鏡'이라 했습니다.

물아구망物我俱忘이란 불세계가 열린 경지에 이르니 순경계와 역경계가 다 없어져 버리고 자신까지도 없어져 버렸다는 것입니다. 우리는 항상 주관 아니면 객관에 집착해 미워하지 않으면 사랑하고, 사랑에 집착하지 않으면 또 미워하고 자유롭지 못했습니다. 그런 중생 업식이 한순간에 무너져 버렸습니다. 여경조경如鏡照鏡이란 거울이 거울과 마주보는 것을 말합니다. 거울이 거울을 보는 경계가 어떤 경계입니까? 빈 거울과 빈 거울이 서로 마주보면 아주 밝은 빛만 서로 상응됩니다. 중생심이라는 티끌만한 번뇌와 업식이 남아 있지 않고 해체되어 버린 경지를 표현한 것입니다. 이러한 경계를 대무심지大無心地라고 하며 사량분별思量分別이 전혀 없는 마음의 상태입니다. 아무 형상도 없이 맑은 저 구름 한 점 없는 창공의 허공과 같이 거울과 거울이 이렇게 보는, 일체 번뇌가 끊어진 자리입니다. 이렇게 주관과 객관의 양변을 여읜 청정한 상태를 대기원응大機圓應이라고 합니다. 그리고 그 청정한 상태가 작용하는 것을 대용직절大用直截이라고 합니다. 이 경지에 이르면 무애자재한 대자유의 세계가 펼쳐집니다.

우리의 생각 중 8할은 이미 지나간 과거에 머물러 있다고 합니다. 그 생각에 붙들려 다람쥐 쳇바퀴 돌듯 돌고 도는 것입니다. 그런데 도인의 경지가 되면 그런 것이 떨어져 버립니다. 마치 연못 위로 오면 그 그림자를 받았다가 지나가면 그 그림자를 잡아두지 않는 것처럼, 견성하면 우리의 마음이 그러한 자리에 들어갑니다. 그리고 기機와 용用을 자유자재로 쓰는 것을 기용제시機用提示라고 합니다. 앞에서 취모검의 예를 들었는데, 취모검은 양날입니다. 우리 중생은 보통 한날만 씁니다. 한쪽만 집착해서 자꾸 들여다보고 번뇌를 일으키는데, 경지에 들어가면 양날이 됩니다. 한쪽 날은 대무심지大無心地의 날이고, 한쪽 날은 평상심平常心의 날입니다. 이것을 기용제시라고 합니다. 또 기용제시를 다른 말로 하면 차조동시遮照同時라고도 합니다. 막고 쓰는 것을 동시에 쓴다는 뜻입니다.

"백장야호百丈野狐와 구자불성狗子佛性과 청주포삼靑州布衫과 여자출정女子出定 등의 화두를 처음부터 자세히 들어 점검해 보니 분명하지 않은 것이 없었다. 반야般若의 묘한 작용은 실로 속임이 없었다"고 했습니다.

여기서 몇 가지 화두가 나옵니다. 당나라 때 백장회해百丈懷海라는 스님이 계셨습니다. '일일부작 일일불식一日不作 一日不食' 즉, 하루 일하지 않으면 하루 먹지 않겠다는 말씀을 하신 분입니다.

'백장야호'라는 말은 이 스님이 겪은 일에서 나온 말입니다. 백장 스님이 법상에 올라 설법을 하면 항상 대중 가운데 머리가 하얀 분이 법문을 듣다가 사라지곤 했습니다. 그런데 어느 날은 그 노인이 마지막까지 가지 않고 가만히 앉아 있었습니다. 그래서 백장 스님이 그 노인에게 물었습니다.

"서 있는 이는 누구인고?"

그랬더니 그 노인이 이렇게 말했습니다.

"저는 과거 가섭불迦葉佛 때 이 산에 살았었는데 그때 이 도량의 방장이었습니다."

방장은 모임의 수장이라는 뜻입니다. 통도사나 해인사 같은 총림에서는 방장이라고 하고 선원에서는 조실이라고 합니다. 그러니 백장 스님과 같은 위치라는 것입니다. 그 노인이 계속 말을 잇습니다.

"그런데 어떤 학인이 '크게 수행하는 이도 인과에 떨어집니까?'라고 묻기에, '인과에 떨어지지 않는다'라고 대답하고 나서 '아, 내가 대답을 제대로 했는가' 의심에 사로잡혀 여우의 몸을 받았습니다. 스님, 제가 이 여우 몸을 벗게 법문을 해 주십시오."

이에 백장 스님이 대답했습니다.

"그럼 처음부터 물으라."

"도인도 인과에 떨어집니까?"

"인과에 어둡지 아니하느니라[不昧因果]."

노인이 이 말 끝에 크게 깨닫고는 하직을 아뢰면서 말했습니다.

"저는 이미 여우의 탈을 면했습니다. 이 산 뒤에 시체가 있사오니 죽은 승려를 천도하는 법식대로 하여 주옵소서."

이것이 백장야호 화두의 출처입니다.

'구자불성狗子佛性'이라 했습니다.

한 학인이 조주 스님에게 "개에게도 불성이 있습니까?"라고 묻자 조주 스님이 "무無"라고 대답했다는 유명한 화두입니다.

'청주포삼靑州布衫'이라 했습니다.

한 학인이 조주 스님에게 "만 가지 법은 하나로 돌아가지만, 하나는 어디로 돌아갑니까?"라고 묻자 조주 스님이 "내가 청주에 있을 때 배적삼을 하나 맞췄는데 그 배적삼 무게가 일곱 근이더라"고 답했다는 유명한 화두입니다.

'여자출정女子出定'이라 했습니다.

부처님께서 설법을 하실 때 많은 제불보살이 모여 설법을 듣는데 앞자리에 한 여인이 앉아서 삼매에 든 것입니다. 부처님 법문이 다 끝나고 나서도 그 여인은 삼매에서 깨어날 줄 몰랐습니다. 그래서 문수보살이 여인의 주위를 세 바퀴 돌고 나서 손가락을 한번 튕기고, 또한 범천에까지 올라가 신통력을 다해 보았지만 깨우지 못했습니다. 그리하여 문수보살이 부처님께 여쭈었습니다.

"저 여인은 어떤 삼매에 들었기에 제 힘으로도 삼매에서 깨어나게 할 수 없었습니까?"

부처님께서 손으로 땅을 가리키니 12억 국토를 지나 『화엄경』에 '초지보살'로 나오는 망명보살이 나옵니다. 이제 막 발심하고 원을 세운 보살입니다. 그런데 그 보살이 와서 손가락 한번 탁 튕기니 그 여인이 삼매에서 깨어나 버렸습니다. 이 화두는 대지혜와 칠불의 스승이신 문수보살도 그 여인을 삼매에서 깨어나게 하지 못했는데, 이제 발심한 보살이 손가락 한번 튕기니 그 여인이 잠에서 깨어난 도리가 무슨 도리인지를 묻는 화두입니다.

前所看無字는 將及三載히 除二時粥飯하고 不曾上蒲團하야 困時에
도 亦不倚靠하며 雖則晝夜에 東行西行하니 常與昏散二魔로 輥作一團
하야 做盡伎倆이라도 打屛不去라 於者無字上에 竟不曾有一餉間도 省
力成片이러니 自決之後에 鞠其病源하니 別無他故요 只爲不在疑情上
하야 做工夫라 一味只是擧하되 擧時엔 卽有하고 不擧엔 便無하며 設要
起疑라도 亦無下手處하며 設使下得手하여 疑得去라도 只頃刻間이요
又未免被昏散의 打作兩橛하야 於是에 空費許多光陰하며 空喫許多生
受하되 略無些子進趣니라 一歸何處는 却與無字로 不同하고 且是疑情
이 易發하야 一擧便有하고 不待返覆思惟計較作意라도 纔有疑情이면
稍稍成片하야 便無能爲之心하며 旣無能爲之心이라 所思卽忘하야 致
使萬緣으로 不息而自息하며 六窓으로 不靜而自靜하야 不犯纖塵하고
頓入無心三昧라 忽遇喫粥喫飯處하야 管取向鉢盂邊하야 摸著匙筯에
도 不怕甕中走却鼈이니 此是已驗之方이라 決不相賺이니라 如有一句
라도 誑惑諸人이면 自招永墮拔舌犁耕하리라 現前學般若菩薩이 必要
明此一段大事하야 不憚山高水闊하고 得得來見西峯이어든 況兼各各燃
指燃香하야 立戒立願하며 礪齒磨牙하야 辦鐵石志아 旣有如是操略과
如是知見인댄 切須莫負自己初心하며 莫負父母捨汝出家心하며 莫負
新建僧堂檀信心하며 莫負國王大臣外護心하고 直下具大信去하며 直
下無變異去하며 直下壁立萬仞去하며 直下依樣畫猫兒去하야 畫來畫
去에 畫到結角羅紋處와 心識路絶處와 人法俱忘處하면 筆端下에 驀然
突出箇活猫兒來하리니 因元來盡大地가 是箇選佛場이며 盡大地가 是

箇自己리니 到者裏하야는 說甚龐居士리요 直饒三乘十地라도 膽喪魂驚하며 碧眼黃頭라도 容身無地하리라 然雖如是나 若要開鑿人天眼目하야 發揚佛祖宗猷인댄 更須將自己與選佛場하야 鎔作一團하야 颺在百千萬億世界之外하고 轉身移步하야 向威音那邊更那邊하야 打一遭라도 却來에 喫西峯痛棒이리라 大衆아 旣是和自己颺了어니 又將甚麼하야 喫棒고 忽有箇不顧性命底漢子가 聞恁麼擧하고 出來하야 掀倒禪床하고 喝散大衆이라도 是則固是나 要且西峯師子巖은 未肯點頭在리라

전에 들었던 무자無字 화두는 3년 동안 하루 두 번 죽 먹고 밥 먹는 시간을 제외하고는 자리〔蒲團〕에 앉지 않고 피곤할 때에도 기대지 않으며 밤낮으로 동쪽 서쪽으로 다녔다. 그러나 항상 혼침과 산란의 두 마군과 한 덩어리가 되어서 온갖 힘〔伎倆〕을 다해도 물리치지 못했다. 이 무자 화두에서는 끝내 밥 한 끼를 먹는 잠깐 동안이라도 힘을 덜고 화두와 하나가 되지 못했다. 스스로 해결한 뒤에 그 병의 원인을 살펴보았더니 별다른 까닭이 없었다. 단지 의정疑情 위에서 공부를 다 하지 않았을 뿐이었다. 한결같이 단지 화두를 들되, 들 때에는 있고 들지 않을 때에는 문득 없었다. 의심을 일으키려고 해도 또한 손 쓸 곳이 없었으며, 설령 손을 써서 의심해 갈지라도 단지 잠깐일 뿐이고, 또한 혼침과 산란의 두 갈래를 이룸을 벗어나지 못하였다. 이에 쓸데없이 많은 세월을 허비하며 공연히 많은 고생만 하였으나 조금도 진취進趣가 없었다.

일귀하처-歸何處 화두는 무자無字 화두와 같지 않았다. 의정이 쉽게 일어나 한 번 들면 곧 있고, 반복하여 사유하며 계교하고 생각함을 기다리지 않더라도 의정을 일으키자마자 점점 화두와 하나가 되어 곧 화두를 든다는 마음도 없었다. 이미 화두를 드는 마음이 없어졌으므로 생각하는 것도 잊어서 온갖 반연으로 하여금 쉬게 하지 않아도 저절로 쉬어지며, 여섯 창문[六窓:六識]으로 하여금 고요하지 않게 해도 저절로 고요해져서 티끌만큼도 범하지 않고, 단박에 무심삼매無心三昧에 들어갔다. 문득 죽을 먹고 밥을 먹는 자리를 만나 그저 발우를 향해 수저를 잡아도 독 안에 든 자라가 달아날 것을 두려워하지 않았으니, 이것이 바로 이미 증험한 방법이어서 결코 속이는 일이 없다. 만일 한 마디라도 여러 사람을 속여 미혹시킨다면, 영원히 혀를 뽑아 밭을 가는 지옥에 떨어지기를 자초할 것이다.

지금 반야를 배우는 보살들이 반드시 일대사를 밝히고자 해서 산이 높고 물이 깊은 것도 꺼리지 않고 부지런히 찾아와서 서봉西峯:고봉 화상을 만났거늘, 하물며 저마다 손가락을 태우고 향을 사르며 계를 지키고 원을 세우며 앞니를 갈고 어금니를 갈면서 철석鐵石 같은 의지를 굳히는 것이랴.

이미 이와 같은 지조와 지략[操略]과 이와 같은 지견知見이 있다면, 부디 자기의 초심初心을 저버리지 말고, 부모님이 그대를 보내서 출가시킨 마음을 저버리지 말며, 새로 승당僧堂을 지어 준 신도의 신심을 저버리지 말고, 국왕과 대신이 밖에서 보호해 주는 마음을 저버리지

마라. 당장 큰 신심을 갖추며, 당장 변하여 달라지는 마음이 없게 하
며, 당장 만길 높은 절벽에 서 있는 것과 같이 하며, 당장 본에 의지하
여 고양이를 그려 가야 한다. 그려 오고 그려 감에 귀를 그리고 털의
무늬를 넣는 것과 심식心識의 길이 끊어진 곳과 인법人法이 모두 없어
지는 곳에 이르면 붓 끝에서 갑자기 살아 있는 고양이가 튀어나올 것
이다. 와! 원래 모든 대지가 곧 선불장이며, 모든 대지가 곧 자기이니,
이 속에 이르러서는 무슨 방 거사를 말하겠는가. 비록 삼승三乘 십지十
地의 보살이라도 간담이 서늘해지고 혼이 놀라며, 달마와 부처라도 몸
을 용납할 자리가 없을 것이다.

　비록 이와 같으나 만약 인천안목人天眼目을 열어 불조佛祖의 종지를
드높이려면 반드시 자기와 선불장을 녹여 한 덩어리를 만들어 백천만
억 세계 밖에 던져 버리고 몸을 굴리고 걸음을 옮겨서 위음왕불威音王
佛 저쪽과 다시 저쪽을 한 바퀴 돌아올지라도, 돌아와서는 서봉의 호
된 몽둥이를 맞아야 할 것이다. 대중들이여, 이미 자기조차 던져 버렸
는데 또 어디에 몽둥이를 맞겠는가. 갑자기 생명을 돌아보지 않는 자
가 이런 말을 듣고 나와서 선상을 뒤집어엎고 '할' 하며 대중을 흩어
버릴지라도 옳기는 참으로 옳겠으나 서봉의 사자암師子巖은 그를 긍정
하지 않을 것이다.

"단지 의정疑情 위에서 공부를 다 하지 않았을 뿐이었다. 한결같이 단지 화두를 들되, 들 때에는 있고 들지 않을 때에는 문득 없었다. 의심을 일으키려고 해도 또한 손 쓸 곳이 없었으며, 설령 손을 써서 의심해 갈지라도 단지 잠깐일 뿐이고, 또한 혼침과 산란의 두 갈래를 이름을 벗어나지 못하였다. 이에 쓸데없이 많은 세월을 허비하며 공연히 많은 고생만 하였으나 조금도 진취進趣가 없었다"고 했습니다.

고봉 스님이 받은 두 번째 화두가 '무'자 화두입니다. 무자 화두는 3년이 되도록 밥을 먹거나 죽을 먹거나 좌복 위에 앉을 때, 단 한번도 그 의심의 고리가 걸리지 않았습니다. 애를 쓰는데도 왜 화두가 걸리지 않았을까요? 그것은 진심으로 이 법이 대단히 귀중하고 가치가 있다는 자기 확신과 믿음이 약해서 그런 것입니다. 즉, 간화선 화두 수행을 하면 반드시 견성하고 의식의 변화가 오고, 내가 보살의 행을 이 금생에 할 수 있다는 그런 확신과 믿음이 약했기 때문입니다.

"티끌만큼도 범하지 않고, 단박에 무심삼매無心三昧에 들어갔다"고 했습니다.

"만법이 하나로 돌아가는데 하나는 어디로 돌아가는가?" 하는 이 말에 의심이 깊게 돈발이 되어 행주좌와 24시간 오로지 화두에 집중이 되었다는 것입니다.

"저마다 손가락을 태우고 향을 사르며 계를 지키고 원을 세우며"라고 했습니다.

나고 죽는 문제를 해결하고 본래 마음자리를 찾고자 하는 결과 의지가 매우 깊고 확실하다는 뜻입니다.

'조략操略'이라 했습니다.

조략은 지조와 계략이라는 뜻입니다. '조'는 법을 구하는 사람이 굳은 결심과 더불어 화두를 참구하는데 암탉이 달걀을 품는 것과 같이 해야 한다는 뜻입니다. 닭이라는 것은 참으로 경망스럽고 잠시도 가만 있지 못하는 축생입니다. 그런데 달걀을 품었을 때 즉, 생명을 깨워야 하는 그런 기간에 들어가면 닭은 잠시도 둥우리를 떠나지 않습니다. 주인이 먹이를 주어도 그 둥우리 밑에다가 먹이를 주어서 쪼아 먹고 다시 알을 품습니다. 알이 열기가 식으면 안 되니까 그렇습니다. 공부하는 사람의 마음도 그렇게 화두를 들고 의심의 기운이 떨어지지 않도록 해야 함을 비유한 것입니다. '략'은 화두를 참구해 가는데 모기가 연약한 부리로 쇠로 만든 소 잔등을 뚫는 것처럼 아주 집요하게 의심을 품고 나가야 된다는 뜻입니다.

공부하는 사람의 마음도 그렇게 화두를 들고 공부를 하라는 비유입니다. 아주 집요하게 그리고 조금은 미련하고 바보스럽다고 할 정도로 의심을 품고 나가야 한다는 것입니다. 마치 시위를 떠난 화살이 과녁을 향해 달려가듯 그렇게 옆도 뒤도 돌아보지 않고 나아가라는 것입니다.

"지견知見이 있다면 초심을 저버리지 말며"라 했습니다.

견성성불 전에 법에 대한 바른 안목이 갖추어져 있을 때를 정견이라 하는데 이를 지견이라고도 합니다.

초심은 출가할 때의 그 마음을 말합니다. 저는 개인적으로 출가 초심의 마음을 가다듬으며 다음과 같이 항상 발원합니다.

"부처님 제가 금생에는 꼭 견성성불해서 모든 공덕을 일체중생을 위해 다 회향하겠습니다. 이러한 저의 서원이 이루어질 때까지 날 때 마다 반야바라밀문에 깊이 들어가 문수보살님과 같이 지혜의 막힘이 없고, 보현보살님과 같이 그 행원이 끝도 없으며, 만나는 중생마다 근기를 맞추어 그 자비를 베푸시는 관세음보살님과 같이 내 이름을 듣는 이는 바로 삼악도를 멸하고 내 형상을 보는 이는 그 자리에서 바로 열반낙과 해탈을 얻게 하소서."

여러분도 기도를 하거나 참회를 할 때 초심의 발원을 하셔야 합니다.

"부모님이 그대를 보내서 출가시킨 마음을 저버리지 말며"라고 했습니다.

이 문장은 출가한 스님에 해당하는 말입니다. 부모가 나를 낳아 주셔서 출가하게끔 허락한 그 은혜를 잊지 말아야 된다는 뜻입니다. 또한 부모님을 저버리고 이 문중에 들어왔을 때는 일체 모든 부모를 나의 부모로 모시기 위해 출가를 한 것인데 정녕 나를 낳아 준 부모를 금생에 제도하지 않으면 안 되겠지요? 이와 관련한 좋은 예화가 있습니다.

황벽 스님이라는 대 선지식이 계셨습니다. 그런데 이 황벽 스님은 어머니가 출가를 허락하지 않았기 때문에 출가 후 수행을 무섭게 하였습니다. 어느 날 어머니는 황벽 스님이 너무너무 보고 싶었습니다. 그런데 부친이 돌아가시고 어머니 홀로 계시다가 일찍이 눈이 침침하더니 연세가 드시니까 완전히 멀어 버렸습니다.

어머니는 죽기 전에 황벽 스님을 한번 만나고 싶어 절마다 찾아다녔습니다. 그러던 어느 날 황벽 스님이 요즘으로 말하면 해인사면 해인사에 계시다는 소문을 들었습니다. 그래서 그 절 일주문에서 대야에 물을 떠 놓고는 스님이 지나가면 붙들고 항상 발을 씻고 가라고 했습니다. 발을 씻겨 드리겠다고 한 것은 당신이 눈이 멀었기 때문에 아들을 볼 수가 없는데, 황벽 스님이 어릴 적 오른발에 큰 종기를 앓아서 발가락이 없었기 때문에 발가락을 만지면 황벽 스님을 알 수 있지 않을까 해서입니다.

어느 날 황벽 스님이 나와 보니까 바로 당신 어머니였던 것입니다. 어머니가 황벽 스님을 붙들고 발을 씻겨 드리겠다고 하자 황벽 스님은 왼발을 내 드렸습니다. 왼발을 씻고 오른발을 씻으려고 하자 황벽 스님이 "보살님, 오른발은 지금 종기가 있어서 물에 담그지 못하겠습니다. 다음에 씻겠습니다" 하고 돌아서 버렸습니다.

황벽 스님은 어머니가 거기 계시니 다른 도량으로 옮겨 공부를 하게 되었습니다. 그런데도 어머니는 어떻게 그 소식을 듣고 황벽 스님을 찾아 가던 중 물에 빠져 돌아가셨습니다. 황벽 스님은 어머니의 장사를 지내고 축원을 간절히 해 드렸습니다.

그런데 꿈에 "그대가 나를 위해 법문을 한들 자식에 대한 속정이 어떻게 끊어지겠느냐? 그대가 나를 이렇게 끝까지 가까이 하지 아니하고 대도를 성취해서 이 부모를 왕생극락하게 해 주어서 감사하다"는 선몽을 한 것입니다. 그래서 황벽 스님이 부모에 대한 은혜를 갚았다는 이야기입니다. 결국 부모를 비롯하여 불법을 호지하고 불법이 쇠퇴하지 않도록 애써 주신 모든 은혜를 저버리지 말고 큰 믿음을 갖고 그 믿음이 변하지 않도록 하라는 것입니다.

"만길 낭떠러지에 서 있는 것처럼 하라"고 했습니다.

공부하는 그 마음이 만길 낭떠러지에 서 있는 것처럼 항상 생각이 깨어있어야 한다는 말입니다.

"당장 본에 의지하여 고양이를 그려가야 한다. 그려 오고 그려 감에 귀를 그리고 털의 무늬를 넣는 것과 심식心識의 길이 끊어진 곳과 인법人法이 모두 없어지는 곳에 이르면 붓 끝에서 갑자기 살아 있는 고양이가 튀어나올 것이다"라고 했습니다.

화두 드는 것이 그 본에 의지해 그림을 그려가는 것과 같다는 말입니다. 본을 바탕에 깔아놓고 습자지처럼 고양이 본을 따라 그려간다는 것입니다. 이것은 조사선의 입장에서 선문답하는 과정에 깨우치는 것이라기보다는 지금은 화두를 받아 깨치는 과정에 들어가니까 아무

래도 그 발심과 의단이 높게 갖추어지지 못했다는 말입니다. 그래서 의심과 발심과 원력을 갖추게끔 하는 것이 화두 드는 것이며, 그것이 본을 뜨는 것이라는 것입니다.

'심식노절처心識路絶處 인법구망처人法俱忘處'라 했습니다.

마음 가는 길이 다 끊어져 버렸고, 또 사람과 법이 다 없어져 버렸다고 했습니다. 화두를 열심히 들다 보면 마음의 모든 생멸의 번뇌망상이 불길에 타 버려 오로지 의심 하나만 홀로 드러나며, 그러다 보면 나도 없어지고 모든 경계가 나에게 아무런 영향을 미치지 못한다는 것입니다. 그 경계에 이르렀을 때는 본을 뜬 그것이 어느 날 한순간에 살아서 뛰쳐나온다는 것입니다. 견성성불한다는 경지를 이렇게 비유한 것입니다.

"모든 대지가 곧 선불장이며, 모든 대지가 곧 자기이니, 이 속에 이르러서는 무슨 방 거사를 말하겠는가"라고 했습니다.

이런 경계가 되면 이 모든 대지가 바로 선불장이며, 선불장과 내가 둘이 아닌 하나가 되었다는 것입니다. 즉 자연과 내가 하나가 되고 또 너와 내가 나누어지는 것이 아닌 통일된 생명체가 된다는 것입니다. 그러한 경지가 되었다는 것입니다. 이러할 때 무슨 방 거사를 들먹이느냐는 것입니다. '와때'는 숨바꼭질 할 '와때'자입니다. 어린아이들이 숨바꼭질하다가 서로 숨고 찾으려고 쫓아다니다 딱 마주쳤을 때 나오는 '아!'와 같은 소리입니다.

　"비록 삼승三乘 십지十地의 보살이라도 간담이 서늘해지고 혼이 놀라며, 달마와 부처라도 몸을 용납할 자리가 없을 것이다"라고 했습니다.

　삼승은 성문, 연각, 보살승을 뜻합니다. 십지는 『화엄경』 십지 중 법운지를 뜻합니다. 이러한 삼승십지도 간이 서늘하고 놀랜다는 것입니다. 그것은 맑은 경계에서 성불해 보니까 본래 나의 성품이 그렇다는 것입니다. 이것은 닦고 증득하는 단계나 순서가 없습니다. 그런데 삼승이나 십지는 순서가 있으며, 소위 53계가 있습니다. 이 단계를 나누지 않고 화두 경절문 수행을 통해 찰라 성불해 들어가기 때문이 그렇습니다.

　'벽안황두碧眼黃頭'에서 벽안은 푸른 눈을 말합니다. 푸른 눈은 달마 스님을 비유한 것입니다. 달마 스님이 인도사람이라 눈이 푸르기 때문입니다. 황두는 누런 머리라는 뜻으로 부처님을 말합니다. 이 달마 스님도 부처님도 대무심의 자리에서는 용납할 수 없다는 것입니다. 즉, 대무심의 자리는 부처도 조사도 열반도 해탈도 일체 모든 이름을 세울 수가 없다는 것입니다.

　"비록 이와 같으나 만약 인천안목人天眼目을 열어 불조佛祖의 종지를 드높이려면 반드시 자기와 선불장을 녹여 한 덩어리를 만들어 백천만 억 세계 밖에 던져 버리고 몸을 굴리고 걸음을 옮겨서 위음왕불威音王佛

저쪽과 다시 저쪽을 한 바퀴 돌아올지라도"라고 했습니다.

이 말은 우리가 본래 부처로 돌아간 것인데 이것은 특별한 일도 아니고 대단한 일도 아니라는 뜻입니다. 깨치고 나니까 나도 너도 없고 부처도 보살도 없고 일체 모두가 없는 아주 평화스럽고 미움과 시기와 질투와 사랑 등 모든 중생업식이 없어져 모두 부처의 세계로 살아나는 것입니다.

이런 사람은 요즘 말로 하면 살아 움직이는 복지시설이라 할 수 있습니다. 그저 눈먼 사람에게 길잡이가 되어 주고, 배고픈 사람에게는 밥을 주고, 추운 사람에게는 옷을 주고, 괴로운 사람에게는 말동무가 되어 그 괴로움을 없게끔 해 줍니다.

'위음왕불威音王佛'은 최초의 부처님입니다. 돌아온다는 것은 그 위음왕불이 나오기 전을 말합니다. 무시무종, 시작도 없고 끝도 없는 진리를 말하는 것입니다. 다시 말해 위음왕불이라는 시작이 있다는 것도 지워버린다는 말입니다.

"서봉의 호된 몽둥이를 맞아야 할 것이다"라고 했습니다.

이러한 경지도 참으로 훌륭한 성인의 경지이며, 열반의 경지라고 집착해서는 안 된다는 것입니다. 부처, 조사, 열반, 해탈 등에 머물면 병이 된다는 것입니다. 흐르는 물과 같이 집착없이 마음을 그렇게 쓰라는 것입니다. 왜 그렇게 쓰라고 하는 것입니까? 본래 우리 자성이 생명자리가 머물고 싶다고 해서 머물러지는 것이 아니기 때문입니다.

"대중들이여, 이미 자기조차 던져 버렸는데 또 어디에 몽둥이를 맞겠는가"라고 했습니다.

자, 대중아 나도 이미 없어서 무아가 되어 버렸거늘 그대가 무엇이 남아 있어서 이 고봉의 방망이를 맞겠느냐는 말입니다. 당신이 경계에 집착할까봐 방망이질을 했는데 방망이질을 한다고 하는 당신의 법문까지도 스스로 지워버리는 것입니다.

"갑자기 생명을 돌아보지 않는 자가 이런 말을 듣고 나와서 선상을 뒤집어엎고 '할' 하며 대중을 흩어 버릴지라도 옳기는 참으로 옳겠으나 서봉의 사자암師子巖은 그를 긍정하지 않을 것이다"라고 했습니다.

왜 옳다고 그랬는가? 이것은 참으로 깊은 법문입니다. 제가 여러분에게 고봉 스님의 법문을 하는 것도 그렇고 여러분이 제 법문을 듣고 견성성불한다고 하더라고 아주 깨끗한 피부를 긁어서 부스럼 내는 것과 같다는 것입니다. 그것은 우리가 본래 부처로 되어 있기 때문입니다. 그렇기 때문에 부처로 돌아가는 것이 특별한 일도 대단한 일도 아니고 훌륭한 일도 아니라는 것입니다.

그래서 이 법상의 법문을 못하게끔 한다고 하더라도 또 고봉 스님이 그 사람을 인정하지 않는다는 것입니다. 이게 무슨 말이냐? 참 어렵습니다. 그것은 계속 흔적을 남기지 않게끔 향상일로를 위해서 마음의 흔적을 지워버리는 법을 펼치는 것입니다. 그래서 『금강경』에서는 무주상 보시라고 했습니다.

무주상 보시가 무엇입니까? 주는 사람이나 주는 물건이나 받는 사람이나 모두가 마음이 청정하고 편안해야 된다는 것입니다. 그런데 우리가 누구에게 보시를 하면서 그 보시한 것을 가지고 '저 사람에게 내가 보시를 했다' 이런 생각을 가지면 무주상이 아닙니다. 공부한 사람은 저 사람에게 보시를 했지만 보시했다는 생각이 내 마음에 티끌만큼도 남아 있지 않습니다.

그런데 『금강경』에서 말하는 무주상은 그것보다 더 나갑니다. 내 마음에 저 사람을 도와주었고 저 사람을 위해서 헌신했고 저 사람을 위해서 베풀었다는 생각이 티끌만큼도 없는 것입니다. 그리고 그 없다는 생각까지도 없어야 진정한 무주상이 됩니다.

방망이질을 하는 이유가 무엇인가?

없다는 그 생각을 지워버렸다는 그 생각까지도 또 지워버리라는 것입니다. 이렇게 자꾸 지워버리라는 것입니다. 그러면 어떻게 되겠습니까? 그때는 헌신하고 사랑하고 베풀고 시주하고 봉사하는 모든 것이 새가 허공을 날아 간 것처럼 내 마음이 된다는 것입니다. 새가 허공을 날아가면 어떻습니까? 자국이 있습니까? 없습니다. 사랑하고 베풀고 헌신하고 봉사하는 모든 일상생활에 무엇을 했다고 하더라도 새가 허공을 날아간 것 같은 그런 마음을 가져야 된다는 것입니다.

왜 그러냐? 우리 자성자리가 그렇게 되어 있다는 것입니다. 머물지를 않는다는 것입니다. 항상 흐르고 있다는 것입니다. 그런데 내가 착각을 해서 그 흐르는 물을 붙들고 있는 것입니다. 그렇다고 흐르는 물이 붙들어집니까? 그렇지 않습니다. 흘러가는 바람을 내가 붙들려고 해서 붙들어지느냐 말입니다. 부처님 전생담의 예화를 하나 들겠습니다.

어느 날 까치가 매한테 쫓겨 부처님께 살려달라고 부처님 품으로 들어왔습니다. 그때 매가 부처님께 말했습니다.

"부처님이시여, 그 까치를 내 놓으세요. 그것은 아침 식사 요깃거리입니다."

부처님께서 말씀하셨습니다.

"매야, 다른 데 가서 요기를 구하면 어떻겠느냐?"

이때 매가 하는 말이, "부처님이시여, 까치는 살아야 되고 나는 죽어야 됩니까?"라고 했습니다. 그래서 부처님은 까치 살만큼 엉덩이 살을 떼어 저울에 올렸습니다. 그러나 까치가 더 무거웠습니다. 부처님은 팔을 끊어 올리고, 발을 끊어 올렸으나 계속 까치가 무거웠습니다. 결국 자신의 온몸으로 저울에 올라갔습니다. 그때서야 까치하고 부처님하고 저울대의 기울기가 똑같이 되었습니다. 부처님은 한 생을 까치를 위해 몸을 버렸습니다.

우리가 이런 것을 깨치면 일상생활이나 가족생활 혹은 이웃과 사회생활은 어떻게 되겠습니까? 인도의 간디 수상과 관련한 예화를 하나 들겠습니다.

간디 수상이 변호사 시절 바쁘게 기차를 타다가 한 쪽 신발이 홈에 떨어지게 되었습니다. 한 쪽 신발만 신고 기차를 간신히 타게 되었던 것입니다. 이러한 상황이 되면 여러분은 어떻게 하시겠습니까? 아이고 저 신발 어떻게 하지? 저걸 주워야 되는데 하고는 다음 역에서 내려 신발을 찾아야 되겠다고 생각하겠지요? 그런데 간디 수상은 그 즉시 아무 망설임 없이 자기 한 쪽 신발을 벗어 던져 버렸습니다. 왜 그랬을까요? 그것은 누구든지 그 신발을 주우면 한 켤레라야 신을 수 있기 때문입니다.

우리가 선을 배운다는 것은 중생과 이웃과 가족을 위해 이러한 생각을 일상생활에서 실천하고 인격을 갖추기 위해서입니다. 여러분의 마음에 불타는 번뇌의 중생 욕망이 꺼져버리고 보살 행원력의 꽃이 피어날 수 있도록 그렇게 살아야 합니다.

화두공안의 의미에 대해 말씀드리겠습니다.

화두話頭라는 단어를 한자 그대로 풀면 '말머리'가 됩니다. 말[話]을 내뱉을 때는 나와 너라는 분별한 차별이 있습니다. 주관과 객관이 나뉘지고 비교하고 차별합니다. 하지만 여기에 머리 두頭자를 넣었습니다. 말 이전의 말이라는 것입니다. 말 이전의 말은 주관과 객관이 나뉘지기 이전입니다. 대무심지大無心地의 경지에서 나온 말입니다. 이것을 공안公案이라고도 합니다. 공안은 공부안독公府案牘의 준말입니다. 공부公府는 관공서를 말하고 안독案牘은 중앙으로부터 내려오는 1급 비밀을 말합니다. 관공서의 1급 비밀은 아무나 볼 수 없습니다. 그것을 취급하는 사람이 바로 선지식이고 조사 스님이고 견성하신 도인입니다. 도인의 입장에서 나온 말이기 때문에 우리 중생이 생각하는 보통의 상식과 지식에서 이뤄지는 말들이 아닙니다. 분별을 떠난 세계에서 나온 말이기 때문에 격외어라고도 합니다. 그것을 선문답이라고 하였고, 간화라고도 했습니다. 그래서 선문답을 격외도리라고 하는 것입니다.

화두 공부를 하는 많은 사람들이 문제에 대한 수수께끼를 풀듯이 나름대로 철학적이거나 또는 자기식대로의 분별 알음알이로 그 화두를 개념이나 틀에 가두어 분석하면서 화두를 풀려고 합니다. 이것은 조사선의 정신에 맞지도 않고 선사상에서도 아주 어긋나고 잘못된 것입니다.

화두를 그렇게 풀면 그것은 화두 천칠백 개가 아니라 만칠천 개를 풀어본들 내 마음에 의식의 변화가 일어나지 않습니다. 즉 중생심이 불심으로 전환되지도 않을 뿐만 아니라 내 인격에 변화가 오지도 않고, 중생의 틀을 깨고 본래 부처의 세계로 들어가는 일은 불가능합니다.

세상에서 일어나는 모든 일에는 답이 있습니다. 그것이 아무리 어렵더라도 그 문제에는 반드시 해답이 있습니다. 그런데 이 화두에는 처음부터 답이라는 것은 존재하지 않습니다. 공안을 철학적으로 혹은 알음알이로 분석한다는 것은 원숭이가 달을 건지려고 하면서 물속에 들어가 물장구를 치는 것과 똑같습니다. 아주 고요한 자기 성품을 볼 수 있는 경계 수행의 체험을 가져야지, 물장구를 계속 치면서 달을 건진다고 해서 달을 건질 수 있는 것은 아닙니다.

알음알이로 분별 번뇌의 물결을 일으키면서 화두공안의 해답을 구한다는 것은 불가능한 이야기입니다. 화두에는 그 해답이 없다고 했는데, 그것은 중생의 분별심을 넘어서서 절대적인 체험을 요구하는 것이기 때문입니다. 체험을 통해서 스스로 그 경지를 수용할 뿐이고, 인격적으로 그렇게 생활할 뿐이지, 해답으로써 풀려고 하면 안 됩니다. 고봉 스님이 말씀하신 허공이 부서지고 대지가 내려앉는 체험, 중생심이 완전히 불심의 세계에 들어가 티끌만한 번뇌와 이기심과 중생업식 모두가 불심으로 전환되어 중생심이 완전히 해체되어 버린 경지를 스스로 체험하는 것입니다.

법안종을 연 법안문익法眼文益 선사가 7백 대중을 거느리고 화두공안 수행을 하고 있었습니다. 현칙이라는 수좌가 3년이 되었는데도 조실 스님 방의 문턱을 넘어오지 않았습니다. 즉 입실해서 공부한 경지를 점검받지 않았습니다.

그래서 법안 스님이 그 수좌에게 물었습니다.

"그대는 여기 온 지가 얼마나 되었는가?"

"3년 되었습니다."

"3년 동안 공부를 했으면 그 공부에 대한 점검을 받아야 하거늘 왜 조실방에 입실하지 않는가?"

"저는 과거에 청봉 스님 문하에 있으면서 저 나름대로 화두를 타파했습니다."

"그렇다면 청봉 스님께 무슨 화두를 탔으며, 어떤 말귀에서 화두를 타파했느냐?"

“제가 청봉 스님에게 '학인의 본래 면목이 어떤 것입니까?' 물었더니 청봉 스님께서 저에게 '병정동자래구화丙丁童子來求火'라고 하셨습니다.”

병정이라는 말은 음양오행에서 남쪽을 말하는데 불을 뜻합니다. '불을 들고 있는 동자가 와서 불을 구하는구나'라는 뜻입니다. 그 말을 듣고 공부를 하니 화두가 타파됐다는 것입니다.

다시 법안 스님이 물었습니다.

“너는 그것을 어떻게 생각하느냐?”

그러자 “불을 든 동자가 자기 불을 들고는 남에게 불을 구한다는 것이 얼마나 어리석은 일입니까? 본래 부처인 자기가 새삼스레 부처가 되고자 하는 것은 오히려 물결을 일으키고 망상을 피우는 것인데, 그 도리를 깨달았기 때문에 화두를 타파했다”고 대답했습니다. 그러자 법안스님이 “내가 너를 진작 의심은 했느니라. 네가 병든 여우새끼라는 것을 내가 알았다”라고 했다는 것입니다.

화두에 대한 속성과 조사선의 정견을 바로 알지 못한 사람들이 화두를 들면 이렇게 알음알이와 철학적으로 풀어 버립니다. 이렇게 풀고서는 견성했다고 하고, 화두 타파했다고 합니다. 그런데 그 사람은 중생심이 그대로 남아 있기 때문에 언행의 일치가 되지 않습니다. 견성했다는 사람이 불성의 인격을 드러내지 못했다는 것입니다. 알음알이를 철학적으로 분석해서 학문적으로 화두를 풀어 화두를 타파했다고 했으므로 법안 스님이 '병든 여우새끼'라고 했습니다. 화두는 수행의 경지에서 수용하고 인격으로 드러나는 것이지 무슨 수수께끼처럼 푸는 어리석은 수행이 아니라는 것입니다.

법안 스님의 말을 들은 현칙 스님은 화가 나서 법안 스님을 떠납니다. 그리고 3년 동안 계속 고뇌를 합니다. '법안 스님께서 하신 말씀에는 깊은 이치가 있을지도 모른다. 나에게 어떤 문제가 있는가?'라고 생각하면서 어느 날 다시 법안 스님을 찾아갑니다. 법안 스님에게 찾아가 절을 하면서 "스님, 병든 여우새끼가 이렇게 찾아와서 참회합니다. 제가 잘못했습니다. 저의 문제점이 무엇입니까?" 물으니, 법안 스님이 "처음부터 다시 물어라" 했습니다. "이 학인의 본래 면목이 무엇입니까?"라고 다시 묻자, 법안 스님이 "병정동자래구화"라고 했습니다. '불을 든 동자가 불을 구하는구나'라고 똑같은 말을 했는데, 그 소리에 현칙 스님이 활연대오豁然大悟했습니다.

이것이 화두 공부하는 법입니다. 3년 동안 나에게 문제가 무엇이었으며, 도대체 내 본래 면목이 무엇이었느냐, 여기에서 꽉 막혀 버린 것입니다. 그 꽉 막힌 자리를 은산철벽銀山鐵壁이라고 합니다. 은으로 된 산인데 비유하자면 천 길이나 되는 우물이라는 말입니다. 우물에 사람이 빠졌는데 사방 벽이 철로 되어 있고 은으로 되어 있고 손잡을 데도 없이 꽉 막혀 버렸다는 것입니다. 그렇게 꽉 막힌 자리에서 어떻게 하면 내가 이 우물 속에서 빠져 나갈 수가 있는가, 나갈 것도 없고 들어올 자리도 없는 이 우물 속에서 내가 어떻게 하면 탈출할 수 있는가, 오로지 그 생각밖에 없는 것입니다. 그 속에는 철학적으로 분별하고 이해하며 알음알이를 동원하는 생각이 붙을 수가 없습니다. 어떻게 하면 빠져 나갈까 하는 생각뿐, 발 붙이고 손 붙일 자리가 없습니다. 이러한 경지를 거울과 거울이 서로 붙는 경지라고 합니다.

화두를 정리하자면, 화두의 도리를 이해하는 것이 선이 아니고, 선은 반드시 그 경계를 내가 체험해서 체험한 대로 인격을 갖춰 그대로 일상생활에서 보살 원력으로 사는 것을 말합니다.

황벽희운 선사의 열반송을 소개합니다.

塵勞逈脫事非常　진로형탈사비상
緊把繩頭做一場　긴파승두주일장
不是一番寒徹骨　불시일번한철골
爭得梅花撲鼻香　쟁득매화박비향

진로형탈사비상　塵勞逈脫事非常. 중생 업식을 끊어 해체시키고 부처 경지에 들어가는 것이 보통 일이 아니라는 말입니다.

긴파승두주일장　緊把繩頭做一場. 오로지 알 수 없는 화두 하나를 쥐고서 한바탕 몸살을 치러야 된다는 것입니다.

불시일번한철골　不是一番寒徹骨. 매화나무가 설한풍에 뼈에 사무치는 추위를 겪는 것처럼 어려움이 따른다는 것입니다.

쟁득매화박비향　爭得梅花撲鼻香. 어찌 모든 꽃들이 잠에서 깨어나지 않은 그 시기에 가장 먼저 눈 속에서 그 향기를 터트릴 수 있겠느냐는 것입니다. 그런데 반전이 이루어집니다.

得樹攀枝未足貴　득수반지미족귀

懸崖撒手丈夫兒　현애살수장부아

나무 가지에 매달리는 것 귀한 일 아니니,

천길 벼랑에 매달린 손을 놓아야 대장부라 하리라.

화두라는 것이 바로 이런 것입니다.

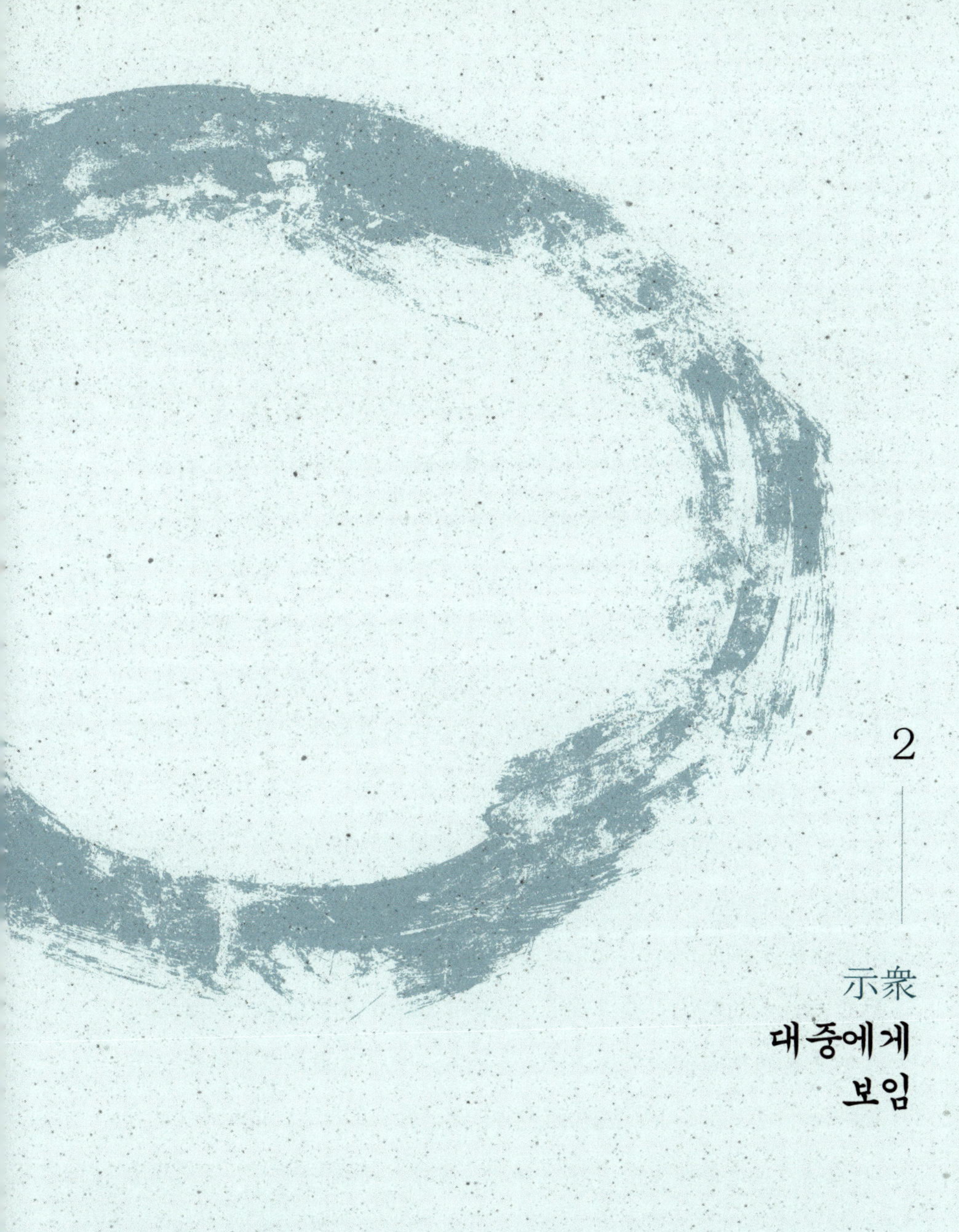

2

示衆

**대중에게
보임**

三世諸佛과 歷代祖師의 留下하신 一言半句라도 惟務衆生이 超越三
界하야 斷生死流라 故로 云 爲一大事因緣하야 出現於世라하시니라 若
論此一大事인댄 如馬前相撲하며 又如電光影裡에 穿針相似하야 無 你
思量解會處하며 無你計較分別處라 所以로 道하되 此法은 非思量分
別之所能解라하시니라 是故로 世尊이 於靈山會上에 臨末梢頭하사 將
三百六十骨節과 八萬四千毛竅하야 盡底掀飜하시니 雖有百萬衆이 圍
繞나 承當者는 唯迦葉一人而已라 信知此事는 決非草草로다 若要的
實明證인댄 須開特達懷하며 發丈夫志하야 將從前惡知惡解와 奇言妙
句와 禪道佛法과 盡平生眼裡所見底와 耳裡所聞底하야 莫顧危亡得失
과 人我是非와 到與不到와 徹與不徹하고 發大忿怒하며 奮金剛利刃하
야 如斬一握絲에 一斬一切斷이라 一斷之後에 更不相續하야 直得胸次
中에 空勞勞地와 虛豁豁地가 蕩蕩然 無絲毫許滯碍하야 更無一法可當
情이니 與初生으로 無異하야 喫茶不知茶하며 喫飯不知飯하며 行不知
行하며 坐不知坐하야 情識이 頓淨하고 計較都忘이 恰如箇有氣底死人
相似하며 又如泥塑木雕底相似하리라 到者裏하야는 驀然脚蹉手跌하야
心華頓發에 洞照十方이 如杲日麗天하며 又如明鏡當臺하야 不越一念
하고 頓成正覺하리니 非惟明此一大事라 從上若佛若祖의 一切差別因
緣을 悉皆透頂透底하며 佛法世法을 打成一片하야 騰騰任運하며 任運
騰騰하며 灑灑落落하며 乾乾淨淨하야 做一箇無爲無事出格眞道人也리
니 恁麽出世一番하야사 方曰 不負平生參學之志願耳이리라 若是此念
이 輕微하며 志不猛利하야 尫尫尪尪하며 魍魍魎魎하야 今日也恁麽하

고 明日也怎麽인댄 設使三十年二十年用工이라도 一如水浸石頭相似하야 看看逼到臘月三十日하야는 十箇有五雙이 懡㦬而去하야 致令晚學初機로 不生敬慕하리니 似者般底漢이 到高峯門下하면 打殺萬萬千千이라도 有甚麽罪過리요

삼세의 모든 부처님과 역대 조사께서 남기신 한 마디 말과 반 구절은 오직 중생이 삼계를 초월하여 생사의 흐름을 끊게 하려는 데 있다. 그러므로 말씀하시기를, "일대사인연一大事因緣을 위하여 세간에 출현했다"고 하셨다. 만약 이 일대사를 논한다면, 마치 달리는 말 앞에서 서로 싸우며 또 번개 불빛에 바늘귀를 꿰는 것과 같아서 그대의 사량思量으로는 알 수 없으며, 그대가 헤아려 분별할 수도 없다. 그러므로 말씀하시기를, "이 법은 사량 분별로는 알 수 없다"고 하신 것이다. 이 때문에 세존께서 영산회상靈山會上에서 마지막에 이르러 360골절과 8만4천 털구멍을 남김없이 드러내 보여 주셨으니, 비록 백만 대중이 둘러싸 있었으나 안 이는 오직 가섭 한 사람뿐이었다. 진실로 이 일은 결코 쉬운 일이 아님을 알아야 한다.

만약 분명하고 밝게 증득하고자 한다면 반드시 특별히 뛰어난 마음을 열며 대장부의 뜻을 일으켜야 한다. 그 전의 나쁜 알음알이와 기이한 말과 교묘한 언구言句와 선도禪道와 불법佛法과 평생 동안 눈으로 본 것과 귀로 들은 것을 가지고 위급함과 죽음, 얻음과 잃음, 남과 나, 옳음과 그름, 도달함과 도달하지 못함, 사무침과 사무치지 못함을 돌아

보지 말고, 크게 분발심을 내며 금강金剛으로 된 날카로운 칼을 휘둘러 한 묶음의 실을 벨 때, 한 번 베면 모두 끊어져 한 번 끊어진 후에는 다시 이어지지 않는 것과 같이 하면, 곧 마음이 멍하여 답답함[昏沈]과 들뜸[散亂]이 다 없어져 털끝만큼도 막히거나 걸림이 없으며, 더 이상 한 법도 생각에 걸리지 않음이 갓난아기와 같게 된다. 차를 마셔도 차 마시는 줄 모르고, 밥을 먹어도 밥 먹는 줄 모르며, 행해도 행하는 줄 모르고, 앉아도 앉은 줄 몰라서 정식情識이 단박에 깨끗해지고 헤아림[計較]이 모두 없어지는 것이 흡사 숨만 남은 죽은 사람과 같으며, 또 진흙으로 빚은 인형과 나무로 조각한 상과 같게 된다.

이 경지에 이르면 갑자기 손과 발이 미끄러져서 마음의 꽃이 활짝 피어 시방세계를 환하게 비춤이 마치 밝은 해가 하늘에 떠오른 것과 같으며, 또 밝은 거울이 경대에 놓인 것과 같아서 한 생각도 어긋나지 않고 단박에 정각正覺을 이룰 것이다. 오직 이 일대사一大事를 밝힐 뿐만 아니라 위로 부처님과 조사의 모든 차별 인연을 모두 다 위 아래로 꿰뚫으며, 불법과 세간법을 한 덩어리로 만들어 자유자재하며, 물 뿌린 듯 깨끗하고, 씻어 말린 듯 정결하여 하나의 함이 없고 일 없는 격식을 벗어난 참 도인道人이 될 것이다. 이렇게 한 번 세상을 벗어나야만 비로소 평생 동안 참학하겠다는 의지와 원을 저버리지 않는다고 말하리라.

만약 이 생각이 경미輕微하며 뜻이 맹렬하고 날카롭지 못해 삽살개처럼 까불고[散亂] 귀신처럼 어둠 속에 빠져[昏沈] 오늘도 그럭저럭 내

일도 그럭저럭 지낸다면, 설령 20년, 30년을 공부하더라도 물이 돌의 표면만 적시는 것과 같아서, 어느덧 섣달 그믐 임종하는 때가 되면 열에 다섯 쌍이 부끄러워하여 늦게 배우는 이〔晩學〕와 처음 시작하는 이〔初機〕로 하여금 존경심을 내지 못하게 할 것이다. 이와 같은 자가 나〔高峯〕의 문하에 온다면 천이면 천, 만이면 만, 모두 때려죽인들 무슨 죄가 있겠는가.

시중示衆이라고 되어 있습니다. 시중은 선사가 대중에게 법을 설하는 것으로 수행자들에게 주는 교훈이나 훈시를 말합니다. 법문은 크게 상당上堂법문과 시중示衆법문으로 나눌 수 있습니다. 장소를 가리지 않고 수시로 하는 소참小參법문도 있고, 저녁에 조실 스님이 수행자를 모아 놓고 하는 만참晩參법문도 있습니다만, 크게 상당법문과 시중법문으로 나눌 수 있습니다.

상당은 선사나 주지가 설법하기 위해 법상에 올라가는 것을 말합니다. 하지만 상당법문이라고 해서 꼭 법상에 올라가서 하는 것만을 이야기하지 않습니다. 야단법석을 하더라도 상당법문이 있고, 법상에 올라앉아서 법문을 하더라도 시중법문이 있습니다. 상당법문은 마음의 심체, 본주인 자리를 바로 드러내는 법문입니다. 그렇기 때문에 말이나 생각이나 뜻을 덧붙일 수 없습니다. 말과 생각과 뜻이 다 끊어진 자리에서 바로 소식을 드러내는 법문이 상당법문입니다. 그래서 상당법문은 아주 간결합니다. 간단명료하게 법문을 하고 법좌에서 내려옵니다. 하지만 시중법문은 이와는 좀 다릅니다. 시중법문에는 교리에 대한 얘기도 나오고 기도나 참회 이야기도 나옵니다.

앞에서 공부한 개당보설은 상당법문에 해당합니다. 불교나 선을 제대로 알지 못하는 사람은 이 상당법문을 이해하기 힘듭니다.

"삼세의 모든 부처님과 역대 조사께서 남기신 한 마디 말과 반 구절은 오직 중생이 삼계를 초월하여 생사의 흐름을 끊게 하려는 데 있다"
고 했습니다.

한 마디 말[一言]은 '만법은 하나로 돌아가는데 하나는 어디로 돌아가
느냐?'와 같은 공안을 말합니다. 본래 심처 자리를 드러내는 상당법문
같은 것을 반 구절[半句]이라고 표현했습니다. 법문뿐 아니라 '할'이나
'악' 같은 것도 있고 몽둥이질하는 것도 마찬가지입니다. 일언과 반구
는 중생이 삼계를 초월해서 생사 흐름을 끊어 버리기 위해 일러 주신
것입니다.

"부처님과 조사는 일대사인연一大事因緣을 위하여 세간에 출현했다고
하셨다"고 했습니다.

『법화경』「방편품」에 부처님께서 사리불에게 이르시는 대목에 일대
사인연으로 세상에 출현하신 내용이 자세히 나옵니다.

"무엇을 '부처님은 일대사인연으로 세상에 출현한다' 하는가? 부처
님은 중생들로 하여금 부처님의 지견을 열어서 청정하게 하기 위하여
세상에 출현하며, 중생에게 부처님의 지견을 보여 주기 위하여 세상
에 출현하며, 중생으로 하여금 부처님의 지견을 깨닫게 하기 위하여
세상에 출현하며, 중생으로 하여금 부처님의 지견의 길에 들어가기
위해 세상에 출현하느니라. 사리불이여, 이것을 일대사인연을 위하여
부처님이 세상에 출현한 것이라 하느니라."

"만약 이 일대사를 논한다면, 마치 달리는 말 앞에서 서로 싸우며 또 번개 불빛에 바늘귀를 꿰는 것과 같다"고 했습니다.

장수가 전쟁터에 나갈 때는 여러 가지 이유가 있을 것입니다. 가족이나 나라의 안위를 위해서일 수도 있고, 자신의 영달을 위해서일 수도 있습니다. 하지만 말을 타고 검을 들고 승부를 겨루는 그 순간은 모든 생각이 사라집니다. 오로지 내가 죽느냐, 네가 죽느냐 뿐입니다. 오직 그 한생각 화두뿐입니다. 또 번개가 한 번 치는데 불빛이 번쩍하는 순간 바늘귀를 꿴다고 상상해 보십시오. 그 순간에는 사상이나 논리가 붙지를 못합니다.

그래서 "그대의 사량思量으로는 알 수 없으며, 그대가 헤아려 분별할 수도 없다. 그러므로 말씀하시기를, '이 법은 사량분별로 알 수 없다'고 하신 것이다"라고 대 전제를 답니다.

"이 때문에 세존께서 영산회상靈山會上에서 마지막에 이르러 360골절과 8만4천 털구멍을 남김없이 드러내 보여 주셨으니, 비록 백만 대중이 둘러싸 있었으나 안 이는 오직 가섭 한 사람뿐이었다. 진실로 이 일은 결코 쉬운 일이 아님을 알아야 한다"고 했습니다.

부처님께서 연꽃을 든 소식이 360골절과 8만4천 털구멍을 발끝에서 머리끝까지 다 흔들어서 하나도 가리고 숨기는 것이 없이 드러내 버렸다는 것입니다. 우리가 살아간다는 사실, 이 현실 그리고 지금 듣고 보고 숨 쉬고 성내고, 또 자비롭고 사랑하는 모든 것을 하나도 가리지 않고 다 드러낸 소식이 연꽃 든 소식이라는 것입니다. 그래서 백만 군중이 있었으나 깨달은 사람은 오직 가섭 한 사람뿐이었다는 것입니다. 백만 대군이라고 말한 것은 생명 있는 것이나 없는 것이나 모든 것을 포함합니다. 그 백만 대군 중에 부처님이 연꽃을 든 소식을 안 사람은 오직 가섭 하나뿐이었습니다. 그러니 진실로 이 일을 가벼이 여겨서는 안 됩니다. 일대사인연을 해결하려면 그렇다는 것입니다. 즉, 공안참구의 일은 큰 원력이 있어야 한다는 것입니다.

삼처전심에 대해 설명하겠습니다.

삼처전심은 부처님께서 가섭존자에게 마음을 전한 세 가지 이야기를 말합니다. 그 중에서도 염화미소拈花微笑가 제일 널리 알려져 있습니다. 이 이야기의 출전은 『대범천왕문불결의경大梵天王問佛決疑經』입니다. 영축산靈鷲山에서 범왕梵王이 부처님께 설법을 청하며 연꽃을 바치자 부처님이 그 연꽃을 들어 대중에게 보입니다. 사람들은 그것이 무슨 뜻인지 깨닫지 못했지만 오직 가섭존자만은 참뜻을 깨닫고 미소를 지어 보입니다. 이 연꽃을 든 소식에 팔만장경의 진수와 골수와 핵심이 되는 참 진리 당체를 드러낸 것입니다.

이밖에도 부처님께서 가섭에게 그 마음을 전했다는 두 가지 이야기가 더 있습니다. 부처님께서 사위성 기수급고독원에 있는 기원정사 다자탑多子塔 앞에서 설법을 하고 계셨습니다. 수많은 제자들로 그곳은 발 디딜 틈이 없었습니다. 그런데 남루한 차림의 가섭이 뒤늦게 도착을 합니다. 이에 여러 제자들이 그를 멸시했는데 부처님께서는 가섭에게 자신의 자리를 반쯤 내 주어 같이 앉게 합니다. 이 소식을 바로 다자탑전 반분좌多子塔前半分座라고 합니다.

또 하나는 곽시쌍부槨示雙趺입니다. 『대반열반경』에 나오는 이야기입니다. 부처님께서 마지막에 사라쌍수에서 열반에 드시는데 그때도 역시 가섭존자가 뒤늦게 도착합니다. 가섭존자가 눈물을 흘리면서 부처님의 관을 일곱 번 돌면서 애통해합니다. 그리고 장궤합장을 하자, 부처님께서 관 밖으로 발을 내놓으십니다. 이것도 화두입니다. 다시 본문으로 돌아가겠습니다.

"만약 분명하고 밝게 증득하고자 한다면 반드시 특별히 뛰어난 마음을 열어 대장부의 뜻을 일으켜야 한다"고 했습니다.

대장부란 남자라서 장부가 아니고, 보현보살처럼 중생을 교화하고 불佛세계로 인도한다는 의미입니다. 물욕, 명예욕, 이기심의 중생 업식이 다 없어져 맑은 마음으로 우리 중생이 본래 부처임을 알 수 있게끔 법을 펴고자 하는 것이 바로 장부의 뜻입니다.

"돌아보지 말라"라고 했습니다.

부처님께서 말씀하신 불법이나 조사 어록의 아주 묘한 글귀 혹은 지견이 열렸다 열리지 않았다, 투철했다 투철하지 못했다, 견성했다 견성하지 못했다는 것을 돌아보지 않는다는 것은 다 비워 버렸다는 말입니다. 자기가 알고 있는 자기식의 불교, 자기 알음알이에 국집되어 있는 중생심의 불교, 법집에 매몰되는 것 등에 고집피우지 말고 비워 버려야 합니다. 다 비워 버리고 빈 마음에서 공부해야 된다는 것입니다. 본문에는 대분노大忿怒라고 되어 있습니다. 상대를 원망하는 분노가 아닙니다. 오로지 법을 구하고자 하는 마음입니다. 그리고 자책하는 마음입니다. 3천 년이 지난 이 시대에도 부처는 중생에게 덕을 베푸는데, 본래 부처인 나는 왜 그렇지 못한가? 이런 자책, 경책을 하는 것을 대분심이라고 합니다. 그 분발심을 내어 금강의 날카로운 칼, 취모검吹毛劍을 휘둘러야 합니다. 지혜의 칼을 들어 한 움큼의 실을 한 번 내리쳐야 합니다. 그 실이라는 것을 하나하나 끊는 것이 아니라, 한 움큼씩 몽땅 끊어버린다는 말입니다. 모든 업식과 중생심, 고정관념을 한 번에 끊고 나면 서로 이어지지 않습니다. 한 번 비워 버리면 끝나 버립니다. 그래서 선이라는 것을 경절문徑截門이라고 합니다.

초기경전을 보면 수다원, 사다함, 아라한 등 차제가 있고, 또 사마타 같은 경우는 색계4선, 무색계4선, 멸진정, 9차제정법이 있습니다. 그리고 『화엄경』에 보면 선재동자가 53선지식을 차례차례 찾아가면서 수행하는 방법이 있습니다.

그러나 화두 수행법은 그와 다릅니다. 실을 한 올 한 올 끊는 것이 아니고, 간화선은 한 번에 끊어 버린다는 것입니다. 이것을 몰록 끊어 버린다고 합니다. 몰록은 전라도 사투리에서 나온 말인데 단번에 끊는다는 것입니다.

‘공로로지 허활활지 空勞勞地 虛豁豁地’라 했습니다.

비고 비어서 넓고 넓다는 말입니다. 근대 불교학자 안진호 스님은 ‘산란과 혼침으로도’라고 주해를 달아 놓으셨습니다. 하지만 저는 그렇게 보지 않습니다. 이것은 의단이 생겨서 일체중생심, 번뇌심이 본래 실체가 없다는 것을 알고 화두, 의단 기운에 의해서 모든 마음이 아주 고요하고 맑고 밝은 지속성이 유지되는 그러한 경지라고 생각합니다. 그래서 티끌만큼도 걸림이 없고 막힘이 없는 것입니다.

“한 법도 생각에 걸리지 않음이 갓난아기와 같게 된다”고 했습니다.

갓난아기는 아주 천진합니다. 대통령이 와도 소용없고, 금강을 가져다 줘도 소용없습니다. 아주 순수하며, 그냥 그대로 모든 경계가 하나가 되는 것입니다. 그러한 천진한 것과 같이 되면 화두 의심이 온몸에 꽉 찹니다. 일상생활을 하는 동안 온갖 어려움이 많지만, 다 봄눈 녹듯 녹아 버리고 평화로운 경지를 체험할 수 있습니다.

차를 마셔도 차를 알지 못하고, 밥을 먹어도 밥맛을 모르고, 행해도 행한 줄을 모르고, 앉아도 앉은 줄도 모르고, 오로지 화두로 앉고 화두로 가고 화두로 먹고 화두로 차를 마시고, 오로지 화두로 경계가 이루어집니다. 세속에서 말하는 가깝고 멀고, 옳고 그르고, 사랑하고 미워하는 정식이 모두 청정해집니다. 청정해졌다는 것은 본래 없는 것이 그냥 없는 것으로 되어 버렸다는 것입니다. 있는 것이 없어진 것이 아니고 본래 없는 것이 없는 줄 알아 버린 것입니다.

사람이 호흡만 왔다 갔다 하지 죽은 사람과 같다는 말입니다. 이런 사람은 모든 것에 바보스럽기도 한 상태고, 흙으로 빚은 조각한 상과 같다는 것입니다. 대무심지大無心地를 말하는 것입니다. 화두를 들고 대무심지에 들어간다는 것입니다. 일상생활에서 화두의 의단이 고리가 잡혀 어째서 조주 스님이 무無라고 했는지 아주 간절하게 들어가면, 안개에 옷 젖는지 모르듯이 그런 경계에 들어갑니다. 여기까지는 간화선 참구의 은산철벽 단계를 말하고 있습니다.

불교를 공부하는 분들은 근대 한국불교의 큰 별인 경허 스님에 대해 한번쯤은 들어보았을 것입니다. 그리고 그 제자 만공 스님에 대해서도 잘 알고 있을 것입니다.

경허 스님은 제자 만공을 데리고 탁발을 나가곤 하였습니다. 어느 해 여름 두 스님은 이 마을 저 마을을 돌아 탁발한 곡식을 걸망에 짊어지고 절로 돌아가고 있었습니다. 하루 종일 탁발을 하느라 돌아다녔으니 몸은 무척 고단하고 걸망은 무거웠습니다. 그때 젊은 만공이 먼저 지쳐 경허 스님에게 사정을 하였습니다.

"스님, 걸망이 무거워서 더 이상 걸어가기가 힘듭니다. 잠시만 쉬었다 가시지요."

경허 스님이 제자 만공에게 말하였습니다.

"두 가지 중에 한 가지를 버려라."

"두 가지 중에 한 가지를 버리라니요?"

“무겁다는 생각을 버리든지, 아니면 걸망을 버리든지 하란 말이다.”

“하루 종일 고생해서 탁발한 곡식을 어찌 버리란 말씀이십니까? 무거운 것이 사실인데, 그 생각을 어찌 버립니까?”

그러자 경허 스님은 다시 휘적휘적 앞서가기 시작했습니다. 제자 만공이 허겁지겁 숨을 헐떡이며 뒤따라갔습니다.

“스님, 정말 숨이 차서 그렇습니다. 잠시만 쉬었다 가시지요.”

“저 마을 앞까지만 가면, 내 힘들지 않게 해 줄 것이니 어서 따라오너라.”

만공 스님은 마을까지만 가면 힘들지 않게 해 준다는 말에 고개를 흔들며 스승의 뒤를 부지런히 따라갔습니다. 마을 앞에는 우물이 있었고, 그 근처 논밭에서는 농부들이 일을 하고 있었습니다. 마침 한 아낙이 우물에서 물을 길러 물동이를 이고 스님들 앞을 지나가고 있었습니다. 그때 경허 스님이 주저 없이 그 아낙에게 달려들어 입을 맞추어 버렸습니다. 아낙은 너무 놀라 물동이를 떨어뜨려 박살냈고, 이 모습을 지켜본 마을 사람들이 몽둥이와 삽, 괭이를 들고 “저 중놈들 잡아라!” 외치며 달려왔습니다. 참으로 순식간에 일어난 일이라 제자 만공은 걸음아 나 살려라 하고 죽어라 뛰었습니다. 경허 스님은 벌써 저만치 앞서서 달아나고 있었습니다. 얼마나 죽을힘을 다해 달리고 달렸을까. 이제는 마을 사람들이 더 이상 쫓아오지 않았습니다. 저만치 솔밭에서 경허 스님이 제자를 기다리고 있었습니다. 그러자 만공 스님이 경허 스님에게 항변을 했습니다.

"참으로 훌륭하고 덕 있는 스님이 왜 그런 짓을 하십니까?"

"너의 무겁던 것은 다 어디로 가 버렸느냐? 그 짊어지고 왔던 무거운 마음은 다 어디로 가 버렸느냐?"

만공 스님이 그 소리를 듣고 보니 조금 전까지만 해도 무거워서 한 발짝 뛰는 것이 천근 같았는데, 자기도 모르게 십 리를 뛰어와 버린 것입니다. 그 십 리 속에는 나도 없고, 만공도 없고, 경허도 없고, 보리쌀도 없고, 쌀도 없고, 마을사람도 없고, 아무도 눈에 안 들어오는 것입니다. 오로지 내가 가는 이 현실, 이 사실만이 내 앞에 존재해 버리는 것입니다. 화두 드는 것이 바로 그와 같다는 것입니다.

화두의 의심고리만 걸리면, 교학 등 복잡한 법문들도 실체 없는 자리로 떨어져 버립니다. 꿈 깨는 소식을 아는 것입니다. 꿈에서는 천 가지 만 가지 다 얻는 것 같지만 얻어도 얻는 것이 아닙니다.

'각차수질脚蹉手跌'이라 했습니다.

각차수질이라는 말은 손과 다리가 미끄러져 움직인다는 것입니다. 그 뜻에 차이가 있긴 하지만 차질蹉跌이라는 말도 이 각차수질에서 따온 말입니다. 각차수질이 등장하는 것은 대무심지에만 머물러서는 안 된다고 이야기하기 위해서입니다. 중생교화를 위해 일상생활에서 법을 드러내야 되는 것입니다.

"모든 몸과 손과 발이 움직이면서 심화돈발心華頓發한다"고 했습니다.

마음 꽃이 돈발한다는 것은 지혜가 확 살아난다는 것입니다. 승가에서는 운개일출雲開日出이라고 합니다. 저 하늘의 구름이 다 걷혀 버리고 태양이 확 드러나는 소식을 말합니다. 동조시방洞照十方, 그 태양의 빛이 중천 하늘에 걸린 것과 같이 온 삼천대천세계를 비춘다는 것입니다. 지혜롭게 아주 자유롭게 일상생활을 할 수 있는 공덕성을 말합니다.

"마치 밝은 거울이 받침대에 놓인 것과 같다"고 했습니다.

예전에는 거울을 안 볼 때는 함 속에 넣어 놓고 보고 싶으면 다시 꺼냈습니다. 그것을 세우면 그 함이 받침대가 됩니다. 그렇게 될 때는 거울이 천 가지 만 가지 경계를 하나도 놓치지 않고 다 받아들입니다. 다 받아들이면서 천 가지 만 가지 경계가 지나가고 나면 거울은 하나도 거기에 남기질 않습니다. 우리의 마음에 비유하는 것입니다. 화두를 들어서 자성자리를 깨달으면, 자성자리 쓰는 그 용심이 그와 같다는 것입니다. 이 도리를 알면 시시콜콜하게 장맛이 짜니 김치맛이 짜니, 우리 논을 한 뼘을 더 가져갔느니 안 가져갔느니, 논에 물은 대니 안 대니 말할 것이 없습니다. 마음이 넓어지는 세계에 들어가게 되는 것입니다. 정각자리를 바로 성취해서 일대사를 밝힐 뿐만 아니라 부처님으로부터 조사 스님이 지금에 이르기까지 일체 차별인연을 발끝에서 머리끝까지 내가 다 알아 버렸다는 말입니다. 차별인연은 화두 의단이 들어서 대무심지에 들어가 있을 때는 복사꽃이 떨어지는 경계만 봐도 자기 자성자리를 깨칠 수 있고, 마당 쓸다가 기와조각이 대나무에 가서 부딪히는 소리만 들어도 안다는 것입니다. 향엄香嚴 스님은 기와조각이 대나무에 부딪히는 소리에 깨달았습니다. 영운靈雲 스님은 복사꽃잎이 떨어지는 것을 보고 깨달았고, 서산西山 스님은 길가다가 닭 우는 소리를 듣고 깨달았습니다.

그와 같이 화두에 의단이 깊어지면 어떤 상황에서도 깨달을 수 있습니다. 그럴 때는 일상생활에서도 깨치게 됩니다. 그래서 불법, 세법이 모두 한 덩어리가 된다는 것입니다. 불법이 따로 있고 세법이 따로 있는 것이 아닙니다. 산중이 따로 있고 중생세계가 따로 있는 것이 아닙니다. 이것을 깨치게 되면 내 가정도 영산회상이고, 그 자리가 부처님의 불심도량이 될 수 있습니다.

"등등임운騰騰任運하며 임운등등任運騰騰하며"라 했습니다.

이 말은 마음 경계가 그 정도에 가면 이미 결정된 상황에서는 그것을 조금도 불평불만하지 않고 시절 인연이 도래했구나 하고 편안하게 받아들이는 마음의 용심을 말합니다. 호롱박이 물 위에 떠 있는 이치와 같은 것입니다. 유유자적하여 어떤 경계가 와도 관자재가 된다는 것입니다. 즉, 보살만행의 삶이라 할 수 있습니다.

부처님 당시 이야기를 하나 들려 드리겠습니다.

부처님은 석가족 출신입니다. 석가족은 부처님이 살아 계실 때 전쟁에 의해서 멸망하게 됩니다. 바로 코살라국의 침략 때문이었습니다. 전쟁의 이유는 코살라국 왕의 원한 때문이었습니다. 부처님께서 성도하신 후에 코살라국의 파사익 왕은 석가족의 처녀를 왕비로 삼고자 하였습니다. 그러나 석가족은 자기 부족에 대한 자부심이 강했습니다. 그래서 코살라국의 파사익 왕의 요청에 석가족의 처녀를 보낼 수 없다고 결정하였습니다. 그렇지만 당시 대국이었던 코살라국의 요청을 정면으로 반대할 수가 없어서 부처님의 사촌이었던 마하남의 집에서 일하는 하녀의 딸을 석가족의 처녀처럼 분장하여 파사익 왕에게 출가시켰습니다. 이 하녀의 딸과 파사익 왕 사이에 태어난 사람이 유리태자였습니다.

유리태자는 나이 여덟 살 되던 해에 외가인 카필라성에 놀러왔습니다. 카필라국에서는 새로 궁전을 지어 부처님을 모시고 낙성식을 화려하게 할 계획을 가지고 있었습니다. 하지만 부처님께서 오시기 전에 유리태자가 새로 지은 궁전에 들어가 장난을 하자, 화가 난 석가족 사람들이 노비의 소생이라 버릇이 없다고 내쫓아 버렸습니다. 이때서야 자기가 석가족 노비의 아들이었다는 것을 알게 된 유리태자는 울분을 참으며 코살라국으로 돌아갔습니다. 그는 이러한 굴욕적인 일에 언젠가 앙갚음할 것을 결심했습니다. 드디어 유리왕은 군사를 일으켜 석가족의 정벌에 나섰습니다. 그 소식을 들으신 부처님께서는 코살라국 병사들이 오는 길목에서 잎사귀도 없는 한 고목나무 밑에 결가부좌하고 계셨습니다. 이러한 모습을 본 유리왕이 부처님께 여쭈었습니다.

"세존이시여, 잎이 무성한 나무숲을 놓아 두고 말라 버린 고목나무 밑에 계십니까?"

"일가친척의 그늘이 다른 그늘보다 낫기 때문이오."

부처님의 말씀을 듣고 유리왕은 물러갔습니다. 그러나 유리왕은 외도의 충동으로 2차, 3차로 침범했습니다. 하지만 그때마다 부처님께서는 맨몸으로 막았습니다. 하지만 네 번째로 유리왕이 석가족을 침공하려 하자 가지 않으셨습니다. 제자 목건련이 이를 막아보려 했지만 오히려 부처님께서 말렸습니다. 부처님께서는 이제 시절인연이 도래했음을 아신 것입니다.

이것을 '등등임운騰騰任運'에 비유할 수 있습니다. 그리고 '임운등등任運騰騰'은 잘못된 것을 알 때는 명을 돌아보지 않고 분명히 정의를 바로 세운다는 적극성을 말합니다. 생활해 나가면서도 창의적으로, 창조적으로 해 나가야 된다는 것을 말합니다. 불교와 선은 이렇게 적극적일 때는 아주 적극적이고, 또 시절인연을 받아들일 때는 받아들입니다. 이것이 불법의 묘한 이치입니다. 친하고 멀고 간에 조작심이 없으며, 내편이라고 해서 이기적으로 들고 일어나지 않고, 사회 공동체의 이익을 위해서 앞을 내다보고, 생명세계에 어떤 이로움이 있다는 것을 먼 안목으로 볼 적에 조작심을 갖지 않고 이렇게 마음을 쓸 수 있습니다.

'외외최최 망망량량巍巍崔崔 魍魍魎魎'이라 했습니다.

이 말은 결정하지 못할 때의 마음을 뜻합니다. '외'자와 '최'자 모두

삽살개를 뜻하는 한자이고, 망魍은 도깨비 '망'자입니다. 삽살개는 눈을 가리고 있고, 도깨비는 어두컴컴할 때 나타납니다. 이것은 산란한 마음과 혼침을 말합니다. 산란한 마음과 혼침으로써 화두를 들었을 때는 오늘, 내일뿐 아니라 납월 삼십일臘月 三十日, 죽는 날까지 그 법을 배우는 후학이나 참학자에게 존경의 대상이 되지 못하고 한 생이 헛되이 지나갑니다. 그러한 것이 억울하지 않느냐는 말입니다. 이런 사람은 천 사람이나 만 사람이나 고봉 문하에 오면 몽둥이로 쳐 죽인다는 것입니다. 간화선 공부를 하려면 결단심, 즉 금생에 너무 늦기 전에 이 일을 한 번 맛봐야 되겠다는 마음을 내야 합니다.

今日我之一衆은 莫不皆是俊鷹快鷂며 如龍若虎라 擧一明三이며 目機銖兩이리니 豈肯作者般體態하야 兀兀度時리오 然雖如是나 正恁麽時에 畢竟喚甚麽하야 作一大事오 若也道得이라도 與汝三十拄杖하고 若道不得이라도 亦與三十拄杖하리라 何故오 卓拄杖一下云 高峯門下에 賞罰이 分明하니라

予假此來로 二十四年을 常在病中하야 求醫服藥에 歷盡萬般艱苦하니 爭知病在膏肓에 無藥可療리오 後至雙徑이라가 夢中에 服斷橋和尙所授之丹하고 至第六日하야 不期에 觸發仰山老和尙所中之毒하니 直得魂飛膽喪하야 絶後再甦라 當時에 便覺四大輕安이 如放下百二十斤一條擔子相似러니라 今將此丹하야 普施大衆하노니 汝等服之인댄 先將六情六識과 四大五蘊과 山河大地와 萬象森羅하야 揔鎔作一箇疑團하야 頓在目前하면 不假一鎗一旗라도 靜悄悄地便似箇淸平世界리라 如是하야 行也 只是箇疑團이며 坐也 只是箇疑團이며 著衣喫飯也 只是箇疑團이며 屙屎放尿也 只是箇疑團이며 以至見聞覺知히 揔只是箇疑團이라 疑來疑去에 疑至省力處하면 便是得力處니 不疑自疑하며 不擧自擧하야 從朝至暮히 粘頭綴尾하야 打成一片하야 無絲毫縫罅라 撼亦不動하며 趂亦不去하며 昭昭靈靈하야 常現在前이 如順水流舟하야 全不犯手하리니 只此便是得力底時節也니라

오늘 우리 대중들은 모두 뛰어난 날쌘 매, 용과 범 같지 않은 이가 없으며, 하나를 들어 말하면 셋을 밝히며 눈대중으로도 무게를 알거

늘, 어찌 이러한 모양으로 우두커니 시간만 보내겠는가. 비록 이와 같으나 바로 이러할 때에 결국 무엇을 일대사라고 부르겠는가. 만일 말하더라도 그대에게 주장자로 30대 때릴 것이고, 말하지 못하더라도 또한 주장자로 30대 때릴 것이다. 무슨 까닭인가? 주장자를 세워 한 번 내리치며 말하기를 나[高峯]의 문하에는 상과 벌이 분명하기 때문이다.

내가 이것을 빌려온 이래로 24년 동안 항상 병이 있어서 의원을 구하고 약을 먹는 데에 온갖 어려움과 고통을 겪었으니, 어찌 병이 고황膏肓에 있어서 약으로 치료할 수 없음을 알았겠는가. 그 후에 쌍경사에 이르러 꿈속에서 단교斷橋 화상이 주신 약[丹]을 먹고 6일째에 앙산仰山 노화상에게 맞았던 독毒이 촉발觸發되니, 바로 혼이 날아가고 담膽이 상하여 끊어졌다가 다시 살아났다. 당시에 사대四大가 가볍고 편안해짐이 마치 120근의 한 덩어리의 짐을 내려놓은 것과 같았다.

이제 이 약을 대중들에게 널리 베푸니, 그대들이 먹는다면 먼저 육정六情·육식六識과 사대四大·오온五蘊과 산하대지山河大地와 삼라만상森羅萬象을 모두 녹여서 하나의 의심덩어리를 만들어 문득 눈앞에 두면, 하나의 창이나 하나의 깃발을 빌리지 않더라도 고요함이 문득 깨끗하고 평화로운 세계와 같을 것이다. 이같이 다닐 때에도 이 의심덩어리고, 앉을 때에도 이 의심덩어리이며, 옷 입고 밥 먹을 때에도 이 의심덩어리이고, 대소변 볼 때에도 이 의심덩어리이며, 보고 듣고 깨닫고 아는 것[見聞覺知]에 이르기까지 모두 이 의심덩어리일 뿐이다. 의심해 오고 의심해 감에 의심이 힘 덜리는 곳에 이르면 문득 이곳이 힘을 얻

는 곳이니, 의심하지 않아도 저절로 의심하게 되며, 화두를 들지 않아
도 저절로 들려서 아침부터 저녁까지 처음과 뒤가 연결되어 한 덩어
리를 이루되 털끝만큼도 꿰맨 자리가 없다. 흔들어도 움직이지 않고
쫓아도 가지 않으며, 밝고 신령해서 항상 앞에 나타나 있음이 마치 물
의 흐름을 따르는 배와 같아서 전혀 손을 쓰지 않아도 되리니, 이것이
바로 힘을 얻는 시절이다.

"오늘 우리 대중들은 모두 뛰어난 날쌘 새매, 용과 범 같지 않은 이가 없으며"라고 했습니다.

모두 지혜가 수승하다는 뜻입니다. 하나를 말해 주면 셋을 밝히는 것과 같습니다. 목기수량目機銖兩은 『벽암록』에 나오는데, 척 보면 안다는 뜻입니다. 즉, 담 너머에 뿔이 보이면 황소가 지나가는 줄 알고, 산 너머에 연기가 나면 불난 줄을 아는 것인데, 여기 모인 대중이 그렇다는 것입니다.

스님들 중에는 산에서 참선에만 전념하는 분들도 계시고, 잠시 포교나 행정을 맡아 하시는 분들도 계십니다. 하지만 어느 곳에 있건 부처님의 가르침이 중심입니다. 부처님과 가르침에 벗어나지 않는 선에서 각자의 수행에 전념합니다. 마치 대문이 그 힘을 의지하는 돌쩌귀와 같습니다. 우리가 대문을 하루에 백 번을 열든지 천 번을 열든지 대문은 돌쩌귀에 의지해서 버팁니다. 대문이 돌쩌귀를 벗어나 버리면 그 문은 두 번도 못쓰고 부서지고 맙니다.

수행승이나 포교승이나 행정승에 대하여 높낮이 분별을 일으킨다든지 다른 평가를 하는 것은 옳지 않습니다. 모두가 일체중생을 위해서, 위로는 부처님의 법을 의지하고 또 자기 앉은 자리에서는 모든 인연을 교화하고 있기 때문입니다.

하루가 다르게 물질문명이 변화되고 있습니다. 아날로그 텔레비전이 디지털로 교체된 것이 엊그제 같은데, 이제는 최첨단 HD 텔레비전이 안방을 점령하고 있습니다. 이런 변화가 혼란을 주지만 인류에게 이로움을 주기도 합니다. 우리 불자들도 부처님 법에 의지해서 이런 기술이 양질의 문화로 전환될 수 있도록 힘써야 합니다. 때로는 우리가 선두에 서고 중심에 서야 합니다. 불교가 개인에게 뿐만 아니라 사회적으로도 의미 있는 종교가 되기 위해서는 '참여'가 필요합니다. 단, 조건이 있습니다. 모든 '참여'의 근본에는 자기 자성을 다룰 줄 아는 힘이 필요합니다. 시간이 흐르면서 제아무리 좋은 것이 와도 나 자신을 다룰 수 있는 밝은 지혜가 없으면 우리는 거기에 휩쓸려 가고 표류하게 됩니다. 자기 자성을 다루는 힘은 어디서 나옵니까? 앞에서도 누누이 설명했지만 화두를 잘 챙겨야 합니다. 항상 깨어 있어야 합니다. 화두를 열심히 들면 우리가 자기 자성자리로 들어갈 수 있습니다.

"이렇게 지혜가 뛰어난 불자들이 오늘도 그럭저럭 내일도 그럭저럭 타성에 젖어서 살아서 되겠느냐"고 이야기합니다.

그렇게 부처님 공부를 하면 백 년을 물에 담가 놓은 돌과 같습니다. 돌은 백 년을 물에 담가 놓아도 그 안이 축축해지지 않습니다. 물이 그 돌을 뚫고 들어갈 수 없습니다.

인도에 가면 야맹조라는 새가 있습니다. 그 새는 게을러서 집을 안 짓습니다. 뻐꾸기와 비슷합니다. 뻐꾸기도 집을 안 짓고 남의 둥지에 가서 살짝 자기 알을 까놓고 갑니다. 그와 같이 야맹조는 집을 짓지 않아 밤이 되면 추워서 오들오들 떨면서 '날만 새면 집을 지어야지, 날

만 새면 집을 지어야지' 하면서 밤을 샙니다. 그런데 아침에 동쪽에서 햇살이 비추어 오면 '내가 언제 날만 새면 집 짓는다고 했나' 하고 돌아다닙니다. 하루 종일 정신없이 돌아다니다가 밤이 되면 또 추워서 오들오들 떨면서 '날만 새면 집 지어야지' 합니다. 우리 사람도 그와 같다는 것입니다. 신심도 약하고 의지와 결심, 집념이 약한 사람들이 '공부한다, 부처님 법대로 산다' 하면서 이 야맹조와 같이 공부한단 말입니다.

"오늘 여기에 모인 대중은 그런 사람이 한 사람도 없다"라고 고봉 스님께서 말씀하셨습니다.

지혜가 수승하고 모든 법의 본질에 밝은 대중에게 "부처님께서 이 사바세계에 오신 일대사인연에 대해서 각자 자기 견처를 한번 드러내 봐라. 한마디 일러봐라"라고 묻습니다.

그 일대사인연을 앞에서 무엇이라고 했습니까? 일대사인연은 생명 있는 것이나 없는 것이나 본래 다 인연에 의해, 연기에 의해 일어나는 현상이요, 그 현상이 머물렀다가 없어지는 것, 성주괴공成住壞空 생주이멸生住異滅하는 것입니다. 고봉 스님이 거기에 대해 한마디 일러라 이야기한 것입니다.

"여기에 대해서 누가 한마디 말한다 하더라도 내가 주장자로 30방을 때릴 것이고, 또 말하지 못하더라도 30방을 때릴 것이다"라고 당신의 견처를 드러내십니다.

이것을 격외도리格外道理라고 합니다. 우리가 생각하는 상식의 도리가 아니라는 말입니다. 선어록에는 이런 격외도리의 법문이 많이 나옵니다.

옛날에 수산성념首山省念 선사라는 분도 여기에 대해서 법문을 하셨습니다. 죽비를 들어 보이시면서 "이것을 죽비라고 이야기하면 그대들이 죽비에 집착한 것이고, 죽비가 아니라고 하면 죽비의 본뜻에 어긋난다. 빨리 일러 보거라"라고 하셨습니다. 이것도 같은 격외도리입니다. 화두 공부는 이런 것을 가슴으로 받아들여서 생각과 뜻과 말길이 들어갈 수 없는 자리를 바로 공부하라는 것입니다. 이 자리를 바로 성성惺惺하게 살피라는 것입니다.

'탁주장일하운卓拄杖一下云'이라 했습니다.

주장자를 대중에게 들어 보이면서 탁 한 번 치는 것입니다. 고봉 스님이 '말해도 30방이요 말하지 못해도 30방'이라는 견처를 드러내 보이는 것입니다. 굳이 말로 설명을 할 수도 있지만 우리의 모든 잡념과 중생의 업식을 끊어 주기 위해 이것이 더 효과적인 방법입니다. 주장자를 들면 주장자를 다 보고, 주장자를 탁 치면 모두가 그 소리를 듣지 않습니까? 보고 듣는 그 경계에서 바로 직관하라는 말입니다. 분별심과 생각을 일으켜 알려고 하는, 즉 마음 밖에서 찾는 공부를 하지 말라는 것입니다.

“고봉 문하에는 상과 벌이 분명하다”고 했습니다.

상식적으로 생각하면 잘한 사람에게 주는 것이 상이고, 잘못한 사람에게 주는 것이 벌입니다. 그런데 그것은 잘한 사람이 있고 잘못한 사람이 있다고 생각했을 때입니다. 벌써 대립이 생겼고 상대적으로 나누어져 버린 것이 중생의 세계입니다. 분별로 차별하고 비교하는 세계가 열렸습니다. 그런데 여기서 말하는 상벌은 그런 것과는 전혀 상관이 없습니다. 왜 그런지를 여러분 스스로 공부해 보기 바랍니다.

“내가 이것을 빌려온 이래로 24년 동안 항상 병이 있어서 의원을 구하고 약을 먹는 데에 온갖 어려움과 고통을 겪었다”고 했습니다.

앞에서도 설명드렸듯이 고봉 스님은 스물네 살에 견성하셨습니다. 그 스물네 해 동안에 약으로도 다스릴 수 없고 의원이 와도 고칠 수 없는 병을 앓고 고통을 겪었습니다.

“어찌 병이 고황膏肓에 있어서 약으로 치료할 수 없음을 알았겠는가?”라고 했습니다.

고황이라는 말의 유래는 이렇습니다. 옛날에 왕이 병이 들었는데, 어떤 의원을 불러도 병을 고칠 수가 없었습니다. 그래서 최고의 명의인 편작을 불러다가 병을 고치려고 했습니다. 그러자 왕의 몸에 들어가 있는 병이 말하기를, “내일은 편작이 온단다. 편작이 오면 우리는 꼼짝없이 불려나가거나 죽는데 어떡하면 좋겠느냐?”라고 했습니다.

그러자 다른 병이 "걱정하지 마라. 고황에 들어가 버리면 편작의 할아버지가 와도 우리를 못 밝혀낸다"고 했습니다. 즉 불치병에 들어간다는 것입니다. 그때 나온 얘기가 고황병입니다.

여기서 말하는 고황병은 부처님과 조금도 다름이 없고, 부족함이 없는 자성자리를 말하는 것입니다. 그런데 우리가 스스로 마음이 좁아졌다, 물들었다, 병들었다, 더러워짐을 반복합니다. 분별 업식 때문에 그렇습니다. 우리가 분별 업식, 중생 업식을 자기라고 쥐고 있으면 항상 윤회의 길에 들어가서 고통을 받습니다. 그런데 그 중생 업식이라는 것이 존재하는 것입니까? 존재하는 것이 아닙니다. 본래 없는 것인데 있다고 착각하고 있습니다.

비유로 하자면 이 착각의 병은 허공의 병과도 같습니다. 허공에 오물을 가져다 버린다고 오염됩니까? 허공에 몽둥이질을 한다고 해서 멍이 듭니까? 허공을 쪼개서 분할을 시킨다고 해서 허공이 쪼개집니까? 우리의 자성자리는 본래 버리려고 해도 버릴 수 없고, 더럽히려고 해도 더럽힐 수 없고, 쪼개려고 해도 쪼갤 수 없고, 그것을 중생으로 만들려고 해도 중생으로 만들어지는 물건이 아닙니다. 본래 그 자리를 바로 보라는 것입니다. 그런데 그것을 바로 보지 못했을 때는 착각의 병이 들어버리는 것입니다.

비유를 하나 들겠습니다.

옛날에 어떤 선비가 길을 가다가 목이 말라 우물의 물을 바가지 채

마셨습니다. 그런데 물을 마시는 순간 그 바가지에 뱀이 있는 것을 알
았습니다. 하지만 이미 물은 목구멍을 넘어가고 말았습니다. 그런데
사실은 뱀이 들어간 것이 아니었습니다. 우물 근처 나뭇가지에 뱀이
걸려 있었는데 그 뱀의 그림자가 바가지에 비쳤던 것입니다. 하지만
이 선비는 착각을 하고 뱀이 자기 몸속에 들어갔다고 생각했습니다.
의원들을 찾아가서 뱀을 꺼내달라고 했으나 의원들은 모두 몸속에 뱀
이 없다고 했습니다. 하지만 선비는 믿지 않았습니다. 그날 이후부터
선비는 몸도 마르고, 소화도 안 되고, 몸의 기능이 떨어지면서 병골이
되어 버렸습니다. 자기 착각이 병을 만든 것입니다.

그러던 어느 날 어떤 의원을 찾아갔는데, 그 의원은 선비를 위해서
방편을 썼습니다. "맞다. 당신 몸에 뱀이 들어가 있다"라고 하면서 수
술을 시작했습니다. 수술하기 전에 미리 뱀을 준비해 놓고 있다가 수
술한 뒤 선비가 보는 앞에서 실뱀을 들어내 보였습니다. 그제야 선비
는 명의를 만났다고 생각하고 다시 건강을 회복했습니다.

우리는 착각 때문에 쓸데없는 병을 얻고 살아갑니다. 특히 마음의
병이 그렇습니다. 『금강경』에 공부하는 것을 뗏목과 달을 가리키는
손가락으로 비유합니다. 이미 병에 걸려 있는 것을 이치적으로 알았
다면 그 병에서 벗어나려고 열심히 수행을 해야 합니다. 불교 공부를
했지만 수행을 하지 않는 사람은 더 어리석은 사람입니다. 병에서 벗
어날 방도를 알았는데 수행하지 않는다면 그보다 더 어리석은 사람이
어디 있겠습니까?

화두로서 6일 만에 견성을 하셨는데 견성하신 순간에 "사대四大가 아주 가벼워지면서 120근이나 되는 짐을 한순간에 내려놓는 것과 같더라"는 것입니다.

고봉 스님은 설암 화상께서 주신 '송장을 끌고 다니는 주인공이 누구인가?'라는 화두를 들었습니다. 그런데 의심의 고리가 걸리지 않았습니다. 그러던 중 쌍경사에서 자다가 꿈에 '만법은 하나로 돌아가는데 일심은 어느 곳으로 돌아가는가?'라는 화두에 걸렸습니다. 일체 모든 중생 업식이 다 녹아 내리면서 시간가는 줄도 모르고 6일째에 앙산 노화상에게 맞았던 독이 촉발되었다고 나옵니다. 화두의 의단이 걸리므로 6일이 그냥 지나가 버린 것입니다.

옛날 어른 스님들 말씀에, 화두라는 것은 의심이 걸리기만 하면 하근기는 90일이 걸리고, 그 다음은 7일이 걸리고, 상근기는 3일이 걸리는데, 더 상근기는 법문 한 마디면 깨달아 버린다고 하였습니다. 하지만 정견을 알아야 법문 끝에 깨달을 수 있는 것입니다.

일념이 잘 안될 때에는 시간이 지나는 것이 더디고, 망상이 더 많이 일어납니다. 하지만 화두의 고리가 탁 걸리게 되면 이 몸이 아주 가벼워져서 몇 시간을 앉아서 정진을 해도 구름 위에 앉은 것처럼 피로가 없습니다. 어린아이는 아무 생각 없이 하루 종일 울어도 목이 쉬지 않지만, 어른은 3~4시간만 고함을 지르면 목이 쉽니다. 자연스럽지 못하고 조작이 많이 들어가서 그렇습니다. 이와 같이 우리 생활에 조작이 많이 들어가 있다는 것입니다.

　또한 화두에 의심 고리가 걸리면 움직이는 일상생활 전체가 화두에서 삽니다. 화두에 힘을 얻게 되면 조금도 애를 쓰지 않아도 일상생활에 편안한 행복감을 가지게 됩니다. 배가 부둣가에 들어오기 전까지는 엔진마력을 올려야 하듯이 화두에 의심이 안 생겼을 때는 화두에 믿음을 세우기 위해서 애를 써야 되고 힘을 써야 되지만, 화두 의심 고리가 탁 걸리면 부딪히는 역경계와 순경계의 인간관계 모든 것이 엔진을 끄고 들어오는 배와 같이 순탄하게 일상생활을 할 수 있습니다.

更須慤其正念하야 愼無二心하며 展轉磨光하고 展轉淘汰하야 窮玄盡奧하고 至極至微하야 向一毫頭上安身하야 孤孤逈逈하며하며 卓卓巍巍하야 不動不搖하고 無來無去하며 一念不生하야 前後際斷하면 從玆로 塵勞頓息하고 昏散勦除하야 行亦不知行하고 坐亦不知坐하며 寒亦不知寒하고 熱亦不知熱하며 喫茶不知茶하고 喫飯不知飯하야 終日憨憨憃憃地 恰似箇泥塑木雕底하리라 故로 謂墻壁無殊라하니라 纔有者境界現前하면 卽是到家之消息也라 決定去地不遠也니 巴得搆也하며 撮得著也하야 只待時刻而已니라 又却不得見恁麼說하고 起 一念精進心求之하며 又却不得將心待之하며 又却不得要一念縱之하며 又却不得要一念棄之하고 直須堅凝正念하야 以悟爲則이어다

當此之際하면 有八萬四千魔軍이 在汝六根門頭하야 伺候所有一切奇異殊勝한 善惡應驗之事하야 隨汝心設하며 隨汝心生하며 隨汝心求하며 隨汝心現하야 凡有所欲을 無不遂之하리니 汝若瞥起毫釐差別心하며 擬生纖塵妄想念하면 卽便墮他圈櫃하며 卽便被他作主하며 卽便聽他指揮하야 便乃口說魔話하며 心行魔行하야 反誹他非하고 自譽眞道하리니 般若正因이 從玆永泯하며 菩提種子가 不復生芽하야 劫劫生生에 常爲伴侶하리라 當知하라 此諸魔境이 皆從自心所起며 自心所生이라 心若不起면 爭如之何리요 天台云 汝之伎倆은 有盡이어니와 我之不采는 無窮이라하니 誠哉라 是言也여 但只要一切處에 放敎冷冰冰地去하며 平妥妥地去하며 純淸絶點去하며 一念萬年去가 如箇守屍鬼子하야 守來守去에 疑團子가 欻然爆地一聲하면 管取驚天動地하리니 勉之勉之어다

다시 반드시 그 정념正念을 정성스럽게 하여 두 마음이 없도록 조심하며, 점차 지혜의 빛을 갈고 점차 미혹을 도태淘汰시켜 현오玄奧한 이치를 궁구窮究하여 다하고 극미極微한 경지에 이르러서는, 한 털끝 위에서 몸이 편안하여 외롭게 뛰어나고 우뚝하게 높아서 움직이지도 않고 흔들리지도 않으며 오지도 않고 가지도 않는다. 한 생각도 나지 않아서 앞뒤가 끊어지면 이로부터 번뇌가 단박에 쉬고 혼침과 산란이 끊어 없어져 행해도 행하는 줄 모르고, 앉아도 앉는 줄 모르며, 추워도 추운 줄 모르고, 더워도 더운 줄 모르며, 차를 마셔도 차 마시는 줄 모르고, 밥을 먹어도 밥을 먹는 줄 몰라서 종일 어리석은 것이 마치 진흙으로 빚은 인형과 나무로 조각한 상과 같을 것이다. 그러므로 장벽과 다름이 없다고 하였다.

이러한 경계가 눈앞에 나타나는 순간이 곧 집에 이르는 소식消息이어서 결코 본지本地와 멀지 않으니, 잡아 얽으며 붙들어서 다만 때를 기다릴 뿐이다. 또 도리어 이렇게 말하는 것을 보고 한 생각이라도 정진하려는 마음을 일으켜 구하지 말고, 또 마음으로 깨닫기를 기다리지 말며, 또 한 생각도 놓으려 하지 말고, 또 한 생각도 버리려 하지 말며, 반드시 정념正念을 굳게 지켜서 깨달음으로써 법칙을 삼아야 한다.

이러한 경지에 이르면 8만4천의 마군魔軍이 그대의 육근六根의 문 앞에서 모든 기이하고 수승하며 선하고 악한 응험應驗의 일들을 엿보아 기다렸다가 그대 마음을 따라 베풀며, 그대 마음을 따라 일으키고, 그대 마음에 따라 구하며, 그대 마음에 따라 나타내어 그대가 하고자 하는 것을 이루어 주지 않는 것이 없을 것이다. 그대가 만일 잠시 털끝만큼이라도 차별심을 일으키며 티끌만큼이라도 망상의 생각을 내려고 하면, 곧바로 저 마군의 울타리〔圈橫〕에 떨어지며, 마군을 주인으로 섬기게 되고, 그들의 지휘를 받게 되어 입으로는 마군의 말을 하며, 마음으로는 마군의 행을 행하여 반대로 다른 사람을 그르다고 비방하고 스스로 참된 도道라고 칭찬할 것이다. 반야의 바른 인〔正因〕이 이로부터 영원히 없어지며 보리의 종자가 더 이상 싹이 나지 않아서 세세생생에 항상 마군과 벗이 될 것이다. 이 모든 경계가 다 자기의 마음으로부터 일어나며, 자기의 마음으로부터 생기는 것임을 반드시 알라. 만일 마음이 일어나지 않으면 어찌 그렇겠는가.

천태天台 스님이 말하기를, "너의 기량은 다함이 있지만 나의 취하지 않음은 다함이 없다"라고 하였다. 진실하구나, 이 말씀이여! 다만 모든 곳에 내려놓아 얼음처럼 차게 하며, 편안하게 하며, 순수하고 맑아 티 한 점 없게 하며, 한 생각이 만년 가는 것이 시체를 지키는 귀신과 같이 하여 지켜오고 지켜가다가 의심덩어리가 별안간 한 소리를 내며 탁 터지면 하늘이 놀라고 땅이 흔들릴 것이니, 힘쓰고 힘쓸지어다.

‘다시 반드시 그 정념正念을 정성스럽게 하여’라고 했습니다.

　정념은 팔정도八正道에서 말하는 정념이라기보다는 오로지 화두공안의 의심이 아주 순일하게 끊이지 않고 깊이 들어가는 것을 말합니다.

‘두 마음이 없도록 조심하며’라고 했습니다.

　우리는 항상 집착하는 마음이 있습니다. 좋은 것은 좋아서 집착하고 싫은 것은 싫어서 그 괴로움에서 벗어나려고 집착합니다. 그런데 화두의 의단이 깊어지면 그런 것이 다 떨어진다는 것입니다. ‘자기’라는 자아의식이 너무 강한 사람은 그 아집성이 떨어지고, 또 ‘내가 공부를 해서 법을 깨친 바가 있다’라는 법의 상에 집착되어 있는 사람은 법집을 끊어준다는 것입니다. 화두의 의단이 깊어지면 이러한 아집과 법집이 다 해체되고 지혜로운 반야가 드러납니다. 의단이 깊어진다는 것은 지혜가 그만큼 수승하게 자라나는 것입니다. 그래서 점차로 그 지혜의 빛을 발해서 중생의 욕망을 도태淘汰시킵니다. 현묘玄妙한 이치를 궁구窮究하고, 또 그 심오한 원리를 지극히 세밀한 데까지 끌고 가야 합니다. 화두를 들고 공부하는 사람은 일상생활에서도 화두를 잘 보호하고 관리할 줄 알아야 합니다. 일상생활에서 화를 많이 낸다든지, 마음에 상처를 입힌다든지, 또 마음이 흐트러진다든지 하는 것들은 수행해 나가고 화두공안을 의심하는 데 굉장히 해롭습니다. 그렇게까지 세밀하게 신경을 써야 합니다.

'한 털끝 위에서 몸이 편안하여'라 했습니다.

머리카락 끝과 같은 쪽을 향해서 몸을 편안히 한다는 것입니다. 교학적으로는 무상정변지입니다. 화두를 깊게 들다 보면 그 화두 의단이 자리가 잡히고, 잡히는 만큼 중생 업식이 붙을 자리가 없다는 것입니다. 이것을 승가에서는 '백척간두百尺竿頭'라고 이야기합니다. 일체 번뇌가 100% 없어지고 부처님의 불성성품의 꽃이 확 일어나는 것이 백척간두인데, 그러한 자리에 들어가면 일체 번뇌가 끊어져 마음이 편안해집니다.

'고고형형孤孤逈逈 탁탁외외卓卓巍巍'라 했습니다.

이것은 '적적성성寂寂惺惺 성성적적惺惺寂寂'이라고 보면 됩니다. 화두에 의심의 고리가 걸려서 지극히 의심을 하면 의단이 깊어지며 마음이 일념一念으로 들어가게 됩니다. 그러면 자연스럽게 중생 업식 번뇌가 없어지게 됩니다. 즉, 번뇌가 화두공안으로 바뀐다는 것입니다. 번뇌가 따로 있고 화두공안이 따로 있는 것이 아니고 하나이기 때문입니다. 이것이 성성惺惺하다는 것은 의심이 아주 깊어졌다는 것이고, 의심이 깊어지면 마음이 적적寂寂하다는 것은 그만큼 번뇌와 중생 업식이 없어졌다는 것입니다.

그렇게 되면 조롱박을 물에 띄워 놓은 것과 같이 우리 마음에 공부의 힘이 그렇게 됩니다. 그 조롱박은 잔물결이 오면 잔물결에 맞춰서 몸을 움직이고 큰 파도가 오면 큰 파도에 맞춰서 여유롭고 자유롭게 움직입니다. 모든 환경과 여건과 상황에 따라서 항상 문제점이 다가오는데, 화두를 들고 그러한 경계를 맞이하게 되면 우리가 집착한다든지 괴로워한다든지 자학한다든지 하는 이런 것들이 모두 화두를 의심하는 기운에 의해서 붙을 자리가 없게 됩니다. 그만큼 마음이 담담해지면서 여유가 생겨 일상생활을 지혜롭게 조롱박과 같이 경계를 타는 것입니다.

성성적적하면 흔들어도 움직이지 않고 오고 감에도 한 생각이 동하지 않습니다. 앞뒤가 다 끊어지는데, 이것은 집착이 끊어지는 것입니다. 마치 거울과 같아 경계가 오면 대하고 경계가 가면 바로 끊어집니다. 앞에서 대용직절大用直截이란 말을 했는데, 부처님의 불성자리에서 맑게 쓰는 것을 대용大用이라 하고, 경계가 오고 가고 나면 마음자리에 조금도 흔적을 남기지 않는 것을 직절直截이라고 합니다. 그래서 전후가 다 끊어져서 이로부터 진노돈식塵勞頓息하고, 일상생활에서 스스로 괴로워하던 중생의 경계가 아니고 마음이 편안해지고 혼침昏沈과 산란散亂이 문득 없어집니다.

‘종일애창창지終日獃憃憃地’라 했습니다.

이것은 순수하고 천진한 어린아이와 같이 아주 단순해지면서 맑아진다는 것입니다. 그것이 흙으로 빚은 소상塑像과 같고 나무 조각과 같다는 것입니다. 마치 대나무밭의 대나무는 바람이 불면 화음을 일으켜 소리가 나고, 바람이 지나가고 나면 절대 소리가 나지 않는 것과 같습니다. 그냥 지나가고 나면 끊어 버립니다. 즉 마음에 쓰는 용심이 화두 기운에 의해 달라지는 것입니다.

"그러므로 장벽과 다름이 없다"고 했습니다.

이 장벽이라는 말은 달마 스님의 게송에서 따온 말입니다. "외식제연外息諸緣하고 내심무천內心無喘하라" 화두 공부를 하고 부처님 공부를 하는 사람은 밖으로 일상생활을 좋아하지 않고 생활을 복잡하게 벌려 놓고 살지 말라는 말입니다. 그렇게 되면 안으로도 마음이 단순해지면서 단조로워지고 정신 건강이 아주 좋아집니다. 또한 심여장벽心如牆壁이라. 무심한 마음의 힘이 생긴다는 것입니다. 이것을 법력이라고 하고 공부 수행력이라고 합니다. 어떤 경계가 와도 담담하게 처리할 수 있는 마음의 여유가 생깁니다. 이렇지 않을 때 그 경계가 오면 혼란스럽고 괴로워하고 대단히 불안합니다.

이러한 경계가 눈앞에 나타날 때는 스스로 압니다. 물에 들어가면 찬 기운이 몸에 닿는 것을 스스로 아는 것처럼, 화두가 깊어지고 정진력이 생기는 것은 자기만이 스스로 느끼고 아는 일입니다. 그러한 때가 되면 본래 불성의 경계에 들어가는 것이 멀지 않은 것입니다.

그러나 그러할 때는 더욱더 조심해서 화두의 의심을 잘 붙들고 그것이 흩어지지 않게끔 얽어 모아서 마음에 붙여야 됩니다. 면면하고 밀밀하게 그 기운이 흩어지지 않게끔 조심해서 공부해 들어가야 합니다. 그렇다고 해서 한생각 정진심을 일으키고 밤을 새우며 말뚝 신심을 내어 여기에 젖으면 안 됩니다. 공부는 항상 순일무잡해야 합니다. 다시 말하면 자기 스스로 정진력이 생긴다는 것을 느끼면, 빨리 견성해야겠다는 생각을 가지지 말고 기다리지도 말아야 합니다.

배가 항구에 들어올 때는 시동을 꺼도 그 부두에 아주 적절하게 와서 탁 들어가고, 또 새벽이 와서 닭이 울면 빨리 해를 띄워야겠다고 성화를 부리지 않아도 해는 뜨게 되어 있습니다. 이 경계가 되면 그러한 경계가 됩니다.

"8만4천의 마군魔軍이 그대 육근六根의 문 앞에서 모든 기이하고 수승하며 선하고 악한 응험의 일들을 엿보아 기다렸다가 그대 마음을 따라 베풀다"라고 했습니다.

조심해야 할 문구입니다. 우리가 화두 들기 전에 일상생활에서 중생 업식으로 경험한 일들이 많습니다. 즉 여러 가지 자기 업식이 있습니다. 업식들이 아직 완전한 대무심지에 못 들어갔기 때문에 그런 일이 언제나 일어날 소지가 있다는 것입니다.

중생심이 일어날 소지가 있기 때문에 지금 이 정도만 되어도 화두 기운에 의해서 정신이 굉장히 맑아집니다. 맑아지면 마음을 따라서 생각을 일으키는 대로 모든 현상이 드러납니다. 그대의 마음을 따라서 모든 것을 구하면 구하는 것을 얻을 수가 있고, 또 그대의 마음을 따라서 원하는 대로 이루지 못하는 것이 없고 따르지 아니한 것이 없다는 말입니다. 이러할 때 티끌만큼도 차별을 일으킨다든지, 망상을 일으켜서 헤아리면 바로 마군의 울타리[圈橫]에 떨어진다는 것입니다. 그렇게 되면 마군이 주인이 되어 그 마군이 시키고 지휘하고 명령하는 대로 내가 들을 것이며, 그때부터는 공부길이 잘못되어 입으로는 항상 마군의 말을 하며, 마군의 행동을 하면서 다른 사람의 일은 계속 비방을 하고 오로지 자기만이 참 도의 길을 간다고 합니다. 이렇게 되면 반야지혜의 맑은 정진력, 그 지혜의 힘이 완전히 없어집니다. 보리菩提의 종자가 다시는 살아나지 못하고 겁겁생생劫劫生生 동안 그 마군과 짝을 이뤄서 자기 스스로가 그 마군의 업을 짓습니다. 마군의 업을 짓기 때문에 이 모든 것은 마군이라고 이야기를 하지만 마군이 밖에 따로 있는 것이 아니고 다 자기 마음으로부터 일어나는 것입니다. 습관이나 생각 등 남아 있는 것들을 공부를 해서 식이 맑아지면 마지막에 항복 받으면서 그런 마군의 경계에 온다는 것입니다. 부처님께서도 성불하시는 납월 8일 전날 저녁까지도 그런 마군의 유혹과 경계가 마음에서 일어났다고 했습니다. 이것을 조금 이해하기 쉽게 비유를 하나 들겠습니다.

4조 도신 대사의 법을 이은 우두법융牛頭法融, 594~657 선사가 우두산牛頭山에 들어가 10년 동안 공부를 열심히 하였습니다. 어느 날 밤 도신 대사가 지나다 보니 우두산 전체가 대낮같이 밝았습니다. 법융 선사가 공부를 잘하니 방광하여 밤에 훤해진 것입니다. 그래서 도신 스님이 법융 스님을 찾아가 보았습니다.

그런데 법융 선사의 옷이 너무 낡은 것을 보고는 옷 한 벌 주면서 갈아입으로라고 했습니다. 그러자 법융 선사는 "부모가 나에게 주신 옷도 어쩔 수가 없는데 이 옷이 무슨 필요가 있겠습니까? 이것을 내가 받을 필요가 없습니다" 하였습니다. 이에 도신 스님은 "그러면 부모가 너에게 옷을 주기 전에는 어떤 옷을 입었느냐?"라고 물었습니다. 거기서 법융 선사가 말문이 막혔습니다. 소위 부모미생전父母未生前 본래면목本來面目이 무엇이냐? 이런 의미도 됩니다. 그래서 그 길로 도신 스님을 따라가서 쌍봉산 도신 스님 문하에 들어가 80리 길을 하루도 거르지 않고 탁발을 해 5백 명의 대중을 3년 동안 먹여 살렸습니다. 도신 스님이 일러주는 바른 법의 은혜가 너무 크기 때문에 그렇게 했습니다. 공부하는 사람은 법이 귀한 줄을 알아야 공부도 진척이 있고 또 나에게 마음의 변화가 있지, 공부를 너무 가벼이 여기고 듣는 정도 가지고는 자기 마음의 변화를 일으키기 어렵습니다. 귀하게 여기면 귀하게 여긴 만큼 그 귀한 것이 귀한 일을 만들어 주는 것입니다.

법융 스님이 원력 보살행을 하고는 우두산으로 다시 와 정진을 하는데, 그날부터 몸에서 일어나던 서광도 일어나지 않고, 날짐승이 물고 오던 꽃도 물고 오지 않고, 네 발 달린 짐승이 물고 오던 과일도 가져오지 않고 일체가 다 끊어져 버렸습니다. 그것이 무슨 도리인지 여러분이 잘 생각해 봐야 합니다.

고려시대 태고보우 스님에게 어떤 스님이 물었습니다.

"법융 스님이 도신 스님을 만나기 전에는 많은 꽃과 과일과 서광이 비쳤는데, 도신 스님을 만나 뵙고 나서는 다 끊어진 도리가 무엇입니까?” 그러자 태고보우 선사께서 하시는 말씀이 “아버지가 부자면 자식이 몰리고 아버지가 가난하면 오던 자식도 안 오느니라”고 했습니다.

여러분이 공부하다가 조금 식이 맑아지면 꿈에도 보일 수 있고, 저 밖에 있는 일도 볼 수가 있습니다. “그대 마음을 따라 베풀며, 그대 마음을 따라 일으키고, 그대 마음에 따라 구하며, 그대 마음에 따라 나타내어 그대가 하고자 하는 것을 이루어 주지 않는 것이 없을 것이다”고 하는 말은 그 마군의 경계를 조심하라는 말입니다. 공부하는 사람들은 항상 그런 경계에 집착하여 꺼둘리지 말고 오로지 화두 하나에만 정성스럽게 하라는 것입니다.

또 비유가 나옵니다.

천태 스님은 중국의 천태지의天台智顗 선사를 말합니다. 천태지의 선사께서 공부하실 때 10년 동안 항상 마을에서 풍악 소리가 들려와 공부하는 데 어려움이 있었다고 합니다. 10년 동안 마을에서 풍악 소리가 들렸다는 것은, 번뇌 잡념이 자기를 자꾸 괴롭히는 마장의 경계를 그렇게 표현한 것입니다. 그 말을 여기에 따온 것입니다.

“너의 기량은 다함이 있지만 나의 취하지 않음은 다함이 없다”고 했습니다.

번뇌가 일어나는 것은 그 언젠가는 끝난다는 말입니다. 그리고 내가 그 번뇌를 인정하지 않고 받아들이지 않는 것은 무궁하다. 즉 끝이 없다는 말입니다. 끝이 없으니 이 말이야말로 참 진실한 말이라는 것입니다. 그래서 일체처에 정진하는 사람은 모든 것을 방하착放下着하라는 것입니다. 생활도 단순 간결하게 하고 검소하게 살며 생각도 복잡하지 않게 해야 합니다. 공부하는 사람은 마을에 있으면서도 이렇게 자기 공부 관리를 해야 합니다. 할 것 다하고, 잠잘 것 다 자고, 하고 싶은 말 다 하고, 성낼 것 다 내면서 자기 관리를 안 하며 공부한다는 것은 어렵습니다. 그러므로 이 공부하는 사람은 항상 일상생활에서 자기 관리를 철저하게 잘해야 됩니다.

"방하착하여 생활이 얼음같이 차고 맑게 살아라. 편안하게 하고, 순수하고 청정하게 해서 한생각이 만년까지 가게끔 해라"고 했습니다.

그 한생각이 만년까지 간다는 것은 어려운 이야기이지만 그만큼 신경을 쓰고 하라는 말입니다. 마치 귀신이 송장을 지키는 것과 같이 항상 지키고 지키라는 것입니다. 귀신은 집착이 아주 강한데, 몸뚱이를 지키는 것이 사바세계에서 백 년, 2백 년이 간다고 합니다. 이 무서운 집착의 병을 화두의단으로써 한순간에, 실의 묶음을 한순간에 끊는 것처럼 끊어야 합니다. 의단이 푹 익어 마음에 온 전체 기운이 돌았을 때는 마치 속이 텅 빈 대나무가 불에 들어가면 '펑' 하고 터지듯이, 마음의 경계를 자기가 스스로 알게 됩니다. 그러면 반드시 하늘도 놀라고 땅이 움직일 것이니 힘쓰고 힘쓰라는 뜻입니다.

3

直翁居士
직옹거사에게
보임

終日共談不二하되 未嘗擧著一字라하니 復問此意 如何오하면 不免
遞相鈍置리라 父母非我親이라 誰是最親者오 盲龜跛鼈이라하니 靈利
漢이 向者裏薦得하면 便見無邊剎境自他가 不隔於毫端하며 十世古今
始終이 不離於當念이어니와 其或未然인댄 不妨撥轉機輪하야 便就盲
龜跛鼈上하야 著些精彩하야 起箇疑情이니 疑來疑去에 直敎内外로 打
成一片하야 終日無絲毫滲漏하야 鯁鯁于懷가 如中毒藥相似하며 又若
金剛圈栗棘蓬을 決定要呑하고 決定要透하야 但盡平生伎倆하야 做將
去하면 自然有箇悟處하리라

假使今生에 呑透不下하야 眼光落地之時에 縱在諸惡趣中이라도 不
驚不怖하며 無拘無絆하야 設遇閻家老子諸大鬼王이라도 亦皆拱手하리
니 何故오 蓋爲有此般若不思議之威力也니라 然則有諸現業이라도 畢
竟에 般若力勝이 如箇金剛幢子하야 鑽之不入하며 撼之不動이리라 世
人이 出於豪勢門墻도 亦復如是하야 一切官屬吏卒이 無不畏之하며 又
若擲物墮地에 重處先著이니 目卽雖有成住壞空之相이나 如龍脫殼하며
如客旅居하야 其實本主는 無生無滅하며 無去無來하며 無增無減하며
無老無少하야 自無始劫來로 至於今生히 頭出頭沒하야 千變萬化하되
未嘗移易絲毫許니라 堪嗟라 一等學人이 往往에 多認者箇識神하야 不
求正悟하며 不脫生死하나니 置之莫論이로다

종일 함께 불이不二의 이치를 말하되, 일찍이 한 글자도 말한 적이
없다고 하였으니, 다시 "이 뜻이 무엇인가?" 하고 물으면 서로 어리석

음을 면치 못할 것이다. 부모는 나와 친하지 않으니 누가 가장 친한 사람인가? 눈먼 거북과 절름발이 자라다. 영리한 사람이 이 속에서 알면 문득 끝없는 세계 경계의 나와 남이 털끝만큼도 간격이 없으며, 십세 고금古今과 처음과 끝[始終]이 지금의 생각을 떠나지 않음을 볼 것이다.

혹은 그렇지 못하면 기륜機輪을 굴려서 눈먼 거북과 절름발이 자라에 나아가 정진하여 의정疑情을 일으킴이 방해되지 않을 것이다. 의심해 오고 의심해 감에 안과 밖을 한 덩어리를 이루어서 종일 털끝만큼도 새어나감이 없게 하여, 가슴에 가시가 걸린 것이 독약을 맞은 것과 같이 해야 한다. 또 금강 덩어리[金剛圈]와 밤송이[栗棘蓬]를 결정코 삼키고자 하며, 결정코 뚫어 버리고자 하는 것과 같이 해서 다만 평생의 기량을 다하여 공부해 나가면 자연히 깨닫는 곳이 있을 것이다.

가령 금생今生에 삼키고 뚫지 못하여 눈빛[眼光]이 땅에 떨어질 때임종시에 비록 모든 악취惡趣에 있을지라도 놀라거나 두려워하지 않으며 얽매임이 없고 옭아맴이 없어서 설사 염라대왕[閻家老子]과 모든 귀신[大鬼王]을 만나더라도 또한 모두 공경할 것이다. 무엇 때문인가? 반야의 부사의不思議한 위력威力이 있기 때문이다. 그렇다면 모든 현업現業이 있더라도 결국 반야의 힘이 뛰어남이 금강의 깃대[金剛幢子]와 같아서 뚫어도 들어가지 않으며 흔들어도 움직이지 않을 것이다. 세상 사람들이 부유하고 권세 있는 가문에 태어남도 이와 같아서 일체 관속官屬과 아전, 병졸들이 두려워하지 않음이 없다. 또 물건을 던져 땅에 떨

어질 적에 무거운 부분이 먼저 닿는 것과 같으니, 눈앞에 비록 성주괴
공成住壞空의 모양이 있지만 용이 껍질을 벗는 것과 같으며, 나그네가
여관에 머무르는 것과 같아서 그 실제 본 주인[本主]은 남도 없고 멸함
도 없으며, 감도 없고 옴도 없으며, 늘어남도 없고 줄어듦도 없으며,
늙음도 없고 젊음도 없어서 비롯함이 없는 겁부터 금생에 이르기까지
태어나고 죽어서 천번 만번 변화하되 일찍이 털끝만큼도 옮겨 바뀌지
않았다.

　슬프다! 한 무리의 배우는 이들이 가끔 대부분 이 식신識神을 잘못
알아서 바른 깨달음을 구하지 않으며 생사를 벗어나지 못하니, 더 이
상 논할 것이 없다.

이 부분은 고봉 스님께서 직옹 거사에게 회답을 보낸 내용입니다. 직옹 거사가 고봉 스님에게 불이不二 법문에 대해 물었던 것으로 짐작됩니다.

"종일 함께 불이不二의 이치를 말하되, 일찍이 한 글자도 말한 적이 없다고 하였으니, 다시 '이 뜻이 무엇인가?' 하고 물으면 서로 어리석음을 면치 못할 것이다"라고 했습니다.

『유마경』「입불이법문품入不二法門品」에 보면 유마 거사가 여러 보살들을 향해 묻습니다.

"보살이 불이不二의 법문에 들어간다는 말이 있습니다. 이 말이 어떤 의미인지 설명해 주시기 바랍니다."

이에 법자재보살을 비롯해 서른두 명의 보살들이 각기 자기가 본 '불이법문'을 말합니다. 그리고 마지막에 문수보살이 유마 거사에게 "우리들 생각은 이러합니다만, 거사께서는 어떤 생각을 가지고 있는지 말씀해 주시겠습니까?" 하고 묻습니다. 하지만 유마 거사는 입을 다문 채 그저 잠자코 있을 뿐입니다. 그러한 도리를 여기서 따온 것입니다.

화두 공부를 하든 염불을 하든 어떤 수행을 하던 간에 스스로 둘 아닌 경계, 중생심과 불심이 둘이 아닌 경계를 체험하고 일상 인격으로 드러낼 수 있는 경험이 되어야 합니다.

다시 '이 뜻이 무엇인가?' 하고 물으면 고봉 스님도 직옹 거사도 서로 어리석음을 면치 못한다는 말입니다. 그것은 물어서 될 일이 아니라고 말하는 것입니다. 스스로 체험해야 합니다. 그리고 이어 아주 고준한 화두가 나옵니다.

"부모는 나와 친하지 않으니 누가 가장 친한 사람인가? 눈먼 거북과 절름발이 자라다"라고 했습니다.

자식은 부모 육신의 한 부분을 빌려서 나왔습니다. 그래서 부모 은혜가 지중하고, 나에게 가장 귀하고 가까운 사람인데, 그보다 더 친하고 가까운 것이 있다고 했습니다. 눈먼 거북이와 절름발이 자라라고 했습니다. 공안입니다. 여기에 더 살을 붙이면 안 됩니다. 살을 붙이면 사구死句가 됩니다.

이 말의 출처는 이렇습니다. 제9조 복태밀다가 50세가 되도록 말도 못하고 걷지도 못하여 누워있을 때, 제8조 불태난제께서 복태밀다를 구제하기 위해 오셨을 때 묻습니다.

"아버지는 무명이요 어머니는 애착입니다. 반야 문중에서는 친하거나 의지할 바 못됩니다. 모든 삼세제불도 비록 본분은 증득하신 바이나 교화문으로 나올 때는 방편으로 나온 것이기 때문에 이것 또한 내가 친할 바가 못 됩니다. 그렇다면 무엇이 친할 바입니까?"

그때 제8조 불태난제가 말씀하십니다.

"눈먼 거북이와 절름발이 자라이니라."

화두에 알음알이 분석을 붙이고, 사상적으로 철학적으로 펼쳐 들어가는 것을 사구라 합니다. 그러면 화두의 생명이 없어져 버리는 것입니다. 공부하는 사람의 공부 길을 끊어버리는 것입니다. 반대로 내가 체험하고 그것을 깨달으려고 의심을 깊이 할 때, 그 의심이 살아날 때 그것을 활구活句라 합니다. 그래서 화두는 경절문徑截門입니다. 경절문徑截門에서 '경'자는 지름길 '경'자입니다. 일반적으로 길이란 배우고 익히고 닦고 찾아 구하는 것을 가리킵니다. 그런데 화두는 그와 같은 단계와 차제의 길을 끊고 바로 질러가는 길입니다. 설하고자 하나 설할 수도 없고 드러내고자 하나 드러낼 수도 없고 손잡으려 하나 손잡을 수도 없게끔 다 끊어버리는 것입니다. 그런데 여기다가 자꾸 살을 붙이고, 분별로 화두를 푼다면 공부할 수 있는 그 모든 것을 방해하는 것이고, 이것을 아주 못쓰는 것입니다.

그래서 지혜 있는 사람은 이 속에서 알아차리고 깨닫습니다. "부모는 나와 친하지 않으니 누가 가장 친한 사람인가? 눈먼 거북과 절름발이 자라다" 하는 이 말에 깨달아 버리는 것입니다. 바로 이 말을 듣는 순간에 그 자리에서 깨달았기 때문에 조사선에서는 '일언지하一言之下 돈망생사頓忘生死' 한다고 합니다.

"천 삼라 만 삼라가 티끌만큼도 간격이 없어 전부가 하나가 된다"고 했습니다.

통일된 자리가 드러나 버리는 것입니다. 부처님 당시 일이나 지금

이 순간이나 모든 것이 한생각, 마음경계를 벗어난 것은 하나도 없습니다. 그래서 마음 깨치는 도리는 지금 보고 듣고 마음 쓰는 여기서 깨쳐야지 이것을 믿지 않고 자꾸 다른 데서 법을 찾으려고 하면 안 됩니다.

그러나 이와 같이 못할 때는 마음을 한 바퀴 돌려서 눈먼 거북이와 절름발이 자라 위를 벗어나서 화두를 들어야 된다는 것입니다. 정신을 바짝 차려서 오로지 의심을 일으키라는 말입니다. 의심하고 의심해서 안과 밖으로 한 덩어리가 될 때 일상생활에도 꺼둘리지 않고 항상 안으로는 마음이 편안해집니다. 그리고 오로지 화두 의심만이 내 하나의 큰 기운으로서 형성이 되는데, 이것을 타성일편打成一片이라고 합니다. 계속 이러한 정도가 되면 분별이나 번뇌가 티끌만큼도 일어나지 않습니다.

그래서 마치 금강권金剛圈과 율극봉栗棘蓬과 같다고 한 것입니다. 금강권金剛圈이란 금강으로 온 벽을 이룬 것인데, 단단한 금강과 같이 화두의 의심이 강하다는 것입니다. 그리고 율극봉栗棘蓬은 밤송이를 말하는데, 금강권 벽을 손으로 뚫으려는 것과 같이, 밤송이를 목에 삼키려는 것과 같이 애를 써야 한다는 것입니다.

'안광락지眼光落地'라 했습니다.

눈빛이 땅에 떨어진다는 말은 임종을 뜻하는 것입니다. 사람이 죽을 때는 어떻게 확인합니까? 의사들이 눈을 열고 한번 비춰봅니다. 그때

빛깔이 땅에 떨어졌으면 사는 것이 불가능하다는 것입니다. 스스로 마음에 니르바나, 즉 열반을 얻지 못하고서 임종을 당하게 되면 불안하고 괴롭고 고통스러울 것입니다. 그러한 경계가 악취惡趣로 등장할 수 있다는 것입니다. 그러한 고통의 경계가 와서 놀라거나 두려워하거나 또 그 죽음에 구속을 당하거나 또는 염라대왕과 많은 귀신을 만난다고 하더라도 그 모두가 그 사람에게 공수拱手할 것이라고 했습니다. 공수라는 말은 중국 사람들이 손을 모으면서 예를 갖추고 존경하는 것입니다. 염라대왕뿐 아니라 많은 귀신도 그 사람을 보면 존경하고 두려워하고 예우를 해 준다는 뜻입니다.

다른 말로 이야기를 하자면 불안, 괴로움, 긴장 등 생각의 분별심이 화두 기운에 의해서 들어설 자리가 없습니다. 즉 화두 기운만 들고 있으면 죽음의 길에서도 흔들리거나 악취에 떨어지거나 괴로움이 없다는 것입니다. 다 이겨 낼 수 있는 힘이 거기에서 나오기 때문에 그것을 비유해서 염라대왕이나 모든 귀신도 어떻게 해 볼 수가 없다고 했습니다.

"반야의 부사의한 힘이 있기 때문이다"라고 했습니다.

부처님께서 깨치신 모든 연기법의 도리를 잘 알아서 생활에서 그 연기의 진리대로 생활을 해 나가는 것이 반야의 힘입니다.

이 반야의 수승한 힘이라는 것은 화두를 순일하게 들고 있는 그 기운을 말합니다. 이것은 화두 드는 사람뿐 아니라 염불을 하는 사람,

주력을 하는 사람, 다라니를 하는 사람도 있는데, 그것을 놓지 않고 그 기운을 붙들고 있으면 이 반야의 기운을 같이 가지고 가는 것입니다. 반야의 수승한 힘은, 뚫어서 들어가려고 해도 들어갈 수가 없고 흔들어서 움직이고 싶어도 동요할 수가 없는 금강의 깃대[金剛幢子]와 같다고 했습니다. 이 금강당자는 금강으로 만든 큰 기둥을 말합니다. 즉 화두를 들고 있는 의단이 온몸에 자리 잡았을 때는 죽음이 오더라도 그 무엇이 나를 뚫는다거나 흔든다거나 나를 어찌할 수가 없습니다.

세상 사람이 그렇게 화두를 들고 임종을 해서 다음 세상에 몸을 받아 나올 때 그 화두 든 공덕으로 인해서 호화롭고 권세 있는 집안에 태어납니다. 즉 복덕이 갖추어진 인연을 맺어서 나옵니다. 예를 들면 아주 높은 벼슬을 한 집안에 아들이 태어났다면, 그 아들이 힘이 있고 똑똑하고 능력이 있어서 집안의 종이나 관리들이 머리를 굽실거리는 것이 아니라, 그 부친의 위력과 여러 가지 가문의 대단한 능력 때문에 아들에게도 그렇게 하는 것입니다. 이와 같이 많은 경계에서 또는 태어나서 많은 사람들이 그에게 존경하고 굽실거리는 것은 바로 반야의 힘이 있어서 그렇다는 것입니다. 이것은 마치 물건을 던져 물건이 땅에 떨어질 때 무거운 부분이 먼저 땅에 떨어지는 이치와 같습니다.

'눈앞에 비록 성주괴공成住壞空'이라고 했습니다.
성주괴공이란 삼라만상이 이루어졌다가 멈추었다가 변해가면서 허물어지는 자연의 법칙성을 말합니다. 이것은 마치 용이 허물을 벗는 것과 같고, 길가는 길손이 여관에서 하룻밤 묵어가는 것과 같다는 것입니다. 용이 허물을 벗는다고 하여 용이 달라집니까? 또 허물을 벗는다고 하여 용의 비늘이 없어집니까? 본래 그대로 용입니다. 그리고 길손이 와서 아무리 자고 간들 길손만 자고 갈 뿐이지 그 여관이 변하거나 없어지는 것은 아닙니다. 그와 같이 실체의 본 주인은 나는 것도 아니고 멸하는 것도 아니며, 가는 것도 아니고 오는 것도 아니며, 더 하는 것도 아니고 덜 하는 것도 아닙니다.

"무시겁래無始劫來로 지금에 이르도록 태어날 때마다 우리가 천번 만번 옷을 갈아입었다 하더라도 그 업에 따라서 지옥, 아귀, 축생, 아수라, 인간, 천상의 육도六道를 얼마나 많이 다녔느냐?"는 것입니다.

그렇게 많이 다녔다 하더라도 본래 일찍이 티끌만큼도 옮기거나 변한 일은 없습니다. 예를 들면 금강산은 여러 이름으로 부릅니다. 봄에는 아름다운 꽃들이 활짝 피어 아름다워서 금강산이라고 하고, 녹음이 짙어질 때는 봉래산이라고 하고, 단풍이 들었을 때는 풍악산이라고 하고, 잎이 다 떨어졌을 때는 개골산이라고 합니다. 여러 가지 모양과 형상을 보고 여러 이름으로 부르지만 금강산 자체는 금강산도 아니고 봉래산도 아니고 풍악산도 아니고 개골산도 아닙니다. 금강산은 본래 조금도 변한 것이 없고, 움직인 것도 없고, 본래 그렇다는 것입니다. 이것은 우리의 본래 불성자리, 즉 본성은 부처님과 조금도 다름이 없는, 그대로 부처라는 것입니다. 스스로 부처인데 업이라는 것을 자꾸 인정하고 그 업에 금강산도 쫓아가고 봉래산도 쫓아가고 또 개골산, 풍악산으로 집착해서 중생의 허물을 뒤집어 쓴 것뿐입니다. 중생이 본래 부처라는 것을 깨치면 이것이 자기 성품을 바로 보는 자리이고, 성불하는 자리입니다.

부처님께서 사바세계에 오신 것은 중생을 제도하기 위해 오신 것이 아니고 우리가 완전하고 완벽하고 조금도 부족함이 없는 본래 부처라는 것을 알려주려고 오신 것입니다. 그래서 부처님께서 열반에 드실 적에 나는 사바세계 왔더라도 45년 동안 8만4천 대장경을 설하셨는데도 "나는 한 법도 설한 적이 없고, 한 중생도 제도하지 않았다"고 하셨습니다. 이것은 본래 우리의 성불자리를 부처님께서 말씀하신 것입니다. 이러한 도리를 지금 법문으로서 고봉 스님이 풀어서 말한 것입니다.

"한 무리의 배우는 이들이 가끔 대부분 이 식신識神을 잘못 알아서"라고 했습니다.

식신은 육식, 칠식, 팔식을 말합니다. 어떤 사물을 보면 거기에 따라서 생각을 일으키는 것이 육식이 하는 일입니다. 즉 현상 세계에서 보고 듣고 느끼는 것은 다 육식에서 하는 것이고, 육식에서 조금 더 깊이 들어가면 본래 업이라고도 할 수 있는 고정관념, 즉 잠재의식은 칠식이고, 무의식은 팔식입니다. 팔식은 수행이 깊어져 거친 번뇌는 가라앉고 미세한 번뇌는 아직 남아 있는 상태입니다. 이러한 것을 나라고 생각하고, 그것을 보고서는 견성했다고 생각하고 한 경계를 이루었다고 착각하는 사람이 많습니다. 육식, 칠식, 팔식에서 나오는 그 경계는 결국 전부 다 분별심입니다. 분별심에서 법을 보고 진리를 이야기하면, 그것은 항상 언행의 일치가 안 됩니다. 다시 말해서 일상생활에서 부처의 삶을 살 수 있는 힘이 부족하다는 것입니다. 팔식의 경계까지 뛰어넘는 대무심지, 본래 업이 다 공한 이치를 깨달은 본래 성불의 대무심지를 알아서 그것을 체험한 평상심으로 살아가는 경계가 되어야 합니다. 즉, 붉은 장미는 붉은 장미요, 흰 장미는 흰 장미요, 산은 산이고 물은 물이라고 그대로 사물을 바로 보는 도리입니다. 이러한 경계가 되어야 하는데, 지금 그런 경계가 아니라는 것입니다. 아직 육식, 칠식, 팔식 거기에 심취되어서 바른 깨달음을 구하지 못하고 생사를 초월하고 생사를 끊어내지도 못하면서 이야기하는 사람들과는 내가 말할 필요가 없다는 것입니다.

'치지막론置之莫論'이라 했습니다.
이 말은 그런 사람은 제쳐 두고 말할 필요가 없다는 뜻입니다.

今生에 旣下此般若種子하면 纔出頭來에 管取福慧兩全하야 超今越
古하리니 裴相國 李駙馬 韓文公 白樂天 蘇東坡 張無盡이 卽此之類也
라 雖沈迷欲境하야 亦不曾用工이나 纔參見善知識하야 一言之下에 頓
悟上乘하야 超越生死하고 雖在塵中이나 遊戱三昧하며 不忘佛囑하고
外護吾門하며 咸載祖燈하야 續佛慧命하니 此輩가 若不是宿世栽培면
焉得便恁麼開花結子하야 福足慧足이리요 是則固是나 今日山僧은 却
有箇煅凡成聖底藥頭하야 不假栽培底種子라 說則辭繁일새 略擧一偈하
노니 欲明種子因인댄 熟讀上大人이어다 若到可知禮하면 盲龜跛鼈親
하리라

금생에 이 반야의 종자를 심으면, 태어나자마자 반드시 복福과 혜慧
가 둘 다 완전하여 고금古今을 초월할 것이다. 배상국裴相國과 이부마李
駙馬와 한문공韓文公과 백낙천白樂天과 소동파蘇東坡와 장무진張無盡이 곧
이러한 부류이다. 비록 욕망의 경계에 빠져 미혹해서 일찍이 공부한
적이 없었으나 선지식을 참례해 보자마자 한 마디에 단박에 상승上乘
을 깨달아서 생사를 초월하고 비록 세속에 있으나 삼매에 노닐며 부
처님의 부촉을 잊지 않고 우리 문門을 외호하며 모두 조사의 등불에
실려서 부처님의 혜명慧命을 이었다. 이 무리가 만일 숙세宿世에 반야
의 종자를 심어 가꾸지 않았다면 어찌 이렇게 꽃을 피우고 열매를 맺
어 복과 지혜가 구족했겠는가. 옳기는 진실로 옳으나 지금 나[山僧]에
게는 도리어 범부를 단련해 성인을 만드는 약이 있어서, 심어 가꾸는

종자를 빌리지 않는다. 말하면 번거로우니 간략하게 한 게송을 들겠
다. 종자의 인困을 밝히고자 한다면 상대인上大人을 깊이 읽어라. 예禮
를 아는 경지에 이르면 눈먼 거북이와 절름발이 자라와 친하리라.

'반야종자般若種子'라 했습니다.

이 말은 화두입니다. 즉 의심을 말합니다. '부처님의 진리가 무엇이냐고 물었더니, 왜 뜰 앞에 잣나무라고 했는가? 부처님께서 일체 모든 생명은 다 불성이 있다고 했는데 조주 스님은 어째서 개에게는 불성이 없다고 했는가?' 등 이런 것이 다 반야종자를 심는 것입니다. 그렇게 공부를 하다가 죽어서 태어날 때는 반드시 보통 사람하고는 다릅니다. 복덕과 지혜를 갖추고 나온다는 것입니다. 본래 다 실체가 없는 것인데 집착하고 애착하는 바람에 업을 짓는다는 이치를 아는 것이고, 모든 생명이 서로 관계에서 유지하고 살아가고 있으며 다 평등하다는 것을 아는 것입니다. 그렇기 때문에 남을 위하는 것이 나를 위하는 것이고, 나를 위하는 것이 남을 위하는 자비심이 나옵니다. 그래서 지혜와 자비를 복덕이라고 하는 것입니다.

"배상국, 이부마, 한문공, 백낙천, 소동파, 장무진이 이런 사람들입니다"라고 했습니다.

이는 과거에도 지금도 그런 사람들이 있는데, 고봉 스님이 특별히 몇 사람을 들어서 이야기한 것입니다. 배상국은 정승을 했던 사람으로, 임제 스님의 스승인 황벽 스님의 법을 이은 재가불자입니다. 어느 날 배상국이 황벽 스님이 주석하는 절에 갔습니다. 불당에 절을 하고 과거 훌륭한 선지식들 영정에 참배하고는 주지 스님에게 물었습니다.

"이 선지식들 영정은 여기에 있는데 이분들의 주인공은 다 어디에 계십니까?"

그러자 주지 스님은 어떻게 대답해야 할지 몰라 황벽 스님을 찾아가 말씀드렸더니, 황벽 스님이 들으시고는 바로 나와서 "배휴야"라고 불렀습니다. 배상국의 호가 배휴입니다. 배상국이 "예"라고 대답하자, 황벽 스님이 "어디 있는고?"라고 하였습니다. 앞에 배상국이 한 질문과 똑같은 내용이었던 것입니다. 거기에서 배상국은 깨닫습니다. 말한 마디[一言之下]에 깨달을 수 있는 것은 이런 분들이 과거 전생으로부터 반야종자를 많이 심어서 닦아왔기 때문입니다.

이부마는 송나라 때 인종의 사위이고, 한문공은 한퇴지라고도 합니다. 이런 분들은 당나라, 송나라 때에 팔대 문장가입니다. 세속에 살지만 부처님 진리에 지혜가 수승한 분들입니다. 백낙천은 도림 선사의 법을 이은 분입니다.

도림 선사는 평소에 성격이 괴각해서 나무 위에서 항상 잠을 자고 나무 위에서 공부를 했습니다. 하루는 백낙천이 걱정하며 찾아가서 스님에게 말했습니다.

"나무 위에 계시다가 떨어지면 큰일 납니다."

그러자 도림 선사가 말했습니다.

"내가 떨어져본들 사대육신이 한번 흩어지는 것으로써 끝나지만, 그대는 지금 탐·진·치의 불길 속에 서 있으니 그대야말로 정말 위험하다."

그 소리에 백낙천이 다시 묻습니다.

"부처님의 진리가 무엇입니까?"

도림 선사가 대답했습니다.

"제악막작諸惡莫作하고 중선봉행衆善奉行하라. 중생의 업을 자꾸 길러 내지 마라. 그대 마음이 항상 법희삼매法喜三昧에 들어서 자정기심自淨 其心이면 그것이 바로 불교다. 그것이 살아있는 불교이지 관념적으로 철학적으로 하는 것은 불교가 아니다. 불교는 그대로 생활에서 인격 으로 사는 것이다."

그러자 백낙천이 "그런 정도는 저도 익히 알고 있습니다. 그 법문을 들으려고 제가 여기 온 것은 아닙니다"라고 했더니, 도림 선사가 "그 이치는 세 살 먹은 어린아이도 아는 이야기지만 팔십 먹은 노인도 그 것을 생활에서 실천하는 것은 어려운 것이다"라고 했습니다. 그런 법 문이 오고가고 해서 백낙천은 결국 도림 선사의 법을 이었습니다.

소동파도 불인요원佛印了元 선사나 상총常聰 선사에게 법을 많이 배운 분입니다. 소동파가 하루는 불인요원 선사를 찾아가서 인사드리자, 불인요원 선사가 마루에 앉아서 발을 씻다가 "어서 오시오. 어디서 온 누구입니까? 성이 무엇입니까?"라고 물었습니다. 소동파가 "저는 성 이 칭秤가입니다"라고 대답했습니다. 칭이라는 것은 저울 '칭'자입니 다. 즉 스님이 몇 근이나 되는지 무게를 재러 왔다는 뜻입니다. 그 소 리가 끊어지기 무섭게 불인요원 선사가 크게 "할!" 하면서 "이것이 몇 냥이나 되는지 달아 보거라"라고 했습니다. 그래서 소동파가 "하룻밤 묵어갈 수 있도록 허락하겠습니까?"라고 말하자, "쉬어 가게"라고 했습니다. 그 말이 떨어지자마자 소동파가 발을 씻고 있는 불인요원 선사의 어깨에 가서 기대어 밟고 섰습니다. 그러면서 "이 경계는 어떠한 경계입니까?" 하고 물었더니, 불인요원 선사가 "오온五蘊이 본래 공하다"라고 대답했습니다. 오온은 색수상행식色受想行識입니다. 본래 나라는 실체가 없는데 무슨 경계가 있어서 그런 소리를 하느냐? 어디 의지할 때가 있느냐라는 뜻입니다. 이 도인들은 항상 체험된 세계에서 일상생활을 그대로 부처로서 체험된 인격을 쓰기 때문에 척척 나오게 되어 있습니다. 조작하고 궁리해서 나오는 것이 아니고 말이 떨어지기가 무섭게 나오는 것입니다. 소동파가 불인요원 선사에게 법문을 많이 듣고 나중에 깨치게 됩니다.

장무진은 유가의 대선비로서 부처님의 불법을 말살시키기 위해 굉장히 노력했던 사람입니다. 그는 불교의 말살론이나 무불론無佛論을 폈습니다. 그래서 임금에게 부처님의 불법은 허망하고 무상하고 허무하기 때문에 이 세상에 존재해서는 안 된다고 상소를 올리기 위해 밤새 불을 밝히고 글을 썼습니다. 그런데 그 부인은 본래 불교에 대한 관심이 많은데도 속이 깊은 여인이라서 불교를 믿는 표를 내지 않았습니다. 어느 날 남편이 밤새 불을 밝히고 있는 것을 보고 물었습니다.

"오늘 따라 왜 늦도록 주무시지 않고 이렇게 있습니까?"

"내가 임금께 부처는 사바세계에 존재할 수 없고 불법이 사바세계에 존재해서는 안 된다는 무불론無佛論 상소문을 쓰고 있소."

"부처가 없으면 그만이지 없다고 쓸 것까지 있습니까? 당신은 부처의 가르침인 경전을 한번 읽어 본 적이 있습니까?"

"없소."

"당신은 훌륭한 선비이고 대단한 지성인인데 거기에 맞게끔 논리를 펴서 상소를 올려야지 어떻게 보지도 않고 없다고 합니까?"

"그럼 당신은 본 것이 있소?"

"저도 본 것은 없지만 『유마경』이라는 경이 있다는데, 이 경을 한번 보고 거기에 준해서 쓰시는 것이 좋겠습니다."

그래서 장무진은 『유마경』을 보게 되었고, 『유마경』을 읽고 나서 그 대단한 내용에 감복한 나머지 오히려 호법론護法論을 쓰게 되었습니다. 마침내 장무진은 불교가 이 사바세계에 존재해야 되는 가치, 그리고 그 진리가 훌륭하다는 것에 대한 상소를 올리고, 이 분도 결국은 견성하게 됩니다.

이런 분들이 다 세속에서 벼슬도 하고 일도 하고 살지만, 모두 과거 전생에 반야의 종자를 심어서 공부를 많이 한 사람들입니다. 그래서 선지식들을 만났을 때 일언지하一言之下에 돈오頓悟 상승해서 최상승 도리를 바로 깨쳐버립니다. 그러한 반야의 힘이 있기 때문에 그렇게 되는 것이지 우리가 화두를 들지도 않고 또는 닦지도 않은 채, 해답만 찾는 식으로 공부해서는 안 됩니다. 이런 분들은 세속에 살면서도 부처님의 부탁을 잊어버리지 않았다는 것입니다. 이것은 세상에 살면서도 부처님의 불법을 지키고 또 불법을 호지하고 했다는 뜻입니다. 이런 분들이 당시 불교가 어려울 때 불교를 지키고 법을 펴기도 했습니다. 이 분들은 세상에서 불법을 지키면서 항상 부처님의 혜명慧命이 끊이지 않게끔 했습니다.

'범부를 단련해 성인을 만드는 약이 있어서'라고 했습니다.

약은 반야지혜를 말하는 것인데, 바로 화두 공안 만법귀일 일귀하처의 의심을 말합니다. 이 반야종자는 심어 가꾸는 종자를 빌리지 않는다고 했는데, 이 말이 굉장히 고준한 법문입니다. 종자를 심었으면 가꾸고 물을 주고 김을 매고 길러야 합니다. 그런데 재배하고 기르는 것을 빌리지 않고 바로 드러나는 도리가 있습니다. 그것이 조사선祖師禪의 법입니다.

그런데 어찌 종자가 있는데, 재배를 빌리지 않고 가꾸지 않느냐? 그것은 우리가 본래 부처인데 착각으로 중생의 업식을 나라고 붙들고 있습니다. 쥐고 있으면서 사는 것은 천생을 살고 만생을 살아도 사실이 아니고 허구입니다. 이것은 마치 꿈속의 일과 같습니다. 꿈속에서 아무리 벼슬을 하고 아무리 큰 영화를 누린다고 하더라도 그것은 현실이 아니고 허구입니다. 화두를 들고 그 화두를 다 깨쳤을 때에 깨치는 그 순간만이 그때부터 모든 것이 진리를 사실화시키는 것입니다. 다시 말하면 인격을 그대로 생활 속에서 드러내는 그것만이 사실이라는 것입니다. 그러므로 그것만을 인정할 수가 있지, 꿈속의 중생으로서 어떤 이야기를 하고 어떤 소식을 말한다면, 다 잠꼬대고 착각의 세계라는 것입니다. 이 착각의 세계는 인정할 수가 없기 때문에 아무리 애를 쓴다고 해도 재배하고 기르는 그런 것이 아니라는 뜻입니다.

　"종자의 인因을 밝히고자 한다면 상대인上大人을 깊이 읽어라"라고 게송으로써 말씀하셨습니다.

　상대인은 공자를 말합니다. 이 분들이 유가 선비이므로 공자를 모델로 삼았는데, 이것을 다른 말로 하면 화두를 간절히 참구하라는 뜻입니다.

　"예禮를 아는 경지에 이르면 눈먼 거북이와 절름발이 자라와 친하리라"고 했습니다.

　즉 화두를 참구해서 주객이 떨어져 나간 타성일편의 경지인 대무심지에 들어간다면 눈먼 거북이와 절름발이 자라를 알게 될 것이라는 뜻입니다. 이렇게 법문을 해서 편지를 끝내고 있습니다.

4
———

결제에 대중에게 보임

大限은 九旬이요 小限은 七日이니 麤中有細하고 細中有密하며 密密
無間하야 纖塵不立이니라 正恁麼時에 銀山鐵壁이라 進則無門이요 退
之則失하리니 如墮萬丈深坑에 四面이 懸崖荊棘이라도 切須猛烈英雄
은 直要翻身跳出이니 若還一念遲疑인댄 佛亦救你不得하리라 此是最
上玄門이니 普請大家著力이어다 山僧이 雖則不管閑非越例나 與諸人
으로 通箇消息하리라 ☉☉☉

긴 기한[大限]은 90일이요, 짧은 기한[小限]은 7일이니, 거친 가운데
미세함이 있고, 미세한 가운데 면밀함이 있으며, 면밀하여 빈틈이 없
어서 가는 티끌도 세울 수 없다. 이러한 때가 은산철벽銀山鐵壁이어서,
나가면 문이 없고 물러가면 잃어버린다. 만 길 되는 깊은 구덩이에 떨
어져 사면이 벼랑과 가시나무일지라도 반드시 맹렬한 영웅은 바로 몸
을 돌이켜 뛰어나오고자 한다. 만일 한생각이라도 머뭇거리고 의심하
면 부처님도 그대를 구제하지 못할 것이다. 이것이 가장 뛰어난 깊은
문[玄門]이니, 널리 여러분에게 힘쓰기를 청하노라. 내[山僧]가 비록
다른 사람의 잘못을 막고, 일반 예를 뛰어넘는 것을 관계하지는 않겠
으나, 여러분에게 이 소식을 전해 주리라.

이 부분은 결제 대중에게 고봉 스님이 하신 법문입니다. 결제 법문은 시중법문입니다. 하지만 시중법문이라도 상당법문과 비교해 떨어지지 않는 아주 고준한 법문입니다.

"긴 기한[大限]은 90일이요, 짧은 기한[小限]은 7일이니, 거친 가운데 미세함이 있고, 미세한 가운데 면밀함이 있으며, 면밀하여 빈틈이 없어서 가는 티끌도 셀 수 없다. 이러한 때가 은산철벽銀山鐵壁이어서"라고 법문이 시작됩니다.

원문에는 "대한大限 구순九旬"이라고 나옵니다. 순旬은 열흘을 가리키는 말입니다. 따라서 구순이면 90일이 됩니다. 결제 기간 석 달이 바로 90일입니다. 고봉 스님께서 '아주 길게 잡으면 90일'이라고 하신 뜻은, 하근기가 수행을 해도 90일이면 충분하다고 말씀하신 것입니다. 이어 "소한小限 칠일七日"이라고 나옵니다. 상근기는 7일이면 족하다는 것입니다.

"면밀하여 빈틈이 없어서 가는 티끌도 셀 수 없다"고 했습니다.

우리는 항상 중생심, 나라는 업식을 붙들고 공부하기 때문에 불성을 볼 수 없습니다. 불성은 잠시도 머물지 않는 것이고, 흐르는 물과 같은 것입니다. 즉, 어떠한 경계에도 머물 수가 없고 잠시도 정지할 수가 없습니다. 정지하면 그것은 죽는 것이고, 완전히 썩는 것입니다.

물이라는 것은 항상 흐르는 것이지, 흐르는 물이 정지하든지 멈추면 그것은 죽는 것입니다. 법法이라는 한자는 물 '수水'자에 갈 '거去'자로 이루어져 있습니다. 물 흐르듯 항상 흐르는 것이 이 마음입니다. 이 마음의 그러한 원리를 깊이 사유해서 그것을 확인해야 됩니다. 그것을 우리가 깨친다는 이야기인데, 어떻게 하면 그 마음자리를 볼 수가 있느냐? 관념적으로나 논리적으로나 생각으로 아무리 분석한다고 해도 그 분석 자체가 흐름이고 번뇌망상이기 때문에 번뇌망상을 끊어야 합니다. 번뇌망상을 없애는 방법이 화두를 드는 길밖에 없습니다. '나의 주인공이 어디에 있는가?'라는 의심을 한 번 하면 번뇌망상, 즉 나라는 아집성과 나라는 이기심과 나라는 애착심과 집착심, 이런 것들이 다 그 순간에 없어져 버립니다. 왜 없어지겠습니까? 본래 없는 것이기 때문에 없어지는 것이지, 본래 있는 것이라면 화두 든다고 그것이 없어질 수가 없는 것입니다.

원을 세우고 믿음을 가지고 화두를 들면, 여러 가지 거친 번뇌, 집착 등이 떨어집니다. 안·이·비·설·신·의 6식이 집착하는 끈을 붙들고 세상을 바라보기 때문에 모든 것을 이기심으로 자기 틀에다 넣습니다. 이것을 전도몽상顚倒夢想이라고 합니다. 그런데 내가 없다는 정견을 가지고 보면, 안·이·비·설·신·의의 보고 듣는 모든 것이, 바로 보고 바로 들을 수 있는 힘이 생기는데, 이것을 묘관찰지妙觀察智라 합니다. 즉 관찰지혜가 이루어집니다. 관찰지혜는 모든 형상의 본질을 바로 봅니다. 모든 것이 연기에 의해서 일어난 현상이고, 거품이고, 그림자다, 이렇게 보는 것을 아주 묘하게 관찰해서 지혜를 얻는 다고 해서 묘관찰지라고 합니다. 본질을 바로 본다는 것을 묘법妙法이 라고 합니다. 그리고 거기서 그러한 마음이 정리가 되면 화두도 역시 더욱더 깊어집니다. 하루 종일 물 흐르듯이 고요하게 의심의 기운이 도는 것입니다. 그래서 그것을 세밀함 가운데 면밀하게 이어져 나간 다는 뜻에서 말씀하신 것입니다.

6식 밑에 업의 소생이라고 할 수 있는 잠재의식이라는 것이 있습니 다. 이 잠재의식을 유식에서는 7식이라고 하는데, 7식은 아집성이 많 고 집착심이 많습니다. 숨이 넘어가는 순간까지도 자기를 붙들려고 하는 집착이 많은데, 모든 무상과 무아의 업을 이해하고 믿게 되면 이 집착과 아집성이 너와 나를 나누지 않고 평등한 마음으로 변하게 됩니 다. 그래서 평등성지를 이룬다, 평등성의 지혜를 이룬다고 합니다.

"티끌도 세을 수 없다. 이러한 때가 은산철벽이어서"라고 했습니다.

이 은산철벽의 경계는 화두를 들려고 해서 들어지는 것도 아니고 화 두를 없애려고 해서 떨어져 나가는 것도 아니고 발끝에서 머리끝까지 전체가 화두가 되는 것입니다.

그러면 어떤 번뇌망상과 이기심과 자아의식 등이 티끌만큼도 거기 에는 붙을 수가 없습니다. 이것을 대무심지라고 합니다. 무심지라고 해서 무슨 썩은 토막나무 같고 아무 감각도 없는 그런 무심을 말하는 것이 아니고, 중생심에서 보는 자아의식, 집착, 분별심, 차별심, 이기심 등이 떨어져서 바로 보고 바로 듣고 본질 그대로 바로 볼 수 있는 것을 대무심지大無心地라고 합니다. 아무 느낌 없고 바보같이 있는 것을 무심이라고 하는 것은 아닙니다. 그러한 경계까지 들어가는 것을 지금 은산철벽이라고 이야기합니다.

은산철벽에 들어가면 거기에는 부처도 붙을 자리가 없고, 조사도 앉을 자리가 없고, 보살이나 해탈이나 열반도 세울 수 없는 자리이기 때문에 나가도 문도 없고, 일체의 번뇌가 다 끊어진 자리를 말합니다.

물러선다면 지금까지 공부한 것이 다 어려운 상황에 놓입니다. 마치 만 길이나 되는 절벽에 떨어진 사람이 오로지 어떻게 하면 만 길 절벽에서 벗어날 수 있는가 한생각뿐이라는 것입니다. 의정을 그렇게 표현하는 것입니다. 이러한 위치에 놓였을 때 티끌만큼이라도 번뇌를 일으킨다거나 망상을 일으킨다거나 또는 신통을 바라는 등 티끌만큼이라도 관심을 가진다든지, 집착을 일으킨다면 크게 조심해야 됩니다. 부처님이 와도 그때는 어떻게 제도할 수 없다는 것입니다. 대무심지에 들어가면 아주 세밀하고 면밀하게 공부하는데 그 마음을 챙겨야 됩니다. 이러한 것을 아주 최상의 현명한 관문이다, 즉 조사관祖師關이라고 합니다.

'대가착력大家著力'이라 했습니다.

대중은 크게 한 번 힘쓸 일이라는 말입니다.

'산승山僧이 수즉불관두비월례雖則不管閑非越例'라 했습니다.

두閑자는 '한가할 한'자인데 여기서는 '막을 두'자로 새겨야 됩니다. 다른 사람의 그름을 막아주는 데 특별한 능력은 없으나 모든 사람에게 한 개의 소식을 내가 통하게 하겠노라고 말씀하십니다.

여기서 아주 고준한 법문이 나옵니다. 승가에서 말하는 주장자법문이라는 것입니다. 원상圓相법문이라고도 합니다. 주장자를 들고 그 주장자로 원을 그리면서 거기 원 안에다가 좌우 삼 점을 찍습니다. 또 주장자로 원형을 그리면서 상하로 삼 점을 찍고, 또 원형을 그리고 거기에 삼각으로 삼 점을 찍습니다. 이것을 원이삼점이라고 합니다. 원 안에 점이 세 개 들어가 있다는 것입니다.

결제법문이기 때문에 주장자법문이 나오는 것입니다. 이 주장자법문을 들었을 때 캄캄합니다. 무슨 뜻인지 모르기 때문입니다. 그러나 이것이 참 좋은 소식입니다. 아무것도 모르고 캄캄한 소식이 좋은 소식입니다. 왜 좋은 소식인가 하면 일체 모든 중생 업식이 그 순간에 녹아 내리기 때문입니다. 여기에 무슨 사족을 붙여서 이것이 살리는 도리니, 죽이는 도리니 이렇게 이야기를 하면 여러분이 공부하는 데 큰 장애를 일으키게 됩니다. 그러나 조금 도움을 드린다면, 부처님의 근본 진리가 앞서 말했듯이 중도中道사상입니다. 진공묘유眞空妙有, 공공적적空空寂寂한 가운데 소소영령하게 아는 것이 중도인데, 그것을 『반야심경』에는 불생불멸不生不滅이요, 색즉시공色卽是空 공즉시색空卽是色이라고도 했습니다. 또 이것을 무생법인無生法忍이라고 합니다.

예를 들면 다음과 같습니다. 내가 금을 가지고 있는데 그 금으로 귀걸이를 만들든지, 반지를 만들든지, 팔찌를 만들든지 간에 금이 그 형상만 달라졌지 새로 태어난 것은 아닙니다. 필요 없어서 목걸이를 다시 팔찌로 만들었다고 했을 때, 목걸이가 팔찌가 됐지만 목걸이가 멸한 것은 아닙니다. 이런 도리를 『반야심경』에서는 불생불멸이라고 했습니다.

그러한 중도를 인도에서는 법의 논을 세워서 논리적으로 또는 철학적으로 말했는데, 중국에 와서 선적禪的으로 드러낼 때는 이러한 것을 쓰지 않고, 바로 마음의 심체를 드러내는 작용을 해서 그 심체를 드러내 보임으로써 바로 보라는 것입니다. 이것이 반야직절般若直截입니다. 반야의 본체 자리를 바로 드러내는 것입니다. 드러내는 것은 그대로 주장자를 들고 원형을 그리면서 원이삼점을 찍을 때 이것을 보는 순간, 보는 그 자리에서 바로 보라는 것입니다. 선禪에서는 지금 이 순간, 이 작용만이 존재하는 것으로 바로 보라고 합니다. 여기에다 살殺, 활活 등 여러 가지 이야기를 해 본들 소용이 없습니다. 왜냐하면 관념적으로, 또는 개념적으로 알아서 될 일도 아니고, 그렇게 알아가지고는 내 의식과 인격에 변화가 일어나지 않기 때문입니다. 그래서 선에서는 오로지 이 법칙, 깨치는 것으로 법을 삼아야 한다고 이야기하는 것입니다.

육조 스님의 10대 제자 가운데 혜충 국사께서 법을 설하실 때 이 원상법문, 주장자법문을 많이 하셨습니다. 그래서 제자인 탐원 선사에게 주장자법문을 전했습니다. 그때 전한 법문이 어록에는 96가지나 됩니다. 주장자, 원상법문에는 날 '일日'자, 물 '수水'자, 부처 '불佛'자, 소 '우牛'자도 들어가는 등 여러 가지 형태로 법을 드러냅니다. 이렇게 형상을 빌려서 우리의 본마음 심체자리를 깨닫게 해 주는 교육방법이라고 할 수 있습니다.

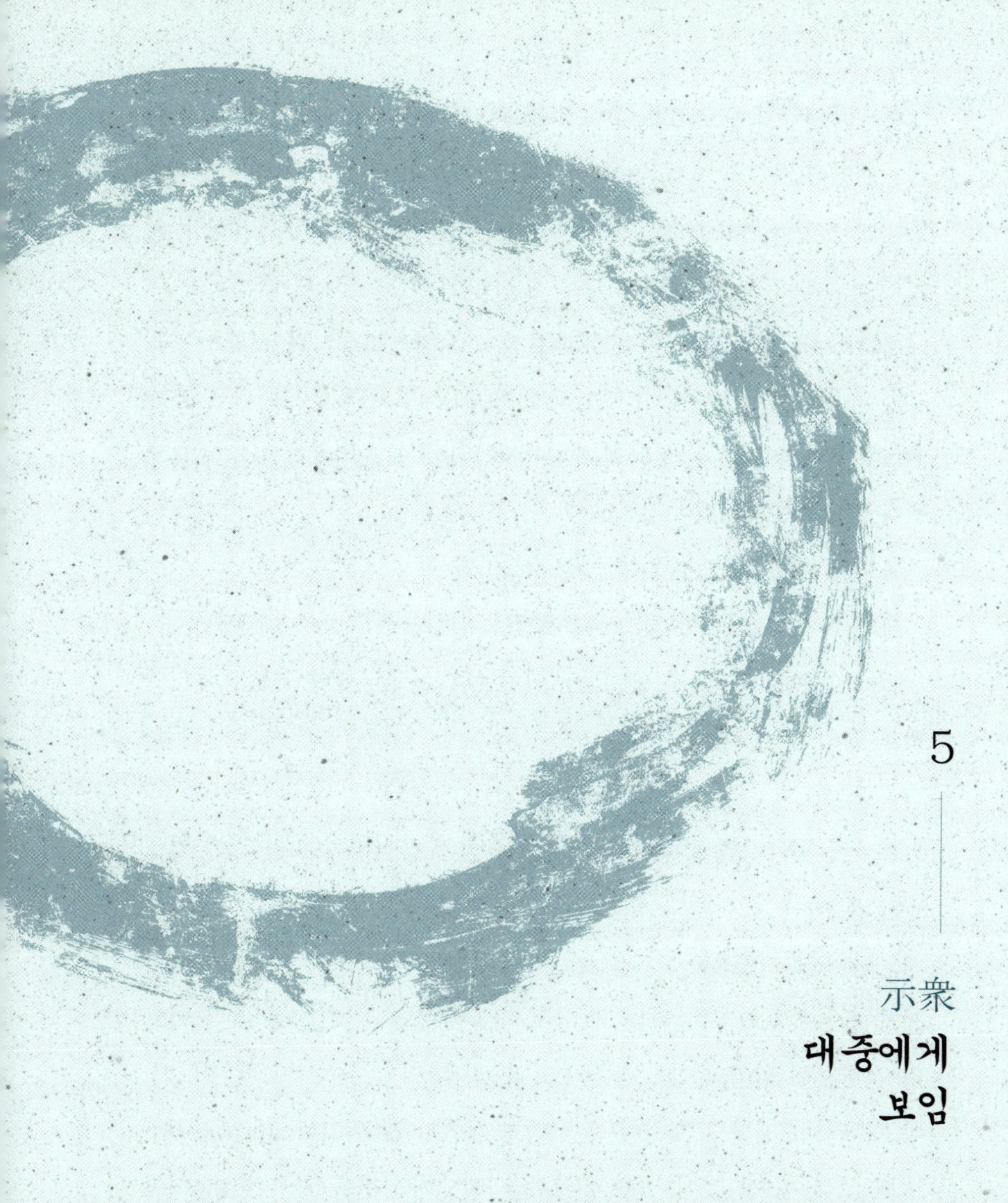

5

示衆

**대중에게
보임**

皮穿肉爛하고 筋斷骨折하며 具無礙辯하야 橫說竪說이라도 若謂向
上一關인댄 敢保老兄未徹이라하리라 直須虛空粉碎하고 大海枯竭하며
透頂透底하야 內外澄澈이어다 正恁麼時라도 猶是眼中著屑이니라 大
衆은 且道하라 如何是到家底句오 泥牛喫鐵棒하니 金剛迸出血이로다

若論此事인댄 如大火聚가 烈燄亘天하야 曾無少間이라 世間所有之
物을 悉皆投至라도 猶如片雪이 點著便消하리니 爭容毫末이리요 若能
恁麼提持하면 尅日之功을 萬不失一이어니와 儻不然者인댄 縱經塵劫
이라도 徒受勞矣리라

海底泥牛啣月走요 巖前石虎抱兒眠이라

鐵蛇鑽入金剛眼이요 崑崙騎象鷺鷥牽이라

此四句內에 有一句가 能殺能活하며 能縱能奪하나니 若檢點得出인
댄 許汝一生參學事畢하리라

피부가 뚫어지며 살이 문드러지고 힘줄이 끊어지며 뼈가 꺾여 걸림
없는 변재辯才를 갖추어 종횡으로 자유자재하게 말하더라도, 만일 위
로 향해 가는 한 관문[向上一關]에 대해 말한다면, 감히 노형老兄은 아직
사무치지 못했다고 말하리라. 바로 허공이 분쇄하고 대해大海가 마르
며 정상부터 밑바닥까지 꿰뚫어 안과 밖이 맑게 사무쳐야 할 것이다.
바로 이러한 때라도 오히려 눈에 티가 들어간 것과 같다. 대중들이여,
말해 보라. 어떤 것이 집에 이르는 구절인가? 진흙소가 쇠몽둥이를
맞으니 금강金剛이 달아나 피를 흘리는구나.

만일 이 일을 논한다면, 큰 불덩어리가 맹렬하게 타올라 하늘에 뻗쳐서 조금도 틈이 없어, 세간의 온갖 물건을 다 던져 넣어도 오히려 조각 눈이 떨어지자마자 바로 녹아 버리는 것과 같으니 어찌 털끝만큼도 용납하겠는가. 만일 이와 같이 이끌어 간다면 정한 기한의 공功을 만에 하나도 잃지 않겠지만, 만일 그렇지 못하면 비록 오랜 세월을 지내더라도 한갓 수고롭기만 할 것이다.

바다 밑에 진흙 소는 달을 머금고 달리고,
바위 앞에 돌 호랑이는 새끼를 안고 조는구나.
쇠 뱀은 금강의 눈을 뚫어 들어가고
곤륜崑崙이 코끼리를 타니 백로가 끌고 가네.

이 사구 안에 한 구가 죽이기도 하고 살리기도 하며, 놓아 주기도 하고 빼앗기도 하니, 만일 이것을 점검해 내면 일생의 참학參學하는 일을 마쳤다고 허락하겠다.

종정까지 지내신 효봉 스님은 무無자 화두를 들고 공부하셨을 때, 엉덩이 살이 다 헐고 녹아서 좌복에 붙었다고 합니다. 그것이 바로 "피부가 뚫어지며 살이 문드러지고 힘줄이 끊어지며 뼈가 꺾여……." 이렇게 애를 쓰면서 공부하는 것입니다. 일상생활에서 이렇게까지 공부하기는 힘들겠지만 '남은 생에 이거 하나 해결지어야 되겠다'라는 원을 세우고, 복잡한 것을 정리하고 시간을 많이 투자해서 애를 써야 합니다.

"걸림이 없는 변재를 갖추어 종횡으로 자유자재하게 말한다"라고 했습니다.

이 말은 종횡 즉, 횡설수설한다는 말은 주제가 뚜렷하지 않고 왔다 갔다 말하는 것을 뜻하는 것은 아닙니다. 횡설수설이라는 것은 역경계와 순경계의 어떤 경계가 온다 하더라도 그 경계의 관자재가 된다는 것입니다. 관세음보살님처럼 매이지 않고 모든 경계를 내가 부린다는 것입니다.

예를 들어서 내가 부장을 하다가 정년퇴직을 했는데, 아직도 젊고 무언가 가족을 위해서 일을 더 해야겠지만, 부장까지 했던 사람이 어떻게 포장마차를 하겠느냐, 또는 어떻게 경비를 서겠나 생각한다면, 이것은 횡설수설이 안 되고 관자재가 안 된다는 것입니다. 본래 마음자리라는 것은 그것이 공한 위치를 알아버리면 어려울 때는 어려움에 맞춰야 합니다. 이 마음자리를 알고 나면 일상생활을 해 나가는 데 있어서, 일하고 싶으면 가서 일하고, 쉬고 싶으면 쉬어서 마음이 편안한 것입니다.

지금 마음이 굳어져 있고 실체도 없는 그 잘난 것에 묶여서 스스로 고통을 받지만, 이 마음자리라는 것이 자유로운 자리고 이것에 내가 힘을 얻으면 나 자신을 학대하고 괴로워하는 것이 없는 경계를 이야기합니다.

"그러한 경계에 매이지 않는 관자재가 된다 하더라도 향상일관向上一關해서 볼 것 같으면"이라고 했습니다.

향상일관은 마음은 흐르는 물과 같기 때문에 수천만 경계가 온다 하더라도 그 경계에 맞게끔 항상 써 나가는 것을 말합니다.

『육조단경』에서는 이것을 무주無住사상이라고 했습니다. 머묾이 없는 사상, 열반에도 머물지 아니한 사상이라는 뜻입니다. 그러한 경계에서 볼 때는 달마 스님으로부터 고봉 스님에 이르기까지 많은 선지식이 계시지만 그 분들이 어떤 법을 썼다 하더라도 나는 철저하지 못했다고 이야기한 것입니다.

흐르는 물과 같은 마음의 작용을 제대로 알아서 그 경계에 맞아 쓸 때는 그것은 어떤 곳에 머물거나 집착할 수 없기 때문에 향상일로向上一路를 향해서 정진한다는 것입니다.

‘허공이 분쇄한다’고 했습니다.

이 말은 마음을 확철하게 깨닫는 경계를 말합니다. 우리가 허공을 붙들 수도 없고, 허공을 집착할 수 없듯이 마음의 작용을 그 허공에 비유해서 확철하게 깨닫는 소식을 그렇게 말했습니다.

‘대해가 마른다’고 했습니다.

이 말은 중생 업식이 본래 실체가 없는 도리를 알되, 관념으로 아는 것이 아니고 체험으로 확실히 알아버렸다는 말입니다. 그래서 정상에서 밑바닥까지 꿰뚫어서 안과 밖이 맑게 사무치는 경계가 되면 모든 것이 언행의 일치가 된다는 것입니다. 우리는 아직까지 진리는 이해하고 이야기는 많이 해도 행으로써 일치가 되지 않는 경우가 많습니다. 그래서 확실히 깨닫는다는 것은 행으로써 일치가 된다는 것입니다. 이러한 경계에까지 이르렀다 하더라도, 즉 완전히 견성을 했다 하더라도 오히려 눈에 티가 들어간 것이라고 이야기했습니다.

이런 말은 본래불성, 부처자리에서 보면 그렇다는 말입니다. 예를 들면 내가 많은 생각을 하고 공부를 열심히 하고서 어느 날 어머니에게 “제가 이제 확실히 믿고 확실히 깨달았습니다”라고 하자 어머니가 “무엇을?”이라고 물었는데, “제가 어머니의 자식이라는 것을 이제 확실히 알았습니다”라고 대답하는 것과 같습니다. 이것이 뭐 대단한 일입니까? 그 말 하는 자체가 눈에 티와 같다는 것입니다. 본래 부처자리에서 볼 때는 견성했다는 것 자체도 그렇다는 말입니다. 그런데 이것이 확실히 체험되어 생활 속에서 인격으로 그대로 보살 부처행을 할 경계를 말하는 것이지, 이치적으로 알아서 그렇게 하는 것은 필요 없는 이야기입니다.

"어떤 것이 고향에 이른 소식인가?"라고 물었습니다.

이것은 '어떤 것이 부처를 본 소식인가', '무엇이 달마가 서쪽에서 온 소식인가'와 똑같은 말입니다.

"진흙소가 쇠몽둥이를 맞으니 금강이 피를 흘리면서 달아났다"고 했습니다.

이런 이야기를 들으니 캄캄하겠지만 캄캄한 이것이 역시 참 좋은 소식입니다. 모든 것이 다 떨어져 나가기 때문입니다. 분별망상, 중생 업식을 떨어 버리려고 애를 써 봐도 잘 떨어지지 않습니다. 그런데 진흙소가 쇠몽둥이를 맞으니 금강이 피를 흘리면서 달아났다고 하니 다 떨어져 버립니다. 이것이 화두입니다. 이것을 여러분이 깊이 사유해야 합니다.

"우리의 본분사는 마치 큰 불덩어리가 하늘로 치솟는 것과 같다"고 했습니다.

이것은 화두의 의정이 온몸에 전부 의심이 차 있는 것을 말합니다. 이럴 때는 조금도 틈이 없습니다. 즉 화두가 익었을 때의 경계를 말합니다. 이렇게 온 불길이 온몸을 태운다는 말은 천지가 전부 다 불 가운데 휩쓸려 있는데 내가 물건을 다 던져서 그 불기운을 끄려 한다 해도 불을 끌 수가 없다는 것입니다. 이것은 공부하는 화두의 의정이 완전히 하나가 된 소식을 말하는 것입니다. 다른 어떤 번뇌망상이나 중생 업식을 조금 일으킨다 하더라도 조각 눈이 불 가운데 떨어지는 것과 같다는 것입니다. 그 경계에 들어가면 어떤 중생 업식, 어떤 번뇌망상도 다 녹아 버립니다. 파리가 부처님 위에도 앉고, 임금님 상에도 앉고, 두루 앉지 않는 곳이 없습니다. 우리 번뇌는 어디든지 가서 붙어서 경계를 일으키는데, 쉽게 말해서 이 파리가 이 불기운 속에는 붙지 못한다는 말입니다.

"어찌 털끝만큼도 용납할 것이오. 하루해가 가기 전에 이 일을 해결 지을 것이다. 만약에 여러분이 중생의 업식을 붙들고 이 일을 해결하려고 덤빈다면 진겁의 세월을 보낸다 하더라도 차도가 없을 것이다"라고 했습니다.

마지막에 다시 당신의 뜻을 드러냅니다.

아주 훌륭한 게송이 나옵니다.

海底泥牛 啣月走　해저니우 함월주
巖前石虎 抱兒眠　암전석호 포아면
鐵蛇鑽入 金剛眼　철사찬입 금강안
崑崙騎象 鷺鷥牽　곤륜기상 노사견

바다 밑에 진흙으로 만든 소가 달을 물고 달아난다는 뜻입니다. 또 바위 앞에 돌 호랑이는 새끼를 안고 꾸벅꾸벅 졸고 있습니다. 그리고 쇠 뱀이 금강의 눈을 뚫고 들어가고 곤륜산이 코끼리를 타니 흰 백로가 끌고 가더라는 뜻입니다.

무슨 말인가는 몰라도 표현이 멋지고, 마음이 참 편안해지고 좋습니다. 지금까지 법문한 것을 이렇게 게송으로써 표현한 것입니다. 이런 게송을 동아시아, 즉 한국·중국·일본의 선 문화권에서 매우 좋아합니다. 이러한 선의 문화와 조사선의 정신을 갖고 있으며 우리는 지금도 지켜가고 있습니다. 이것은 대단히 좋은 선 문화입니다. 알 수 없는 이 소리에 우리는 굉장한 매력을 가집니다. 이 게송은 앞의 주장자 법문과 조금도 다름이 없는 법문입니다. 이 게송 그대로가 우리 생명이 살아가는 모든 진리의 법칙을 다 드러낸 소식입니다. 그래서 이 네 구 안에 어떤 것이 죽이고 살리고, 빼앗고 주는 도리인지를 체득해서 안다면 일생 공부했다고 내가 인가를 해 주겠노라는 뜻입니다. 체험을 해서 바로 확철해야지, 이것을 말로 알아가지고는 아무 의미가 없는 소식입니다.

若論此事인댄 譬如人家屋簷頭에 一堆楦撑相似하야 從朝至暮히 雨打風吹하되 直是無人覷著하나니 殊不知有一所無盡寶藏이 蘊在其中이로다 若也拾得하면 百劫千生에 取之無盡하며 用之無竭하리니 須知此藏이 不從外來라 皆從你諸人의 一箇信字上發生이니라 若信得及인댄 決不相誤어니와 若信不及이면 縱經塵劫이라도 亦無是處니라 普請諸人便하노니 恁麽信去하야 免敎做箇貧窮乞兒어다 且道하라 此藏은 即今在甚處오 良久云 不入虎穴이면 爭得虎子리요

만일 이 일을 논한다면 비유하건대 집 처마 끝에 한 무더기의 거름 더미와 같아서 아침부터 저녁까지 비가 내리치고 바람이 불어도 아무도 눈여겨보는 사람이 없으니, 특별히 한량없는 보배가 그 속에 쌓여 있는 줄 모른다. 만일 주워 가지면 백 겁 천생 동안 취하여도 다함이 없으며 써도 끝이 없을 것이다. 이 보배 창고는 밖으로부터 온 것이 아니라 모두 여러분의 하나의 믿음이라는 글자에서 발생한 것임을 알아야 한다. 만일 확실하게 믿는다면 결코 서로 잘못되지 않겠지만, 만일 믿지 못한다면 비록 오랜 세월〔塵劫〕을 지내더라도 또한 옳지 않다. 여러분에게 널리 청하니 곧 이렇게 믿어서 가난한 거지 아이가 되는 것을 면하라. 말해 보라. 이 보배 창고는 지금 어디에 있는가?

한참 있다가 말하기를

호랑이의 굴에 들어가지 않으면 어찌 호랑이의 새끼를 얻겠는가.

'이 일'이라 했습니다.

이 말은 우리 본래 불성자리, 본래 불심의 자리를 항상 생각하면 됩니다. 즉 본심자리입니다. 그래서 본분사를 이야기할진대, 마치 사람 사는 집 처마 끝에 한 무더기 거름과 같아서, 아침부터 저녁까지 비가 내리고 바람이 불되, 아무도 쳐다보는 사람이 없다는 것입니다. 처마 끝에 거름더미가 있으면 누가 관심을 가지고 쳐다보겠습니까? 거름더미가 있는 것처럼 모두 다 관심이 없다는 말입니다.

그런데 중요한 것은 거름더미 속에, 무진한 보배가 있다는 것입니다. 이것을 얻으면 백 겁 천생 동안 취하여도 다 취할 수 없다는 것입니다. 일 겁은 상당한 세월을 말하는데, 쉽게 이야기해서 이 지구가 한 번 생겨서 성주괴공을 거쳐 내려버리는 시간이 일 겁입니다. 그런데 천 겁이 지나도록 취해도 다 취할 수가 없으니, 우리의 몸뚱이나 정신작용 이 모든 것이 인연에 의해서 생기기 때문입니다. 다 내 몸 아닌 밖의 모든 물질이 들어와서 인연을 만들어 이렇게 형성되므로 이 우주가 멸한다고 하더라도 이 우주가 멸하는 그 자체가 우리의 본래 본성하고 통일되어 있는 자리이기 때문에 취해도 다 취할 수 없습니다. 그런 원리이기 때문에 내가 본분자리를 깨달아서 이것을 쓰게 되면 써도 다할 수가 없다는 것입니다.

"보물은 밖에서 온 것이 아니다"라고 했습니다.

옛날에 제석천왕이 인간이 가장 좋아하는 행복이라는 보물을 감추려고 했습니다. 바다 밑에 감출까, 히말라야산에 감출까 고민하다가 사람은 영리한 동물이니 어디다 감춰도 결국 다 쉽게 찾을 수 있을 것 같아 마음속에 감추기로 합니다. 그런데 중생은 마음속에 감추어 둔 자기 보물은 알지 못하고 항상 밖으로만 찾아 헤맵니다.

그래서 대도大道는 무문無門이라고 합니다. 밖에서 들어오는 것은 다 생멸법이고, 결국은 밖에서 들어온 것은 다 무너지게 되어 있고, 영원하지 못하다는 것입니다. 그러면 영원한 것은 무엇인가? 무한한 보배를 취하여도 다 취할 수 없고, 써도 다 쓸 수 없는 진보배를 안에서 내가 깨달아서 써야지, 밖에서 구해 오는 것은 다 허망한 것이고 생멸법입니다.

그런데 이러한 것이 모두 어디에서 나오느냐? 이것은 믿음에서 해결할 수 있습니다. 믿음이 부족하면 화두의 의정을 일으키는 힘이 약하고, 또 공부에 깊이 들어가는 힘도 약해집니다.

믿음에 대해 말씀드리겠습니다.

믿음이 얼마만큼 중요한 것인지 예를 들면 다음과 같습니다. 부처님께서 가르치신 궁극적인 진리는 본래 나라고 집착할 수 있는 자아가 없다는 것입니다. 즉 무아無我를 가르치셨습니다. 그런데 중생은 무아를 믿지 않습니다. 내가 꼭 있다고 집착합니다. 내가 있다고 집착하게 되면, 내가 있다는 자아의식을 집착하는 동시에 주관과 객관으로 나뉘지게 됩니다. 나는 나고, 너는 너고 이렇게 나눠지는 업성이 일어납니다. 그러면 주관과 객관이 나누어지는 순간부터 나는 옳고 너는 그르다는 시비가 생기게 됩니다. 그러면 그 시비는 어디로부터 오는가? 나라는 집착에서 시비가 오는 것이기 때문에 그 집착은 반드시 중생을 어둡게 하는 착각의 병을 만듭니다. 그 집착으로 인해서 반드시 윤회를 할 수밖에 없습니다. 업에 꺼둘려서 윤회하는 것입니다.

다시 말하면 이것이 실제 존재하는 것이 아니고, 업이라는 것도 착각에 의해서 붙들고 있는 하나의 중생 업식이라는 것을 아무리 이야기해도 중생들이 그것을 믿지 않는다는 말입니다. 이것을 믿으면 모든 일은 단순하고 간결하고 끝나는 일인데, 이 믿음을 일으키는 것이 어렵습니다.

제가 머무는 절에 후원에서 일하시는 보살님 한 분이 오셨는데, 그 보살님이 예전에 사업을 해서 돈을 많이 벌어 땅을 많이 샀었습니다. 그런데 그 땅이 시에서 길 내는 데 다 들어가서 보상을 받았다고 합니다. 그것을 은행에 넣으니 이자가 얼마 안 되어 항상 찾아오는 친한 친구 동생의 사업에 투자했습니다. 처음에는 반만 했는데 거기서 나오는 이윤이 대단했습니다. 사업도 잘 되어서 남편이 가지고 있는 재정을 다 투자했습니다. 7~8년 지나면서 사업이 어려워져 결론적으로 부도가 났습니다. 하루아침에 길거리에 나앉게 되어 남편은 항상 괴로워하고 밤에 잠을 못 이루었다고 합니다. 그래도 보살님은 절에 다니면서 마음을 추스르고, 남편에게 법문을 들으면서 마음의 안정을 찾자고 권했습니다. 그러나 남편은 내가 어리석어서 이미 재물은 다 흘러가 버렸는데, 내가 스님을 찾아뵙고 만나본들 그 재물이 돌아오겠느냐고 하면서 자기를 학대하다가 결국 풍이 와 버렸습니다.

『전유경』에 보면, 어리석은 중생은 화살을 두 번 맞는 격이 된다고 했습니다. 한 번 어리석어서 어려운 일을 당했으면, 다시 남을 미워한다든지 자기 자신을 학대한다든지, 그렇게 마음을 붙들고 있으면 결국 두 번째 화살은 내가 나를 쏘는 것입니다. 엄청난 마음의 고통을 받는 그런 어리석음을 스스로 한다는 것입니다.

이러한 법문을 통해서 무아라는 것을 이야기하면, 이 무아에 대해서 깊이 사유하고 믿음이 나와야 합니다. 믿음만 강하면 세상 일 모든 것을 보는 것이 긍정적으로 볼 수 있는 활로가 생기고 마음의 문이 열리게 되어 있습니다. 예를 들어 믿음이 강한 사람은 포도씨를 보는 순간 포도씨 속에서 뿌리도 보고 줄기도 보고 꽃도 보고 열매도 보고 그 가능성을 믿습니다. 그래서 이런 사람은 마치 배에다가 큰 대웅전, 법당을 실어도 저 언덕으로 건너갑니다. 믿음이 약한 사람은 조그마한 돌멩이 하나도 물에 띄울 수가 없습니다. 따라서 모든 공덕을 성취하는 데는 믿음이 근본입니다. 스님은 믿음이 근본이라는 뜻을 가지고 이렇게 말씀하신 것입니다.

믿음이 충만해 있으면 결코 서로 속이지 않겠거니와 믿음이 약할 때는 많은 겁을 보낸다 하더라도 옳은 도리가 없다는 뜻입니다.

"여러분에게 널리 청하노니, 이렇게 믿어서 그 공덕을 성취해야지, 그렇지 않으면 항상 빈궁걸인을 면할 수가 없다"고 했습니다.

'빈궁걸인'은 거지를 말하는데, 본래 우리는 임금의 위치에 있는 태자인데, 어리석어서 거지노릇을 한다는 뜻입니다.

이것은 『법화경』에 나오는 비유입니다.

자기 본성이 본래 부처고, 본래 우리는 그런 생멸법에 꺼둘리는 번뇌가 없는데, 중생 자아의식을 가지고 자기를 계속 거지노릇하게끔 하면서 다닙니다. 비유하면 어두운 길에 꼬아서 뭉쳐놓은 새끼줄을 보았는데, 그것을 중생 업식으로 보니 뱀으로 보이는 것입니다. 과거 전생에 선근善根의 공덕, 즉 모든 것을 긍정적으로 볼 수 있고 믿음으로써 모든 것을 성취할 수 있는 그러한 선근이 꽉 차 있는 사람은 그런 것을 본다 하더라도 착각을 일으키지 않습니다. 과거전생에 어둡고 부정적이고 미혹한 업을 많이 지어서 그것이 종자가 되어 있으면, 항상 부정적으로 어둡게 봅니다. 새끼줄인데도 자기 눈에는 뱀으로 보이기 때문에 새끼줄 주변에는 가지 않고 항상 피해 다닌다는 것입니다. 결국 자기가 착각한 것이지, 그 새끼줄이 뱀으로 바뀌지는 않습니다. 그와 같이 이것을 착각으로 본다고 해서 변계소집遍計所執이라고 합니다. 항상 순간순간의 경계를 부딪히는 것마다 긍정적이고 사물을 바로 볼 수 있는 지혜가 부족하므로 언제든지 착각의 소지를 일으킬 수 있다는 말입니다.

그래서 법문하신 흔적을 모두 지워 버립니다. 지금 내가 부질없는 이야기를 했다는 말입니다. 그러면 꼭 정말 진솔한 말 한 마디를 일러라, 나도 한 마디 이르겠다는 말입니다. 양구하신 뒤에 말씀하십니다. '양구'는 묵언하는 것입니다. 말 없이 가만히 입정하고 나서, 말씀하십니다.

"호랑이 굴에 들어가지 않으면 어찌 호랑이의 새끼를 얻겠는가"라고 했습니다.

이렇게 당연한 이야기를 하셨습니다. 누가 혀를 댈 수 없는, 이유를 붙일 수 없는 이야기입니다. 이 이야기에서 바로 듣고 바로 보고 바로 알라는 법문입니다. 이것이 진법문입니다. 비유를 늘어 놓고 하는 법문은 다 소용없는 법문이고 필요 없는 법문입니다. 이 말을 다른 말로 표현한다면, '땅에서 넘어진 자는 땅으로 인해서 일어나야 한다'고도 할 수 있습니다. 똑 떨어지는 소리입니다. 여기서 바로 알아들어야 되는데 바로 알아듣지 못할 때는 또 화두를 들고 더 공부를 해야 됩니다. 이 부분은 지금까지의 이야기를 이렇게 한 마디로 정리하는 것입니다. 대단히 중요한 구절입니다.

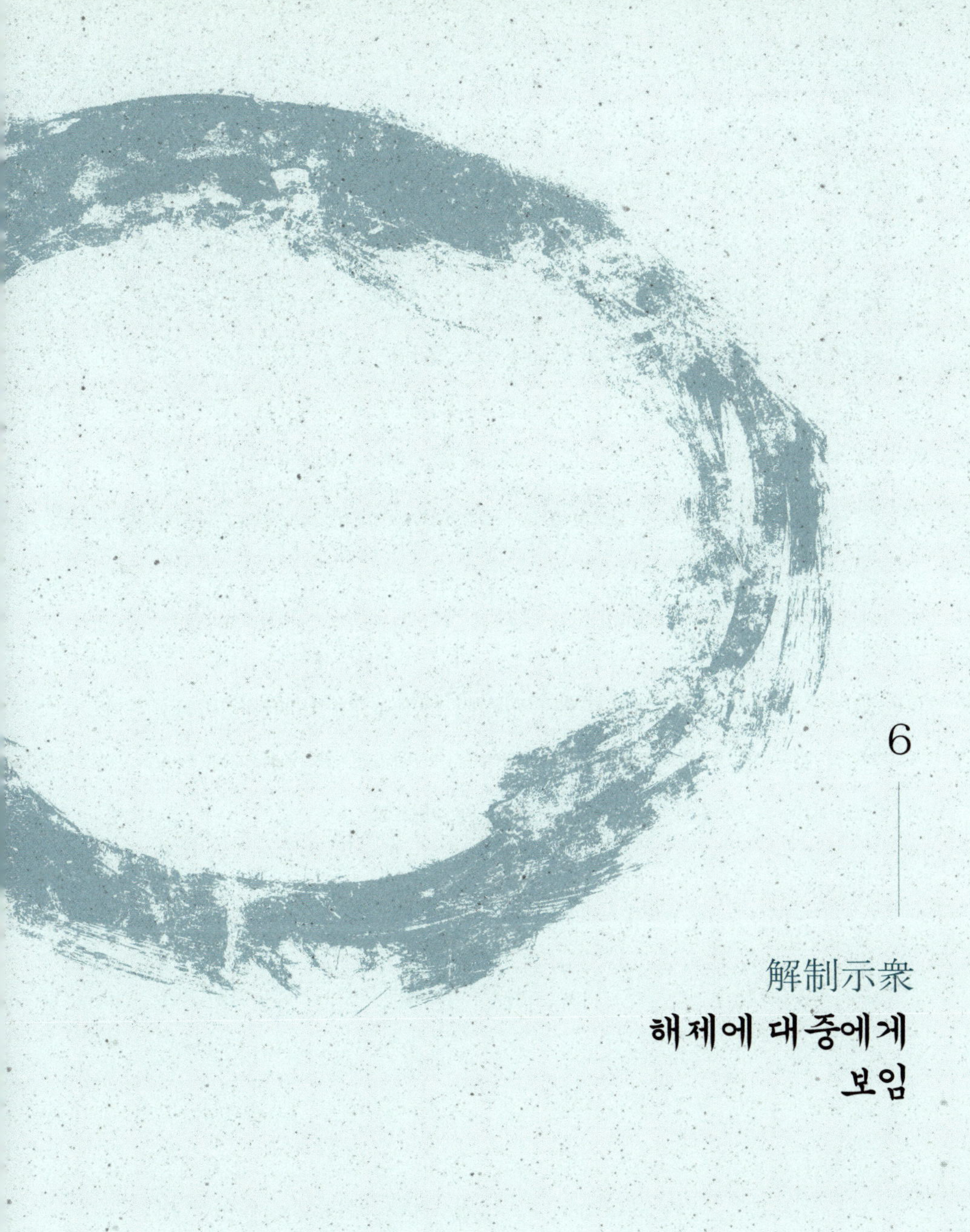

6

九旬을 把定繩頭하야 不容絲毫走作하고 直得箇箇皮穿骨露하야 七零八落이라도 冷眼看來인댄 正謂掘地討天이라 千錯萬錯이로다 今日에 到者裏하야는 不免放開一線하노니 彼此無拘無束하야 東西南北에 任運騰騰하며 天上人間에 逍遙快樂이어다 然雖如是나 且道하라 忽遇鑊湯爐炭劍樹刀山하야는 未審커라 如何棲泊고 良久云 惡하시다

90일 동안 화두를 잘 잡아서 털끝만큼도 달아나는 것을 용납하지 말고 바로 낱낱이 피부가 터지고 뼈가 드러나서 일곱 번 내리고 여덟 번 떨어지더라도 찬 눈으로 살펴본다면 땅을 파면서 하늘을 찾는 격이니, 천 가지가 잘못되고 만 가지가 잘못되었다. 오늘 이 속에 이르러서는 한 가닥 길을 놓아 열어 주니, 피차 구속됨이 없어서 동서남북에 마음대로 자유로우며 천상과 인간의 쾌락을 즐겨보아라. 비록 이와 같으나 말해 보라. 갑자기 확탕鑊湯 · 노탄爐炭 · 검수劍樹 · 도산刀山 등의 지옥을 만나서는 모르겠다. 어떻게 머물 것인가?

한참 있다가 말하기를

'악!' 하였다.

해제 날 법문입니다.

구순九旬은 90일을 말합니다. 파정승두把定繩頭는 화두를 붙들고 그 화두를 챙기고 오로지 의정을 일으키는데 티끌만큼도 잡념을 일으키지 않고 화두에만 매진하는 것입니다. 얼마나 용맹정진하면 가죽이 허물어지고 뼈가 드러납니까? 일곱 번 넘어지고 여덟 번 넘어지더라도 찬 눈으로 볼 때 즉, 본래 본분사 본래 불성자리에서 볼 때, 살이 뚫어지고 뼈가 부러질 정도로 용맹정진해서 견성을 하더라도 그것은 마치 땅을 파면서 하늘을 보려고 하는 이치와 같다는 것입니다. 그리고는 천 번 만 번 다 어긋나 버렸다는 말입니다. 오늘은 해제법문이니, 이 자리에 이르러서 내가 한 소식을 열어놓겠다는 말입니다. 지금까지 구순 동안 화두를 들고 정진한 것을 말했습니다. 살이 문드러지고 뼈가 부러질 정도로 용맹정진한 것은 결제 중에 공부한 것을 말한 것이고, 오늘 즉 해제 날에 또 한 소식의 문을 열어놓겠다는 말입니다.

'임운등등任運騰騰'이라 했습니다.

이 말은 이理와 사事가 조화를 이루고 균등을 이루고 언행의 일치가 되는 것을 말하는데, 이것은 다른 말로 하면 삼매三昧라고도, 성성적적惺惺寂寂 적적성성寂寂惺惺이라고도 할 수 있습니다.

결제뿐만 아니라 해제 날 만행을 다닌다 하더라도 항상 의정이 흩어지지 않게끔 기운을 모으면 중생 업식이 붙을 자리가 없으므로 녹아져 버린다는 뜻입니다. 화두가 아주 성성한 것을 성성惺惺이라고 하고, 화두가 그렇게 되면 업식이 전부 붙을 자리가 없으므로 번뇌가 일어나지 않아 적적寂寂합니다. 그래서 성성적적 적적성성, 이것이 항상 화두의 균형에 맞게끔 되는 것입니다. 만약 그러한 이치를 모르고 계속 번뇌를 일으키지 않는 자기 마음, 즉 적적만 자꾸 붙들고 있다 보면 일상생활에서 그것을 해결할 수 있는 지혜가 없습니다. 적적은 일반 동물들도 합니다. 동물들도 겨울 동안 음식을 뚝 끊고도 생리작용이 거의 중단되다시피 하면서 백일 동안 지냅니다. 그것도 적적입니다. 그렇지만 그것은 결국 지혜의 깨침하고는 관계가 없으므로 항상 성성적적해야 한다는 것입니다.

"천상인간天上人間에 소요쾌락逍遙快樂한다"고 했습니다.

이 말은 일상생활에서 그대로 관자재할 수 있다는 뜻입니다.

'확탕鑊湯·노탄爐炭·검수劍樹·도산刀山'이라 했습니다.

확탕鑊湯은 천지가 기름가마솥에 기름이 펄펄 끓는 것과 같고, 노탄爐炭은 불타오르는 벌건 숯불과 같고, 다 날카로운 칼날로 되어 있는 경계를 만났을 때 그대들이 편안히 안신인명할 수 있는 도리가 있느냐는 말입니다. 그 속에서도 편안한 소식을 드러내라는 것입니다.

양구良久하시면서 즉, 한참 있다가 '악' 이렇게 외마디 소리를 지르십니다.

이것을 일자법문이라고 합니다. 확탕노탄 검수도산鑊湯爐炭劍樹刀山에서 안신인명하고 편안한 도리를 당신이 이렇게 일자법문으로 드러내는 소식입니다. 앞에서 그렇게 살이 문드러지고 뼈가 부러지도록 공부를 했는데, 왜 땅을 파면서 하늘을 보는 이치와 같은 것이냐고 의문이 들 수 있습니다.

『벽암록』에 보면, 삼칙에 나오는 이야기입니다. 화두를 열심히 들다보면 의정이 꽉 차서 대무심지大無心地 자리까지 들어갑니다. 무심지에 들어간다는 것은 화두 의정이 워낙 강하게 일어나기 때문에 일체 중생 분별 업식이 붙지를 못합니다. 그러한 경계가 될 때 한 기연이라든지 한 경계라든지 한 구절에서 깨닫는 도리가 나온다고 어록이나 조사선에서는 많이 나타납니다. 그런 경계에 들어가면 길 가다가 발가락에 돌부리만 차여도 깨닫는 순간이 있고, 복사꽃 떨어지는 것만 쳐다봐도 깨닫는 도리가 있고, 서산 스님처럼 길 가다가 닭 울음소리만 들어도 깨닫는 도리가 있는데, 이것은 지금 이런 상태에서 깨달아지는 것이 아니고, 의정이 대무심지에 들었을 때 우리의 본래 본성자리를 깨닫는 것을 말합니다.

설사 깨달았다 해도 멀쩡한 피부를 긁어서 부스럼 만드는 일과 같다는 것입니다. 이것은 깨달았다고 하지만 마지못해서 깨달았다고 하는 것이고, 일언지하에 바로 깨닫는다고 하더라도 벌써 헛돌아 버리는 이치를 드러내는 것입니다. 아무리 이치적으로 이해가 된다 하고, 충분히 알음알이로 안다 하더라도 의식에 변화가 오지 않고 생활에서 자유자재로 할 수 있는 그런 관자재의 힘이 없을 때는 이것은 별로 의미가 없다는 것입니다. 알 수 없고 어려운 내용이 많이 나옵니다.

그런데 사실은 이것이 참 좋은 법문입니다. 제가 75년 극락암 도량에서 경봉 스님을 모시고 지낼 때 큰스님께서 항상 법상에 올라가시면 좋은 비유를 하셨습니다.

옛날에 비단장수가 날이 저물어 무덤가에서 잠을 잤는데, 자는 사이에 비단을 도둑맞았습니다. 그래서 그 비단장수는 고을 원님을 찾아가 비단을 찾아달라고 했습니다. 그러자 원님이 "비단을 잃어버릴 때 훔쳐가는 사람을 본 사람이 있느냐?"고 묻자, 비단장수는 "설사 봤다면 무덤가에 서 있는 망부석이나 봤으면 봤지, 본 사람은 아무도 없습니다"라고 대답했습니다. 그러자 고을 원님이 망부석을 붙들어 오라고 명을 내리고는 망부석을 묶어다 엎어놓고 몽둥이질을 시켰습니다. 고을 원님이 "망부석 저 놈은 분명히 훔쳐가는 것을 봤는데, 지금 말을 안 하고 있다. 저 망부석이 입을 열 때까지 쳐라"고 했습니다. 자꾸 망부석을 때리니 마을 사람들이 모두 웃었습니다. 그러지 고을 원님이 신성한 법정을 모독한다고 화를 내고는 마을 사람들을 전부 붙들어다 옥에 가둬버렸습니다. 그리고 포졸들에게 '원님은 비단을 좋아하니 비단을 조금이라도 주면 나갈 수 있다'는 소문을 퍼뜨리게 했습니다. 그러자 다들 비단을 조금씩 주고 나갔는데, 그때 포졸들은 주는 사람마다 이름을 적어서 고을 원님에게 갖다 바쳤습니다. 고을 원님이 그 비단을 모아서 비단장수를 불렀습니다. 손때 묻은 너의 비단을 찾아가라고 하자, 비단장수는 자기 비단을 찾았고, 원님은 비단에 이름을 적은 것을 보고 범인을 찾았습니다.

말 못하는 망부석을 두들겨서 그 비단을 찾아내듯이 선법문도 이와 같습니다. 제가 자꾸 비유를 들고 이야기를 해 주고 풀어 주면 여러분이 의심하는 의정이 약해져 버립니다. 말 못하는 망부석을 두들겨서 비단을 찾아내듯이, 캄캄한 화두 의정 속에서 여러분의 본래 고향소식, 본분, 여러분의 주인공의 소식을 찾아내야 합니다.

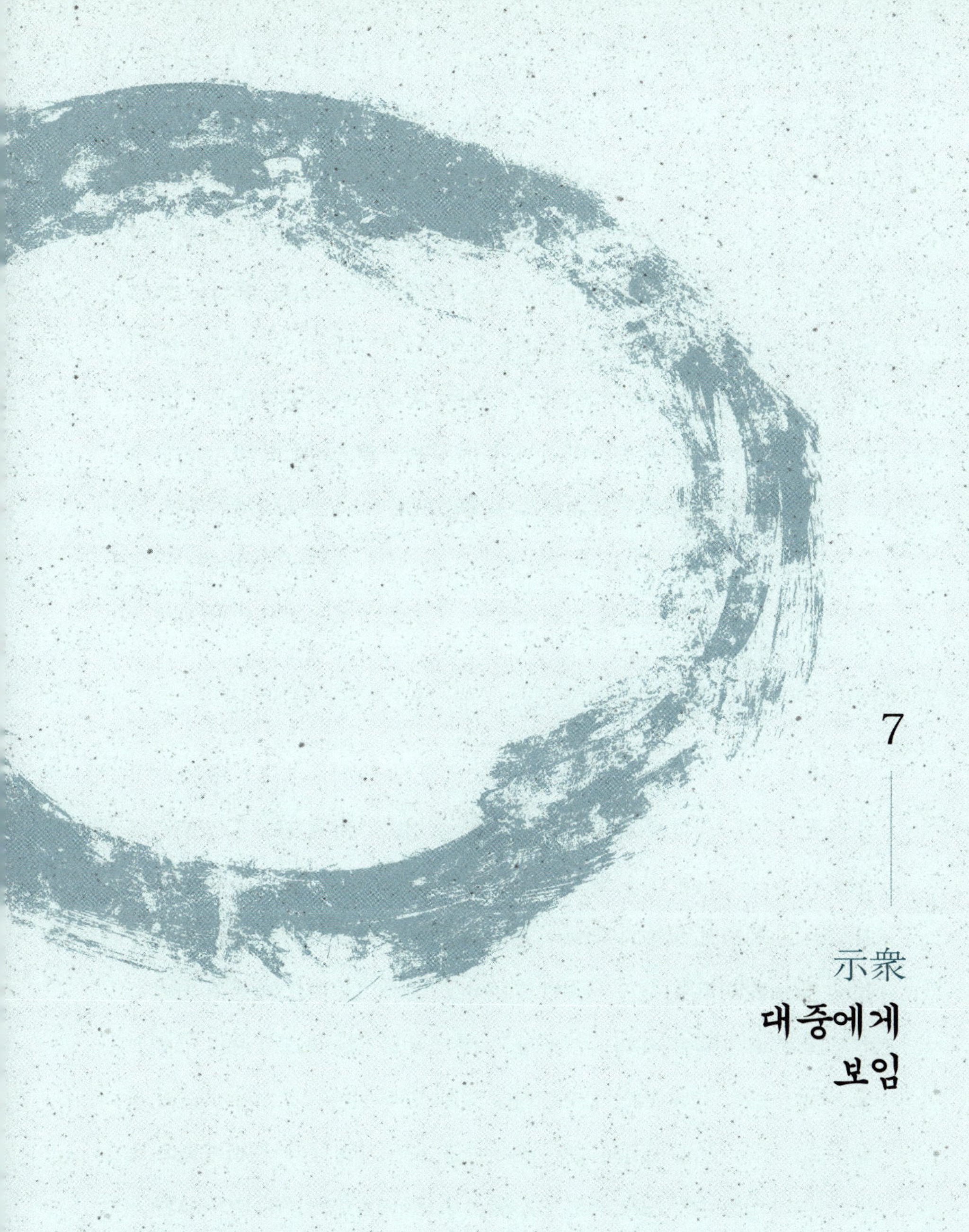

7

示衆

대중에게
보임

若要眞正決志明心인댄 先將平日胸中에 所受一切善惡之物하야 盡底
屛去에 毫末不存하고 終朝兀兀如癡하야 與昔嬰孩로 無異然後에야 乃
可蒲團靜坐하야 正念堅凝하야 精窮向上之玄機하며 硏味西來之密旨하
야 切切拳拳하며 兢兢業業하야 直敎絲毫無間하며 動靜無虧하야 漸至
深密幽遠한 微細微細極微細處하면 譬如有人이 遠行他方이라가 漸漸
回途하야 已至家舍하며 又如鼠入牛角에 看看走至尖尖盡底하며 又如
捉賊討贓에 拷至情理俱盡하야 不動不退하고 無去無來하며 一念不生
하고 前後際斷하며 卓卓巍巍하고 孤孤逈逈하야 如坐萬仞崖頭하며 又
若停百尺竿上이라 一念纔乖하면 喪身失命하리니 將至功成九仞이라도
切須保任全提니라 忽於經行坐臥處에 不覺에 囮地一聲하면 猶如死在
漫天荊棘林中이라가 討得一條出身活路相似하리니 豈不快哉아

若是汩沒塵勞하야 不求昇進인댄 譬如水上之浮木이 其性實下하야
暫得身輕이나 不堪浸潤하며 又如庭中之花가 雖則色香俱美나 一朝에
色萎香滅하면 無復可愛하며 又如農夫之種田에 雖有其苗나 而工力이
不至하면 終不成實하며 便如貧窮乞兒가 得少爲足이라 久久하면 萌芽
再發하고 荊棘이 復生하야 被物之所轉하야 終歸沈溺하면 無上淸淨涅
槃을 無由獲覩하리니 豈不枉費前功하고 虛消信施리오 若是有志丈夫
인댄 正好向者裏하야 晦迹韜光하고 潛行密用하되 或三十年二十年으
로 以至一生히 終無他念하야 踏得實實落落하며 穩穩當當하야 直敎纖
塵不立하고 寸草不生하며 往來無礙하고 去住自由하야 報緣遷謝之日
에 管取推門落臼어니와 若只恁麽紙裏茅纏하야 龍頭蛇尾인댄 非特使

門風有玷이라 亦乃退後學初心하리라

　만일 진정으로 뜻을 결정해서 마음을 밝히고자 한다면, 먼저 평소 가슴 속에 담아 놓은 일체 선악의 물건을 밑바닥까지 물리쳐 버림에 털끝만큼도 남겨두지 말고 하루 종일 우두커니 바보같이 하여 옛날 어린아이와 다름이 없게 해야 한다. 그런 뒤에 자리에 고요히 앉아서 바른 생각을 굳게 집중해서 향상向上의 깊은 기미[玄機]를 정밀하게 궁구하며, 서쪽에서 온 비밀한 뜻을 연구하여, 간절하고 정성스러우며, 조심하고 두려워하여 털끝만큼도 틈이 생기지 않게 하고, 동정動靜에도 이지러짐이 없어서 점차로 매우 세밀하고 매우 심원하며, 미세하고 미세해 매우 미세한 곳에 이르면, 비유하건대 어떤 사람이 멀리 다른 곳에 갔다가 점점 길을 돌려 이미 집에 이른 것과 같다. 또 쥐가 소뿔에 들어가 얼른얼른 달려서 뾰족한 끝에까지 이르는 것과 같으며, 또 도둑을 잡아 장물臟物을 찾는데 고문을 해서 실정과 법리가 모두 드러나는 것과 같다. 흔들리지도 않고 물러가지도 않으며, 가는 것도 없고 오는 것도 없으며, 한생각도 나지 않고 앞과 뒤가 끊어지며, 우뚝하게 높으며 홀로 뛰어나서 만 길의 벼랑 끝에 앉은 것과 같다. 또 백 척 장대 위에 멈춘 것과 같아서 한생각이 어긋나면 몸과 목숨을 잃을 것이니, 장차 공功이 아홉 길仞이나 되는 산을 다 만들었을지라도 간절히 보임保任하여 온전히 이끌어야 한다. 홀연히 다니거나 앉고 눕는 곳에서 자신도 모르는 사이에 깨치는 소리가 나오면, 마치 하늘 가

득히 찬 가시덤불 속에 죽게 되었다가 한 가닥 몸을 벗어나는 살 길을 찾아낸 것과 같으리니, 어찌 기쁘지 않겠는가.

만일 번뇌에 빠져 올라 나옴을 구하지 않는다면, 비유하건대 물 위에 뜬 나무가 그 성질이 실제는 가라앉는 것이어서 잠시 몸체가 가벼우나 결국 잠기는 것을 감당하지 못하는 것과 같다. 또 뜰에 핀 꽃이 빛깔과 향기가 모두 아름다우나 하루아침에 빛깔이 시들고 향기가 사라지면, 더 이상 좋은 것이 없는 것과 같다. 또 농부가 밭에 씨를 뿌려 비록 그 싹이 있더라도 공들이는 힘이 있지 않으면 마침내 열매를 맺지 못하는 것과 같으며, 빈궁한 거지가 조금 얻어 만족하는 것과 같다. 오래오래 하면 싹이 다시 돋고 가시가 다시 나서 번뇌에 굴린 바를 당해서 마침내 잠기고 빠지게 되면 위없는 청정한 열반을 얻어서 볼 수 있는 근거가 없다. 어찌 앞의 공을 허비하고, 신도의 시주를 헛되이 소모하는 것이 아니겠는가.

만일 뜻있는 대장부라면 바로 이 속을 향해서 자취를 없애고 빛을 감추어서 남몰래 수행하고 세밀하게 닦되 혹 20년, 30년 내지 일생을 마칠 때까지 끝내 다른 생각 없이 흔들림 없이 뛰어나며 안온하고 당당한 경지를 밟아서 가는 티끌도 세우지 않고, 작은 풀도 나지 않게 하며, 오고 감에 걸림이 없고, 가고 머무름에 자유로우면 과보의 인연이 떠나는 날_{죽는 날}에 문을 밀어 돌쩌귀에 떨어질 것이다.

만일 이렇듯이 종이로 싸고 떠로 얽어서 용두사미龍頭蛇尾가 되면, 선문의 가풍에 흠집이 될 뿐 아니라 또한 후학의 초심初心까지 물러나게 할 것이다.

"먼저 가슴 속에 있는 과거의 일체 모든 분별을 티끌도 남기지 말고 버리라는 것입니다. 다 버리고 온종일 어리석은 사람과 같이, 어린아이와 같이 가지고 있는 분별의식을 다 비워야 한다"고 했습니다.

그런데 비우고 싶은데도 안 비워집니다. 내 중생 업식이 안 떨어져 나갑니다. 이 중생 업식은 의지를 갖고 떨궈 내려고 해서 떨어져 나가는 것이 아니고, 화두 하나를 드는 그 순간에 그냥 떨어져 버립니다. 그래서 화두를 들고 고요히 좌복 위에 앉아서 정념견응正念堅凝 하라고 했습니다. 즉 화두를 열심히 들라는 것입니다.

"정밀하게 그 화두를 향상向上해야 한다"고 했습니다.

달마 스님이 서쪽에서 온 비밀한 뜻의 맛을 알아서 아주 간절해야 합니다. 이 간절할 '절切'자가 믿을 '신信'자와 같은 뜻입니다. 간절하게 드는 것으로 모든 것이 다 된다는 것입니다. 간절함은 곧 정성입니다. 간절하게 들어서 털끝만큼도 사이가 없게 하고 움직일 때나 고요할 때나 어그러지지 않고, 의정이 깊이 들어가면 깊이 들어간 만큼 면밀하고, 면밀함은 세밀해서 그 미세하고 미세한 것의 극 미세한 것에 이르러야 된다는 말입니다.

'멀리 타방에 나갔다'라고 했습니다.

이는 본래 불성의 지혜와 무아를 믿지 않고 자기 중생 업식을 붙들고 있는 것을 비유한 것입니다. 우리는 본래 부처이기 때문에 본래 부처 안에 모래 수와 같은 많은 공덕이 본래 갖춰져 있기 때문에 원하면 원하는 대로 이룰 수가 있고 성불도 하는 것입니다. 그래서 이제 자기 집으로 돌아온 소식과도 같다고 했습니다.

중국에서는 소의 뿔끝에 냄새나는 음식을 넣어서 쥐를 잡습니다. 우리 풍습하고는 좀 다릅니다. 쥐가 냄새를 쫓아 소 뿔 속으로 들어가다 보면 그 뾰족한 데에 머리가 끼어 돌아서지 못해 잡히는 것과 같이 꼭 떨어져 버렸다는 말입니다. 또 개를 몰고 가되 막다른 골목까지 몰고 가라는 말과 같습니다. 또 도둑을 잡아 모두 다 조사해서 잃어버린 장물을 찾는 것과 같이 확연하게 다 드러나 버린다는 말입니다. 공부를 해서 본래 소식을 아는 도리를 이렇게 표현한 것입니다. 그러한 힘을 얻으면 움직여도 물러나지 않고 오고감도 없고 한생각도 일어나지 않고, 무생법인無生法忍을 이룬다는 것입니다.

'탁탁외외卓卓巍巍 고고형형孤孤迥迥'이라 했습니다.

이 말은 화두삼매를 말하며, 대무심지에 들어가는 길을 말합니다. 만길 위에 앉아 있는 것과 같고, 백 척 장대 끝에 멈춘 것과 같이 의정이 꼭 차서 대무심지에 들어간 것을 말합니다. 이것을 운개일출雲開日出이라고 합니다. 구름이 걷히면 태양이 나오는 소식을 이렇게 이야기합니다. 그런데 구름은 실제 존재하는 것이 아닙니다. 그것은 착각으로 인해 번뇌 중생 업식이 잠깐 가렸던 것이 다 걷어져 버렸다는 것입니다.

이러한 공부 경계에 들어갔을 때 욕심을 일으킨다든지, 빨리 성불하겠다든지, 이러한 자기의 번뇌를 일으킨다면, 거기에서 또 어긋난다는 말입니다. 어긋나므로 항상 만길 절벽 위에서 정신을 바짝 차리고 있듯이, 모든 것이 끝나는 순간까지 애를 쓰라는 것입니다. 그러한 대무심지가 될 때는 자기도 모르게 자기 스스로가 홀연히 깨닫는 소리가 나옵니다. 마치 죽어서 천길만길 가시더미에 누워 있다가 한 활로活路가 생겨 거기서 뛰쳐나오는 것과 같이 그 마음이 대단히 기쁘다는 것입니다.

항상 믿음을 가지고 간절하게 화두를 들면 드는 만큼 여러분의 본래 중생 업식이 실체가 없다는 소식을 알게 되고, 현대사회를 살아가는데 어렵고 복잡한 점들은 평안하게 하고 안락하게 해 줄 것입니다. 본래 고향자리에서 쉴 수 있도록 해 줄 수 있는 것이 이 화두 공부입니다. 이 화두 공부는 해답을 찾는 것이 중요한 것이 아니고 이렇게 애를 쓰면서 공부하는 과정에서 마치 안개에 옷 젖는 줄 모르듯이 내 중생 업식이 어느 날 다 없어져서 본래 불성의 인격이 나도 모르게 자리 잡아 일상생활에서 그런 인격으로 살아갈 수 있어야 합니다. 성품으로 바뀌는 것을 공덕으로 삼아야지, 화두를 얼마 동안 들어서 철학적으로 해답을 찾고, 말로 이야기하는 그런 수행은 올바르지 않습니다. 이것은 물장구를 치면서 달을 보려는 것과 같습니다.

"만일 번뇌에 빠져 올라 나옴을 구하지 않는다면, 마치 물 위에 뜬 나무가 그 성질이 실제는 가라앉는 것이어서 잠시 몸체가 가벼우나 결국 잠기는 것을 감당하지 못하는 것과 같다"고 했습니다.

공부를 하다 보면 지견이 열리고 나름대로 지혜가 조금씩 열립니다. 또 정진하는 가운데 삼매에 들어 몇 시간이 그냥 지나가는 것 같고, 몸이 아주 가벼워 하루 종일 앉아 있어도 조금도 피로하지 않을 때가 있습니다. 그런데 잠깐 사이의 그런 것을 가지고 대단히 큰 경계라고 거기서 공부를 중단하면 안 된다는 것입니다. 마른 나무가 처음에 물에 잠깐 떠 있는 것 같지만 결국 그것이 실제로 물에 오래 있으면 가라앉는 것같이, 정진을 계속 밀고 나가야 한다는 이야깁니다. 또 뜰에 핀 꽃이 비록 색깔과 향기가 아름다우나 하루아침에 꽃이 시들고 향기가 사라지면 다시는 사랑하고 싶은 마음으로 돌아보지 않는다는 말입니다. 또 농부가 밭에 씨를 뿌리매 그 싹이 올라왔으나 계속 거름을 주고 물을 주고 관리하는 것에 이르지 못하면 결실에 이르지 못한다는 것과 같고 얻어먹는 거지 아이가 조그마한 쪽박에 들어 있는 쉰밥에 만족하게 여긴다는 것과 같다는 말입니다.

이것은 화두의 의정이 깊어지는 가운데 분별망상, 번뇌 업식이 소멸되어 가면 거기서 환희심을 느끼고 법희를 느끼게 됩니다. 이것을 대단한 성과라고 생각하고 거기에 집착하게 되면 그 조그마한 쪽박의 쉰밥을 가지고 만족을 느낀다는 말입니다. 지견이 좀 열리고 법에 대한 안목이 다소 섰더라도 계속 정진해서 그것을 밀고 나가야지 거기서 머물게 되면 업식으로 인해 경계가 오면 그 경계에 마음이 매해 버립니다. 매한다는 것은 경계에 내 마음을 싸게 팔아 버린다는 이야기입니다. 팔아 버리면 경계에 어두워져서 중생 업보가 꺼둘려 가는 것입니다.

그래서 그것을 경책하는 것입니다. 오래오래 하면 싹이 다시 일어나고 가시가 나서 경계가 오면 그 경계에 얽매여 군림을 받아 과거로부터 내가 지녀온 업식에 꺼둘려 간다는 이야기입니다. 결국은 젖어서 그 가라앉는 일에 돌아간다는 것입니다. 그렇게 되면, 생로병사에 크게 고통을 느끼면서 불안하여 자기 본성의 안락을 바로 보지 못하고 일생을 마친다는 말입니다. 이로 말미암아서 위없는 청정한 열반을 얻을 수가 없다는 말입니다. 우리가 조심해야 될 문제입니다.

예를 들어서 냄비에 끓는 물이 조금 있는데 큰 얼음덩어리를 거기다 갖다 넣으면 끓는 물의 냄비까지도 결국 얼어 버린다는 이야기입니다. 우리 업성이라는 것이 그렇게 무서운 것입니다. 그런데 큰 가마솥에 물을 펄펄 끓이면서 그 밑에 장작불이 계속 들어간다고 볼 때, 웬만큼 큰 얼음덩어리가 들어온다고 하더라도 그 얼음은 결국 열기에 녹아서 없어집니다. 벌건 화로에 한두 송이 떨어지는 눈과 같은 경계를 이루어야 합니다. 일대사 모든 것을 해결할 때까지 원을 세우고 화두 정진을 열심히 해야 합니다. 중간에 조금 맛이 익고, 지혜가 밝아지면서 조금 아는 빛이 보이기 시작하면 그런 현상들이 일어납니다. 공부하는 가운데 업식에 따라서 나름대로 여러 가지 현상이 일어납니다. 그 현상이 재미있어서 생각하면 생각하는 대로 뭐가 보인다든지 이런

식의 조금 비치는 일에 공부를 중단하면 안 됩니다. 이렇게 되면 지금까지 공부한 공을 그릇되게 허비하고, 신도들이 공부하는 분을 위해서 시주하고 애호해 주는 공덕에도 보답을 못하는 것입니다.

'회적도광晦迹韜光'이라 했습니다.

그 자취를 감추고 그 빛을 숨기라는 뜻입니다. 공부를 하다 보면 앞에서 설명한 그런 경계가 일어나고, 그럴 때일수록 법의 상을 감추고 가만히 은밀하게 수행하라는 말입니다.

'실실實實, 낙낙落落, 은은穩穩, 당당當當'이라 했습니다.

실실實實은 참 진실하고 진실하다, 낙낙落落은 고요하고 고요하다를 뜻하고, 은은穩穩은 그 반대로 아주 고요하고 고요하며, 당당當當은 진실하고 진실하다는 뜻입니다. 그러므로 진실하고 진실하며 고요하고 고요한 것인데, 이것을 선적 용어로는 성성적적惺惺寂寂 적적성성寂寂惺惺이라고 합니다. 억지로, 생각으로 진실히고 고요함을 지키고 싶지만, 고요한 것을 지키려고 하고 진실한 것을 지키려는 자체가 물결이고 분별이라는 것입니다. 분별과 물결을 재울 수 있는 것은 오로지 알 수 없는 화두의 의정을 일으키면 그것이 그대로 자연스럽게 이가 딱딱 맞게 들어간다는 말입니다. 하려고 해서 그렇게 되는 것이 아니라 자연스럽게 무심하게 그 자리에 들어가는데, 화두 의정이 아주 깊어지면 깊어지는 만큼 정신은 성성하다는 이야기입니다. 왜냐하면 일체 잡념과 분별 업식, 번뇌망상이 화두 의정 기운에 의해서 붙을 자리가 없으므로 떨어져 나가 버리기 때문입니다. 떨어져 나가니 맑은 정신으로 성성하고, 성성하다는 그 자체는 다시 아주 고요해졌다는 것입니다. 즉 적적해졌다는 말입니다. 의정이 분발하면 무심과 평상심, 그 진실과 고요함이 그대로 함께 들어가는 것입니다.

이런 이야기를 잘못 이해하면 세상을 다 끊어버리고 산중에 들어 있다든지, 또는 모든 인연을 끊어버리고 들어 앉아서 공부만 매진한다고 생각할 수 있습니다. 물론 그것이 틀렸다는 것은 아닙니다. 그러나 일상생활에서 힘을 얻어서, 생활에서 그대로 선적인 생활가풍을 드러내는 것이 조사선에 더 가깝다고 봐야 합니다.

일상생활에서 화두를 들고 공부하면서 힘이 생기더라도 공부했다는 상을 드러내지 않고 공부를 하는지 안하는지 모를 정도로 표가 나지 않는 것이 회적도광晦跡韜光입니다. 숨기고 감추고 상을 내지 않고 모든 사람을 배려해 주고 이해해 주고 편안하게 해 주면서 공부를 그 속에서 챙기는 것입니다. 이것이 참다운 도인입니다. 그런데 경우에 따라서 그런 힘이 없는 이들은 산중에서라도 인연을 끊고 공부를 하는 방법도 있겠지만, 사실 고봉 스님의 사상으로 볼 때 수행과 생활이 떨어져서는 안 된다는 이야기입니다. 수행이 생활이고, 생활에서 진실한 인격을 드러내는 것이 조사가풍을 드러내는 것입니다.

"가는 티끌도 세우지 않는다"고 했습니다.

성성적적 적적성성한 이 자리에는 '부처다, 조사다, 보살이다, 열반이다'라는 이런 문자적이고 알음알이 명자名字 같은 것을 세우지 않는다는 것입니다.

"작은 풀도 나지 않게 한다"고 했습니다.

이 말은 조그마한 풀도 용납하지 않는다는 이야기입니다. 다시 말하면 화두가 성성하면 성성한 만큼 생활에서 그것이 그대로 보살과 부처의 인격으로 드러나야 된다는 것입니다. 공부한 경계 따로 있고 생활 따로 있다면, 공부에 아무런 힘이 없는 것입니다. 그런데 여기서 티끌만큼도 용납하지 않는다는 것은 내가 아는 공부의 이치만큼 내 생활에서도 실천이 똑같이 돌아가야 된다는 것입니다.

'보연천사지일報緣遷謝之日'이라 했습니다.

과거 업으로 받은 이 몸을 인연이 다해서 버리는 날이 다가왔을 때를 말합니다. 즉, 죽을 때를 말합니다. 화두를 들고 있는 그 자리가 무심의 자리로 들어가는 진로입니다. 화두를 열심히 들면 그 자리가 본래면목자리이고, 본분사를 들고 있는 자리라는 말입니다. 그러므로 세상의 어떤 일을 하든, 어떤 경계를 만나든 결국 우리가 그 본성자리를 떠나는 적이 한순간도 있을 수가 없는 것입니다. 결국 문은 돌쩌귀를 조금도 벗어날 수가 없다는 것입니다. 문을 천 번 만 번 열고 닫아도, 결국 돌쩌귀에 의지해서 문을 열고 닫는 것이지 돌쩌귀에서 벗어나서는 한순간도 문을 열고 닫을 수가 없다는 것입니다. 항상 화두 드는 그 자체가 우리 본성을 관조하는 자리이므로 본성에서 조금도 벗어나지 않는다는 것입니다.

"종이로 얼버무려 싸고 대강 묶어서 용두사미가 되면, 즉 머리는 용인데 꼬리는 뱀이 될 때는, 이것은 고봉 스님의 가풍에 큰 흠이 될 뿐 아니라, 공부하러 들어온 후학들이나 초학들이나 불자들에게 배타심을 일으키고 크게 실망을 주는 그런 무리가 된다"고 했습니다.

이런 것이 참 중요한 이야기입니다. 왜냐하면 나름대로 몇십 년 공부했다고 해서 많은 사람에게 존경을 받고, 많은 후학들이나 신도들이 의지처로 삼는 사람이 상당한 실망을 준다든지 큰 문제를 일으켰을 때 많은 사람에게 불성 종자의 인연을 끊어 주는 행위가 되기 때문입니다. 공부해서 힘을 얻었다는 자체를 대단히 조심해야 됩니다. 몸에 사향을 지녔으면 사향을 지닌 것을 남 앞에 드러내려고 하지 말아야 합니다. 공부한 것을 보이려 하고 상을 내려 한다면, 그것은 이미 잘못된 공부입니다. 공부하다가 미끄러졌다고 보면 됩니다. 그러나 정말 안에 사향이 들어 있으면 바람을 바라보고 서지 않아도 자연스럽게 많은 사람들이 그것을 알게 되는 것입니다. 이것이 수행자의 참다운 모습입니다.

如上所述管見은 莫不皆是藜藿之類라 飽人은 不堪供養이어니와 以俟絶陳之流하노니 終有一指之味하리라 往往學道之士가 忘却出家本志하고 一向隨邪逐惡하야 不求正悟하고 妄將佛祖機緣과 古人公案하야 從頭穿鑿하야 遞相傳授하며 密密珍藏하야 以爲極則하고 便乃不守毘尼하야 撥無因果하며 人我愈見崢嶸하고 三毒이 倍加熾盛하나니 如斯之輩는 不免墮於魔外하야 永作他家眷屬이니라 若有未遭邪謬하야 不負初心인댄 當念無常迅速하며 痛思苦海沈淪하야 趁二時粥飯見成과 百般受用便當하야 便好乘時直入이요 莫待臨嫁醫瘦이어다 此乃從上佛祖之心印이며 無礙解脫之妙門이라 設使機緣不偶하며 工力未充이라도 切須捨命忘形하고 勤行苦行하야 至死挦生하야도 一心不退니라 復有葛藤未盡일새 不免重說偈言하노라 此心淸淨本無瑕어늘 只爲貪求被物遮로다 突出眼睛全體露하면 山河大地是空華리라

앞에서 말한 좁은 소견은 모두 명아주와 콩잎 종류 같은 것들이니, 배부른 사람들이 먹을 것은 못되지만, 진陳나라에서 양식이 떨어진 사람들을 기다리니, 한 손가락의 맛은 있을 것이다. 가끔 도를 배우는 사람이 출가한 본뜻을 잊어버리고 한결같이 삿됨을 따르며 악을 쫓아서 바른 깨달음을 구하지 않고, 망령되게 불조佛祖의 기연機緣과 옛 사람의 공안公案을 가지고 처음부터 천착穿鑿하여 서로 전해 주며 은밀히 보배로 간직하는 것으로써 극칙極則을 삼는다. 이에 계율[毘尼]을 지키지 않고 인과가 없다고 주장하며, 인아人我의 견해가 더욱 자라나 다

투고, 삼독三毒이 배나 치성해지니, 이 같은 무리는 마군과 외도에 떨어져서 영원히 그들의 권속이 됨을 면치 못할 것이다.

만일 삿됨과 그릇됨을 만나지 않고 초심初心을 저버리지 않았다면, 마땅히 무상無常이 빠른 것을 생각하며, 고해苦海에 빠져 있음을 통절하게 생각하여 두 끼니의 죽과 밥이 앞에 놓임과 수용하는 모든 것이 알맞게 자기에게 돌아와 문득 좋은 때를 타고 바로 들어갈 것이요, 시집가기 임박해서 혹을 떼려고 하지 마라. 이것이 위로 불조의 심인心印이며, 걸림 없는 해탈의 묘한 문이다. 설사 기연機緣을 만나지 못하고 공부한 힘이 충분하지 못하더라도 반드시 목숨을 버리고 몸을 잊고 부지런히 고행苦行하며 죽음에 이르러 삶을 버리더라도 한 마음은 물러나지 말아야 한다. 다하지 못한 잔소리가 있는데, 거듭 게송으로 말하겠다.

이 마음은 청정하여 본래 티가 없는데
다만 탐욕으로 구하여 경계에 막힘을 당하네.
눈동자를 부릅뜨고 전체가 드러나면
산하대지가 곧 허공 꽃이리라.

‘여곽지류藜藿之類’라 했습니다.

이 말은 명아주를 뜻합니다. 연세 드신 분들은 어릴 때 명아주 죽을 끓여 먹었다고 합니다. 가난한 사람들이 배고픈 시절에 끓여 먹던 죽 중 하나가 명아주 죽입니다. 배부른 사람이 명아주나 콩잎을 먹겠느냐는 뜻입니다. 더 깊이 공부해서 확철대오廓徹大悟할 때까지 원을 쌓아서 공부해 나가야지 조금 공부 했다고 그러는 것은 소 발자국 고인 물에 만족하는 것과 다름 없습니다.

이것은 진나라에서 양식이 끊어진 무리들이 맛보는 한 손가락의 맛입니다. 공자가 자기 뜻을 펴고자 진나라에서 채나라로 옮기는 도중 오나라의 공격을 받았습니다. 진로가 끊기면서 양식이 끊어져 버렸습니다. 공자가 1주일 동안 굶었는데, 그 정도 형편이 되면 명아주 죽이나 콩잎을 만족하게 생각하고 그것을 공부라고 드러낸 정도라는 것입니다.

‘일지一指 맛’이라 했습니다.

이 말의 출처는 다음과 같습니다. 제양공이 팽생이라는 제자를 데리고 낚시를 즐겼습니다. 하루는 자라를 잡게 되어서 제양공이 자라를 솥에 넣어 끓여 먹으려고 하는데, 팽생이 “내 식지食指가 움직이는 것을 보니 오늘은 내가 맛있는 것을 얻어먹는가 봅니다. 저는 맛있는 것을 얻어먹을 수 있는 기회가 있으면 식지가 움직입니다”라고 했습니다. 그러자 제양공이 "내가 너에게 안 주면 네가 어떻게 먹을 것인데?"라면서 자라를 삶아서 혼자 다 먹어 버렸습니다. 그래서 팽생이 손가락을 가지고 솥에 묻은 것을 맛보는, 그런 무리들이라는 말입니다. 공부하다가 조금 경계가 있다고 해서 어리석은 세월을 보내고 착각하지 말라는 뜻입니다.

"가끔 도를 배우는 사람이 출가한 본뜻을 잊어버린다"고 했습니다.

이 말에는 여러 가지 뜻이 있겠지만, 화두 드는 본분상에 들어가서는 분별하고, 비교하고, 알음알이를 발동시키고, 책에서 해답을 만들어 화두 들어가는 사람들이 많은데, 이런 경우는 아주 심각한 문제가 생깁니다. 책을 많이 보고 어록을 보다 보면 공안에 대한 자기 나름대로의 해답을 자기가 쥐게 됩니다. 그러면서 화두 의단에 들어가다 보면 화두가 풀려 버립니다. 그러나 그것은 화두가 제대로 타파된 것이 아닙니다. 자기 착각입니다. 그래서 한결같이 삿된 것을 따르고 아픈 곳을 좇아서 바른 정법을 구하지 않고, 바른 정법을 구하지 않는다는 것이 그때도 이런 무리들이 많았고, 이런 폐단은 요즘도 많다고 봐야 됩니다. 또한 이것을 잘못 받아들이면 '본래 부처인데 닦을 것이 뭐가 있느냐, 마조 스님 어록에도 보면 본래 우리 본성은 닦음에 의해서 밝혀지는 것이 아니다, 그러니 닦을 것도 없고, 증득할 것도 없고, 얻을 것도 없고, 또 업도 공한 자리인데, 공부하고 닦을 것이 뭐가 있는가?'라는 분별망상을 일으켜서 거기에 젖어 화두를 풀어 버리는 것입니다. 화두를 나름대로 풀면서 타파되었다고 생각하는 이런 폐단이 많습니다.

화두가 타파되면 생활에서 조사 가풍에 걸맞은 실천 행위가 그대로 나와야 됩니다. 그런데 자기 인격과 따로 놀아 버리는 것입니다. 전부 다 알음알이로 풀어 버렸기 때문입니다. 그렇게 정신 못 차리는 무리들을 고봉 스님께서 나무라는 이야기입니다.

'불조기연佛祖機緣'이라 했습니다.

기연機緣은 조사 스님과 학인이 선문답할 때 학인이 선문답을 듣는 순간 깨친 것을 뜻합니다. 그런데 거기서 못 깨쳤을 때는 화두로 남습니다. 선문답 가운데 일언지하一言之下에 깨달으라고 한 것은 글을 많이 읽는다는 말로 『벽암록』 등을 읽으면서 자꾸 기억하고 주워 모은다는 뜻입니다.

'종두천착從頭穿鑿'이라 했습니다.

이 말은 내 머리를 계속 자갈 굴리듯 굴려서, 내 소견대로 끼워 맞춘다는 뜻입니다. 화두타파했다고 끼워 맞춰서 서로 주고받는 것입니다. 이것을 밀밀密密하게 큰 보배로 여기는 것입니다. 밀밀진장密密珍藏이란 말은 그것을 큰 보배로 여기면서 극칙으로 삼아 비밀리에 주고받는 것입니다. 서로 비밀리에 주고받기 때문에 병은 더 깊어집니다. 그래서 선지식에게 반드시 점검을 받고 인가를 받으라는 말이 이런 데서 나오는 것입니다.

'비니毘尼'는 계율을 뜻합니다.

그 계율도 지키지 않는 것입니다. 왜 계율도 지키지 않느냐? 예를 들자면 이런 것입니다. 『육조단경』에서, 육조 스님은 오로지 심법 하나를 가지고 남종선의 큰 종지를 삼아 말씀하는 가운데 마음의 어긋남이 없는 것이 계를 지키는 것이고, 마음의 어지러움이 없는 것이 정을 이루는 것이고, 그 마음이 어리석지 않은 것이 지혜라고 했습니다. 그러면 그런 말들을 끌어와서 내 마음에 조금도 흔들림이 없고 어지러움이 없고 어리석음이 없는데 무슨 교과서 같은 계율 가지고 답답하게 그러냐고 하면서 계율을 지키지 않는다는 것입니다. 그러면서 인과도 부정해 버리고, 사상四相이 솟을 대로 솟아 버린다는 뜻입니다. 사상四相이 무엇입니까? 아상我相·인상人相·수자상壽者相·중생상衆生相이 솟아서 누가 옆에서 이야기해도 듣지 않고, 선문답을 해도 승부욕과 중생 업식을 가지고 합니다. 이것을 조심해야 합니다.

"탐진치의 삼독이 치성해져 결국 영원히 마군의 권속이 된다"고 했습니다.

여기까지는 바른 발심과 정견을 갖추지 못한 사람을 고봉 스님이 나무라는 이야기고, 지금부터는 정견과 믿음과 발심과 원력을 제대로 갖춰서 선지식을 친견하지 못해도 바른 길로 갈 수 있는 분을 위하여

하는 이야기입니다.

'이시죽반二時粥飯, 백반수용百般受用, 승시직입乘時直入'이라 했습니다.

'이시죽반二時粥飯'은 스님들이 아침에는 죽 먹고 점심에는 밥 먹는 것을 뜻합니다. '백반수용百般受用'은 부족한 것 없는 생활, 참으로 넉넉한 생활이라는 뜻입니다. '승시직입乘時直入'은 때를 타고 바로 그 도에 들어가야 된다는 뜻입니다.

여기서 말하는 것은 공부할 때를 따로 만들지 말고 지금 앉은 자리, 듣는 이 자리 이 순간에 본질의 지혜를 드러내서 바로 들어가라는 것입니다. 승시직입은 참 중요한 말입니다. 그래서 시집갈 때를 기다려서 혹을 고치려고 하지 말라고 했습니다. 처녀가 평소에는 혹을 안 고치고 있다가 시집갈 날 받아놓고 혹을 떼려고 하면 되겠느냐는 말입니다.

이것이 위로 부처님과 조사님의 바른 정신을 가르친 심인心印이며, 또 걸림이 없는 해탈의 묘문妙門입니다.

'기연'에서 기는 학인이며, 연은 스승을 이야기합니다.

선지식을 만나지 못했더라도, 공부가 좀 부족하더라도 오로지 그 몸을 돌아보지 말고 그 명을 돌아보지 말고, 부지런히 행하고 그때그때에 따라서 하라는 말입니다. 지금까지 내가 익혀온 중생 업을 좀 설게 만들라는 것입니다. 설게 만드는 것은 부처님이 본래 가르치신 연기의 도리를 알아서 바로 본성자리로 들어가면 익은 것은 설게 만들고 설은 것은 익게 만듭니다. 본래 불성, 본분자리, 본래 주인공을 보는 자리는 많이 익히지 않아서 설어 있는데, 그것을 익히라는 뜻입니다.

제가 이런 말을 많이 했지만 다 필요 없는 군더더기 이야기고 불필요한 이야기입니다. 선에서 이런저런 이야기가 필요하겠습니까?

此心淸淨本無瑕　차심청정본무하

只爲貪求被物遮　지위탐구피물차

突出眼睛全體露　돌출안정전체로

山河大地是空華　산하대지시공화

고봉 스님께서 법문하신 것을 지금 선적으로 요점 정리를 하신 것입니다.

차심청정본무하 **此心淸淨本無瑕**. 이 마음은 본래 맑고 맑아, 본래 티끌이 조금도 없다는 뜻입니다.

지위탐구피물차 **只爲貪求被物遮**. 다만 우리가 자꾸 형상에 이끌려서 본래 우리의 본성을 자꾸 묻어버리고 등진다는 것입니다.

돌출안정전체로 **突出眼睛全體露**. 눈동자가 돌출하면 전체가 드러난다는 뜻입니다. 눈동자가 돌출한다고 하면 눈동자가 돌출하는 것을 이 자리에서 듣는 것 보는 것, 바로 지금 생각하는 주인공을 바로 보라는 말입니다. 바로 보라는 것은 티끌만큼도 밖으로 구한다든지 의지해서는 안 된다는 것입니다.

산하대지시공화   山河大地是空華. 눈동자가 돌출해서 전체를 볼 것 같으면 산하와 대지가 모두 하늘에서 아른거리는 아지랑이와 같다는 이야기입니다.

이 말은 『반야심경』에서 말하는 오온五蘊이 공空한 이치를 알아야 한다는 것입니다. 비유하면 꿈에서는 천 리 길 만 리 길도 돌아다니고 별의별 경계를 다 만나고 집착하지만, 꿈을 깨고 보니 나는 한 치도 움직이지 않았더라는 말입니다. 이것은 법에 대한 바른 안목과 정견을 갖추는 도리를 말한 것으로 우리가 견성하지 못했을 때는 모두 꿈이고 착각이라는 것입니다.

東西十萬이요 南北八千이라 纖塵不立하고 寸草不生하야 往來無礙
하며 妙用縱橫이니 直饒親到者裏라도 正是棄本逐末이며 引禍招殃이
니라 且道하라 如何是本고 ^{擲拄杖云} 抛出輪王三寸鐵이라도 分明遍界是
刀鎗이로다

低頭覓天이요 仰面尋地라 跛跛挈挈하야 遠之遠矣로다 驀然撞著徐
十三郎하면 嘎 元來只在者裏로다 以手拍膝一下云 在者裏라도 臘月
三十日到來하야는 也是開眼見鬼하리라

동서는 십만이요 남북은 팔천이다. 가는 티끌도 세우지 않고 작은
풀도 나지 않아 가고 옴에 걸림이 없고 묘용^{妙用}이 자유자재하다. 비
록 직접 이 속에 이르더라도 이것은 근본을 버리고 지말을 좇는 것이
며 화^禍를 이끌고 재앙을 부르는 것이다. 말해 보라. 어떤 것이 근본인
가? ^{주장자를 던지고 말하기를} 전륜성왕의 세 치의 쇠 혀를 던질지라도 분
명히 온 세계는 칼과 창이다.

머리를 숙여 하늘을 찾고 얼굴을 들고 땅을 찾으니, 다리는 절고 손
은 떨어 멀고 더욱 멀 뿐이다. 갑자기 서씨의 열세 번째 아들을 만나
면 '아!' 하는 것이 원래 다만 이 속에 있다. ^{손으로 무릎을 한 번 치고 나서 말}
^{하기를} 이 속에 있더라도 섣달 그믐^{임종시}이 오면 또한 눈 뜨고 귀신을
볼 것이다.

"동서는 십만이요 남북은 팔천"이라 했습니다.

우리의 본성자리, 본래 불심의 자리는 활달자재하여 걸림이 없어 허공과 같이 시원하다는 뜻입니다.

"티끌도 세우지 않는다"고 했습니다.

부처다, 조사다, 열반이다, 해탈이다, 중생이다, 이런 중생심에 의해서 일어난 문자라든지 형상은 일체 용납하지 않는다는 말입니다. 본성자리가 그렇다는 것입니다.

"작은 풀도 나지 않는다"고 했습니다.

마음을 가지고 이야기하는 것입니다. 마음 밖의 생각을 하면 안 됩니다. 마음 작용을 이야기하는 것입니다. 그런데 이 마음이라는 것은 항상 일어나고 멸하는데, 거기에 작은 풀도 용납하지 않는다는 것은 마음이 일어나고 멸하는 거기에 우리가 아주 자유스러울 수 있는 지혜가 있어야 한다는 것입니다. 마음이 일어나면 일어난 마음에 붙들리고, 그것이 멸한 뒤에도 그 그림자를 붙들고 거기에 매달립니다. 마음이 일어나고 멸하는 이 자리가 번개 치는 것 같고 불꽃이 날아가는 것과 같다는 것입니다. 불꽃이 피었다 날아가는 자리에 흔적이 있습니까? 흔적이 없습니다. 일어나고 멸하는 이 자리를 지혜롭게 직관해서 그 일어난 마음자리에 붙들려서 스스로 자기를 고통스럽게 만들고 지옥으로 만들지 말라는 이야기입니다. 그렇게 되어야만 그 마음이 오고 감에 걸림이 없다는 말로 아주 중요한 법문입니다. 항상 일상생활에 그 묘용이 자유자재하다는 것입니다.

"비록 이 자리에 이르렀다 하더라도 이것은 근본을 버리고 지말을 좇는 것이며, 화를 불러들이고 재앙을 불러들이는 일이다"라고 했습니다.

마음을 쓰는 것이 걸림 없이 관자재가 되었는데, 이것이 또 근본을 버리고 지말을 좇는 일이고, 재앙을 불러들이는 일이라는 것입니다. 선禪에서는 티끌만큼도 인위와 조작을 용납하지 않습니다. 천진 그대로, 자연 그대로를 드러내라는 이야기를 하고 있습니다. 좀 어렵습니다. 어려워도 이 법문은 이대로 잘 살려야지, 너무 풀어도 안 됩니다. 조작하고 인위적으로 들어가면, 거기에 매이게 되고 붙들리게 되기 때문에 자유롭지 못한 것입니다. 따라서 사실을 사실대로 보는 것이 선입니다.

'척주장운擲拄杖云'이라 했습니다.
'척擲'자는 던질 '척'자입니다. 주장자를 던진다는 말입니다.

'포출윤왕삼촌철抛出輪王三寸鐵'이라 했습니다.
윤왕은 전륜성왕을 말합니다. 전륜성왕은 하늘나라 천하를 통일시킬 때 깃발 하나 꽂지 않고, 칼을 칼집에서 한 번 빼지 않으며, 세 치

혀로 천하 하늘나라 모두를 평화로 지켰다고 합니다. 그렇다손 치더라도 분명히 이 세계가 칼이고 창이라는 이야기입니다.

선에서의 활구에 대해 말씀드리겠습니다.

옛날에 학인이 석주 스님에게 "무엇이 도입니까?"라고 물으니 "나무토막이다"라고 대답했습니다. 또 학인이 "무엇이 선입니까?" 그러자 "푸른 벽돌이다"라고 했습니다. 이런 말들은 모두 활구活句라고 합니다. 그러면 무엇을 활구라고 하느냐? 말 있는 가운데에 말이 없는 것을 활구라고 하고, 말 있는 가운데 말이 있는 것이 사구死句라고 합니다. 말 있는 가운데 말이 없다는 것은 문자로나 학문으로나 말로써 할 수 있는 데까지 한계에 이르러 거기에서 도저히 본 자리를 드러낼 수가 없기 때문에 말과 생각과 뜻이 완전히 끊어진 자리를 활구라고 합니다. 그리고 말 있는 가운데 말 있는 것은 학문이나 말로나 뜻으로 그 모든 속뜻을 다 이해할 수 있고 드러낼 수 있는 법문을 사구라고 합니다.

이것을 비유하자면 다음과 같습니다. 부처님께서 연꽃 한 송이를 듦으로 인해 다섯 존자가 부처님의 법을 깨달았습니다. 이것을 우리가 일구一句라고 합니다. 한 물체를 들어 그 심체心體 자리를 바로 드러내서 깨닫는 그 소식을 일구라고 합니다. 이 앞의 법문에 고봉 스님께서도 불자를 들어 일구를 보인 적이 있었습니다. 이렇게 바로 드는 그 자리에서 바로 알아들어버린 것을 일구라고 하는데, 일구에서 깨달으면 부처와 조사의 스승이 될 수 있다고 했습니다. 그리고 이구二句에서 깨달으면 사람과 하늘나라, 인천의 스승이 될 수 있다고 했습니다. 이구는 일구에서 깨닫지 못한 경계에서 그것이 궁금하고 알려고 하는 의정이 일어났을 때 화두참구를 말합니다. 즉 화두참구를 해서 깨닫는 것을 이구라고 합니다. 그런데 삼구에서 깨달으면 자기 자신도 제도 못한다고 했습니다. 삼구는 이렇게 이야기로써 속뜻을 다 알게끔 풀어 주는 것입니다. 풀어 주면 의정이 일어나지 않겠죠? 이런 측면에서 볼 때 이것을 사구死句라고 하며, 선에서는 용납하지 않습니다. 교학이나 학문에서는 용납해도 선에서는 용납하지 않는다는 말입니다.

그러면 활구는 무엇이냐? 앞의 일구에서 깨달으면 부처와 조사의 스승이 된다고 했는데, 활구에서는 일구에서 깨달으면 산 채로 아비지옥에 들어간다고 했습니다. 이구에서 깨달으면 인천의 스승이 된다고 했는데, 활구에서는 태평성대를 이룬다고 했습니다. 삼구에서 깨달으면 부처는 죽이고 조사는 살린다고 했습니다. 이 이야기를 들을 때 조금도 분별, 시비가 날 수가 없습니다. 길이 끊어져 버린다는 말입니다. 길이 끊어진 여기에서 공부를 해야 합니다.

여러분이 평생을 살면서 삶의 가치관이라든지, 또는 관념이나 개념이나 고정관념 등 모든 분별의식이 자신도 모르게 여러분의 전체가 되어 버렸습니다. 그런데 이것은 보려고 해도 보이지도 않고, 없애려고 해도 잘 없어지지 않습니다. 왜냐하면 이미 여러분 자신이 되어 버렸기 때문입니다. 그래서 평생을 고뇌하고 괴로워하고 생로병사에서 고통을 겪으면서 또 윤회의 길로 접어들고, 다 업의 길로 가는 것입니다. 이것을 학문이나 교학이나 이야기를 들어서 없앨 수가 없습니다. 불가능합니다. 왜냐하면 물장구를 치는 그 자체가 분별이고, 또 분별로써 해결하면 분별은 반드시 또 분별할 것을 불러들이기 때문입니다. 이 알음알이 가지고는 안 된다는 것입니다. 그러면 일구에서 깨달으면 산 채로 아비지옥에 들어간다는 것은, 내 전체가 되었던 중생 업식이 떨어져 나간다는 것입니다. 이것을 일 분을 하면 일 분짜리 부처가 되는 것이고, 십 분을 하면 십 분짜리 부처가 되는 것이고, 의정이 깊어져서 스물네 시간 삼매에 들어가 있으면 스물네 시간 부처가 되는 것입니다. 그래서 항상 옛 조사들은 활구에서 힘을 얻어야지, 사구에서 힘을 얻으면 그것은 항상 소금물을 마셔서 갈증을 풀려고 하는 것과 같다고 했습니다. 소금물로 갈증이 풀리지는 않습니다.

예를 들어 주장자를 던지는 도리라든지, 전륜성왕의 세 치 혀를 뽑는다든지, 혹은 원래 성불의 입장에서 볼 때 다 이루는 것만 못한 것이라고 내가 한 마디 했다손 치더라도 다 부질없는 소리입니다. 이것은 바로 들어 바로 아는 도리입니다. 여기에 '살殺, 활活, 방하착, 짊어지고 가거라' 등 어떤 기준을 만들고 어떤 틀을 짜서 거기다 한정을 시켜 이야기를 하는 것은 죽은 소리, 전부 사구라는 것입니다. 선이라는 것은, '부처가 무엇입니까?' '나무토막이다' '선이 뭡니까?' '푸른 벽돌이다' 이렇게 딱 끊어져 버려야 됩니다. 이것이 활구입니다.

마치 몇 날 며칠 굶어서 허겁지겁 밥을 먹으려고 하는데, 그 밥을 뺏어가 버리는 것과 같습니다. 이렇게 일어난 이 자리가 바로 흔적 없이 직절直截이 되어야 합니다. 선은 직절이 중요합니다. 바로 끊어 들어 갑니다. 이것을 교학적으로 말하면 대원경지大圓鏡智라고 합니다. 거 울이 오면 비추고, 가고 나면 바로 끊어 버립니다. 이 법문을 마음 밖 에서 생각하면 안 됩니다. 지금 마음이 일어나고 멸하고, 지금 마음자 리에 쓰는 용심을 이야기하는 것입니다.

전륜성왕이 세 치 혀를 가지고 천하를 통일하고 평화를 만들고 창·칼 하나 뽑지 않았더라도 온 우주천지가 창이고 칼이라고 했습니다. 이것은 조금 더 머묾이 없는 향상일로의 본분자리에서 당신의 법을 드 러낸 소식입니다.

'파파跛跛, 설설挈挈'이라 했습니다.

파파跛跛는 다리를 절름거리는 것을 뜻하고, 설설挈挈은 손을 떠는 것을 뜻합니다. '다리를 절름거리고 손을 떨면서 참 멀고도 멂이로다' 이런 법문이 선입니다. 전륜성왕의 세 치 혀를 뽑아서 던져, 자국을 없애 버리더라도 온 천지가 창이고 칼이라는 것은 거기까지도 세우지 않는 도리인데, 그러한 자리도 역시 얼굴은 땅을 보면서 하늘을 찾는 일이고, 참 멀고 멀다는 말입니다. 이것은 조금도 흔적을 용납하지 않 는 소식입니다.

'맥연당착서십삼낭驀然撞著徐十三郎'이라 했습니다.

이 말은 다음과 같은 유래에서 비롯되었습니다. 서씨 집의 열셋째 아들이 전쟁터에 갔는데, 전쟁터에서 싸우다 죽었다고 부고가 날아왔습니다. 그래서 아버지가 죽은 자식 시체라도 찾아야겠다고 전쟁터에 가 자기 자식을 찾았습니다. 그런데 죽은 줄 알았던 자식이 살아서 '아버지!' 하며 왔습니다. 그랬을 때 그 아버지가 '아!' 그러는 순간이 있습니다. 그때는 말이 필요 없습니다. 바로 주장자 던지고 전륜성왕의 세치 혀를 뽑는 소식 등이 바로 죽었다고 생각한 자식을 만나는 순간에 '아!' 하는 소식과 같은 것입니다. 여기에는 아무리 부처님의 좋은 말과 살리고 죽이는 어떤 이야기라도 끼어들 수가 없습니다. 다만 '아!' 그뿐입니다. 이것이 바로 선입니다.

그러면서 손으로 무릎을 한 번 탁 칩니다. 손으로 무릎을 한 번 탁 치는 소식이나 죽은 줄 알았던 자식 만나는 '아!' 소리는 전부 다 같은 소식입니다.

'납월 30일'은 죽을 때를 뜻합니다.

임종 시에 눈을 뜨고 귀신을 볼 것이라고 했습니다. 선이라는 것은 바로 활구를 참구해서 그 활구 기운이 내 온몸에 전체로 의정이 찼을 때, 그 죽은 자식을 만나는 순간과 같이 '아!' 그것으로써 그 경계에 있다손 치더라도 죽을 때 눈 뜨고 귀신을 본다는 말입니다.

이것도 당신이 그 자리에 머물지 않게끔 하는 법문입니다. 이것을 선에서는 향상일로向上一路라고 하고, 교학에서는 무주無住라고 합니다. 절대경계에 머무름이 없고, 항상 본래 우리 본성, 실상자리가 작용하는 그대로 법문을 보이는 것입니다. 티끌만큼도 머물고 흔적을 남기지 않는 것입니다. 흔적을 남기지 않는 것이 선입니다. 다시 말하면 지금 일으키고 생멸하는 마음을 날마다 생활에서 쓰되, 흔적을 남기면 안 된다는 이야기입니다. 지금까지 여러분에게 쭉 풀면서 이야기하고, 비유를 많이 든 것은 모두 흔적을 남기는 이야기이고 교학적인 이야기입니다. 그것은 전부 다 사구死句라는 말입니다. 활구는 죽은 자식 만나니 '아!' 그뿐인 것입니다. 하지만 그것도 역시 몽둥이 맞는 경계일 뿐입니다.

立限示衆

기한을 정해서
대중에게 보임

五陰山中에 魔强法弱하야 戰之不勝인댄 休擬議著하고 寶劒全提하
야 莫問生殺하고 奮不顧身하야 星飛火撒이어다 有功者는 賞하고 無功
者는 罰하리라 賞罰이 旣已分明인댄 且道하라 今日喫棒底上座는 是賞
耶아 是罰耶아 若向者裏하야 緇素得出하면 便見興化於大覺棒下에 悟
喫棒底消息하리라

오음산五陰山 가운데 마군은 강하고 법은 약해서 싸워 이기지 못하
면, 헤아리지 말고 보검을 들어서 사느냐 죽느냐를 묻지 말고, 몸을
돌보지 말고 분발해서 별이 날고 불이 흩어지듯 하라. 공이 있는 자에
게는 상을 주고, 공이 없는 자에게는 벌하겠다. 상과 벌이 이미 분명
해졌다면, 말해 보라. 오늘 몽둥이를 맞은 상좌는 상인가, 벌인가? 만
일 이 속에서 검은 것과 흰 것을 알아내면 문득 흥화興化 스님이 대각
大覺스님의 몽둥이 아래서 몽둥이를 맞고서 깨달은 소식을 볼 것이다.

"마군은 강하고 법은 약하다"고 했습니다.

이 말은 반야 지혜가 약하다는 뜻입니다. 모든 것을 연기로 보는 가운데서 그 실체가 없다고 생각하고, 이 오온이 공한 이치를 아는 것을 지혜라고 합니다. 『반야심경』에 오온개공五蘊皆空이라고 했습니다. 오온이 모두 공한 도리를 알므로 일체의 고액을 건넜다는 것입니다. 내 마음에 고통이 사라지고 없다는 말입니다.

상대와 싸우기 전에 미리 저 사람이 무섭다든지, 힘이 세다든지, 나름대로 자꾸 분별하고 생각하고 논의를 하는데, 그런 것을 다 끊고 보검전제寶劍全提해야 한다는 것입니다. 보검寶劍은 화두를 말합니다. 화두를 오로지 든다는 말입니다. 그것은 마음과 뜻과 생각의 길이 조금도 비집고 들어갈 수도 없고 붙잡을 자리도 없다는 뜻입니다.

그래서 생사를 돌아보지 않고, 묻지 않고, 분연히 몸도 돌아보지 않고 공부하는 것이 활구活句에서 번갯불이 치는 것 같고 그 불꽃이 흩어지는 것같이 해야 한다는 것입니다. 화두는 화두대로 따로 놀고, 또 내가 일으킨 마음에 구속되고 붙들려서 계속 괴로워하고 불안해하고 긴장하고 미워하는 그런 귀신 보는 짓을 하면서 화두를 들어본들 그것은 미력이 발생한다 하더라도 어렵다는 말입니다. 번갯불 치는 것 같고, 불꽃 날아가는 것 같으며, 흔적 없이 전광석화같이 뛰어난 의지가 있는 자만이 공부에 진취가 있다는 말입니다.

"공이 있는 자에게는 상을 주고, 공이 없는 자에게는 벌하겠다. 상과 벌이 이미 분명해졌다면, 말해 보라"고 했습니다.

고봉 스님께서 그날 법문을 하는데, 어느 수좌가 시원찮은 질문을 했었나 봅니다. 그래서 고봉 스님에게 몽둥이를 한 대 맞은 것입니다. 저 반야학인이 맞은 몽둥이가 상이냐 벌이냐 이 말입니다. 이것도 상이냐 벌이냐고 할 때, 잘한 것이 있고 못한 것이 있고, 착하고 악하고 이렇게 분별하는 생각을 가지고 상 주고 벌 준다고 생각하면 안 됩니다. 선禪은 그 분별의식을 뛰어넘습니다. 너다 나다, 착하다 악하다 그렇게 양변을 나누는 것이 아니므로 지금 여러분이 세속적 생각을 가지고 상벌을 생각하면 안 되는 것입니다. 죽은 줄 알았던 자식을 만나니, 여기에 자식이 착하고 악한 생각이 붙을리가 없습니다.

"검고 흰 것을 스스로 가려내라"고 했습니다.

'치소緇素'의 검을 '치緇'자에 흴 '소素'자인데 같은 말입니다.

과거에 흥화興化라는 스님이 계셨는데, 이 분이 대각 스님 밑에서 공부를 하다가 질문을 했습니다. 그런데 대각 스님이 몽둥이로 때렸습니다. 그 몽둥이를 맞으면서 '오끽방저소식悟喫棒底消息'이라고 했습니다. 즉 그 몽둥이를 맞으면서 임제 스님께서 황벽 스님에게 몽둥이 맞은 소식을 깨달았다는 말입니다.

참고로, 임제종은 임제 스님으로부터 창시된 선종인데, 임제 스님이 황벽 스님 문하에 있을 때 황벽 스님께 법을 청했습니다. "도대체 불법이 무엇입니까?"라고 물었습니다. 그러자 황벽 스님이 주장자를 가지고 임제 스님을 스무 방 때렸습니다. 『임제어록』에는 "내가 황벽 스님에게 법을 물었을 적에 세 번 묻고 세 번 맞았는데 60방을 맞았노라"고 했습니다. 그렇게 60방을 맞아도 임제 스님은 황벽 스님에게서 그 법문 끝에 깨닫지를 못했습니다. 그래서 임제 스님이 걸망을 지고 대우 스님을 찾아가서 "제가 황벽 스님 문중에서 법을 물었더니 60방을 맞았습니다"라고 말했습니다. 그러자 대우 스님이 "이놈아, 황벽 스님이 너에게 자상하게 법문을 해줬는데, 여기 와서 무슨 소리인지 모르겠다니, 이렇게 죽은 소리를 하느냐?"고 했습니다. 그런데 그 소리에 임제 스님이 깨닫습니다. 깨닫고는 "황벽의 법이 깊은 것도 아니고 별것도 아니고 간단하군"이라고 말했습니다. 그때 대우 스님께서 "조금 전까지만 해도 캄캄해서 모른다고 했는데, 무슨 소식을 봤길래 그런 소리를 하느냐?"고 물어보니, 임제 스님이 대우 스님의 옆구리를 쥐어박았습니다. 그것이 깨달은 소식입니다. 죽은 줄 알았던 아들을 만나는 순간에 '아!' 하는 도리나, 쥐어박는 도리나 모두 체험되고 확철하게 자기 성품을 드러내는 소식에서 나오는 것입니다.

법을 깨달아서 황벽 스님의 제자가 됐는데, 몽둥이를 맞은 소식을 흥화 스님도 깨달았다는 말입니다. 곧 임제 스님의 깨친 소식을 내가 알았다는 것입니다. 여기에서 상벌이라는 말은 바로 몽둥이를 맞는 그 도리에 상과 벌이 다 갖추어져 있는 것입니다.

　도를 알고자 하는 사람은 구름같이 모여드는데 도를 행하고자 하는
사람은 몇이나 되겠는가? 지혜로써 번뇌를 없애고자 하는 사람은 봄
날의 가랑비처럼 많은데 참으로 생각이 있으면 그르친다는 도리는 알
지 못한다는 것을 공부하면서 항상 되새겨 봐야 합니다.

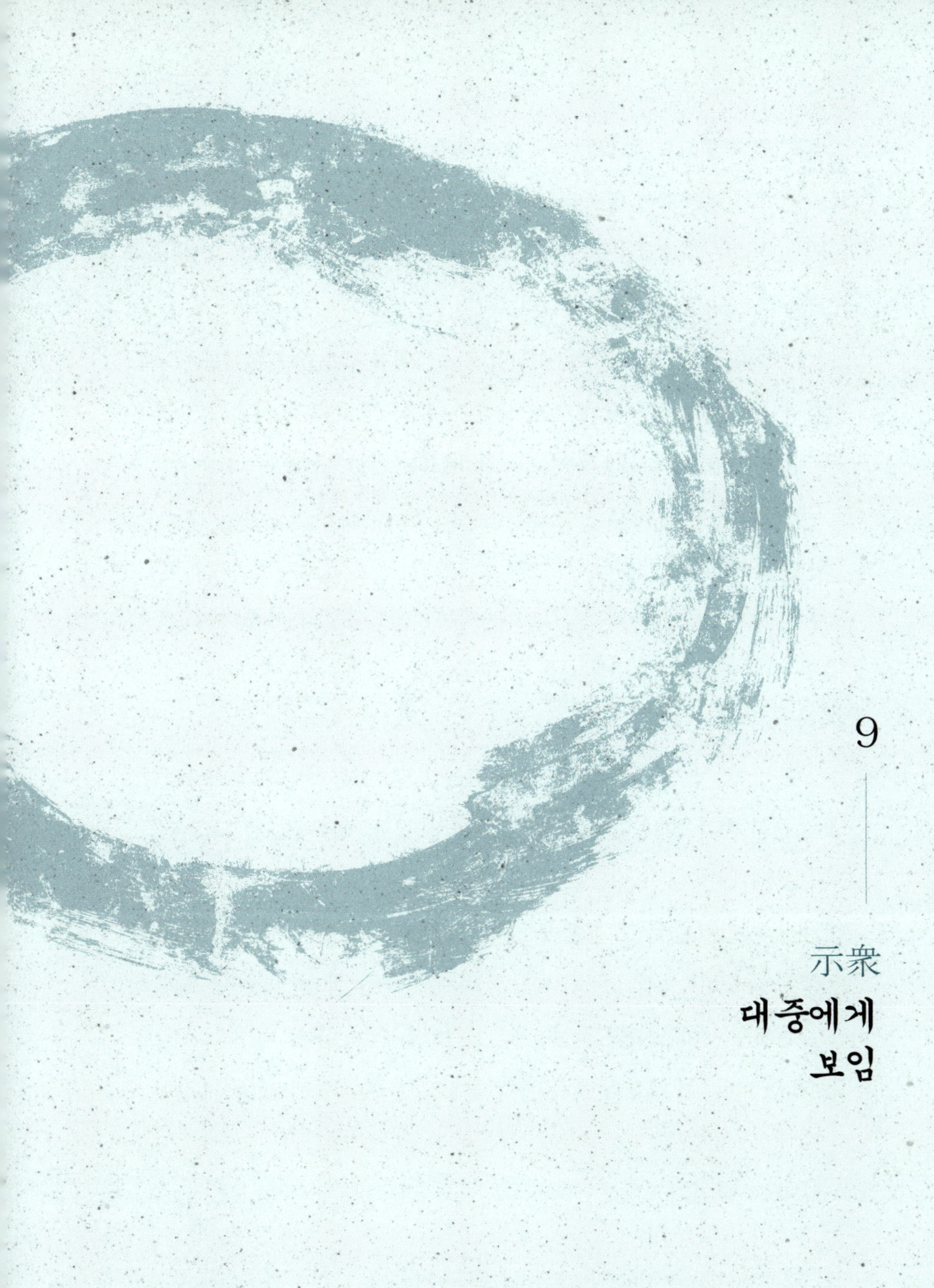

9

대중에게
보임

參禪에 若要剋日成功인댄 如墮千尺井底相似하야 從朝至暮하며 從暮至朝히 千思想萬思量이 單單只是箇求出之心이요 究竟決無二念이니 誠能如是施工하야 或三日或五日或七日에 若不徹去면 西峯은 今日에 犯大妄語라 永墮拔舌犁耕하리라

有時熱閙閙하며 有時冷冰冰하며 有時如牽驢入井하며 有時如順水張帆하나니 因此四魔가 更相殘害하야 致使學人으로 忘家失業이라 西峯은 今日에 略施一計하야 要與諸人으로 掃蹤滅跡하리라 良久云 揑

참선을 해서 만일 정한 기일에 공功을 이루고자 한다면 마치 천 길 우물에 떨어진 것같이 아침부터 저녁까지, 저녁부터 아침까지 천 생각 만 생각이 오로지 나오려는 마음뿐이요, 끝내 다른 생각이 없는 것과 같이 해야 한다. 진실로 이같이 공부해서 혹은 3일, 혹은 5일, 혹은 7일 만에 깨치지 못하면, 나[西峯]는 오늘 대망어大妄語를 범했으므로 영원히 혀를 뽑아 밭을 가는 지옥에 떨어질 것이다.

어떤 때에는 싸우듯이 뜨겁고, 어떤 때에는 얼음처럼 차가우며, 어떤 때에는 나귀를 끌고 우물에 들어가는 것과 같고, 어떤 때에는 물길을 따라 돛을 펴는 것과 같다. 이 네 가지 마군이 번갈아가면서 서로 해치므로 배우는 이로 하여금 집을 잊고 가업을 잃게 한다. 내[西峯]가 오늘 간략히 한 계책을 베풀어 모든 사람에게 그 자취를 쓸어 없애 주겠다.

한참 있다가 말하기를

'악[揑]!' 하였다.

"만약 정한 날에 그 공을 이루고자 할진대 천 길이나 되는 우물에 떨어진 것과 같이 아침을 좇아서 저녁에 이르고 저녁을 좇아서 아침에 이르도록 천 생각 만 생각이 오로지 그 우물에서 나오기만을 간절하게 생각해야 한다"라고 했습니다.

비유컨대 젊어서 과부가 된 70세 노인이 전쟁터에 나간 하나뿐인 아들 생각하듯 하여야 한다는 것입니다. 밥을 먹거나 옷을 입거나 앉으나 서나 오직 아들 생각하듯 그렇게 화두에 들어야 한다는 것입니다.

"다른 두 생각이 없다"고 했습니다.

좋다, 싫다, 살아야 된다, 죽어야 된다는 이런 생각이 없습니다. 이렇게 공부를 하면 3일 내지 5일, 아니면 7일에 확철하게 깨닫는다는 것입니다.

이 말은 활구活句에서 참구해야만 이런 소식이 온다는 것이지, 사구死句를 들고서 화두를 들면 안 된다는 것입니다. 화두를 들다가 화두가 풀렸다는 분들은 대체적으로 어록을 너무 많이 봤다든지, 공안을 분별하면서 스스로 자기 자신도 모르게 은은한 가운데 화두의 해답을 쥐고 있습니다.

알음알이도 사구입니다. 은은한 가운데 화두를 들다 보면 묵黙에 들어가 아주 편안한 느낌을 갖습니다. 그때 그 안락함에서 화두가 탁 풀리는 자기 착각을 일으킵니다. 화두가 타파됐다, 화두가 풀렸다, 이렇게 착각을 하는데, 그것은 화두가 아닙니다. 그것은 아무리 해도 생활에서 자기 성품을 드러낼 수 있는 언행일치를 못 가집니다. 중요한 것은 화두 타파가 되든지 견성했다면 고준한 지혜가 드러나고, 그 지혜에 걸맞게끔 일상생활에서 일체중생을 위해 자비를 베풀어야 합니다.

자비는 어떤 모습으로든 중생을 위해서, 사회를 위해서, 이웃을 위해서 항상 자비로운 보살의 만행이 그대로 나와야 됩니다. 깨친 사람의 입장에서 볼 때는 중생 이야기를 하고, 또는 분별을 이야기한다 하더라도 그것은 부처의 소리가 되는 것이고, 깨치지 못한 사람 입장에서는 아무리 부처 이야기를 하고, 조사 이야기를 한다 하더라도 그것은 중생 소리가 됩니다. 여기서 중요한 것은 오로지 활구를 들어야 된다는 것입니다. 활구를 들어야만 일체 모든 종적을 지워 버립니다.

때로는 산란함과 싸우고, 때로는 혼침昏沈과 무기無記와 싸우고, 때로는 나귀를 붙들고 우물에 들어가는 것같이 역경계와 싸웁니다. 나귀를 붙들고 우물에 들어가려고 하면 나귀가 들어갑니까? 안 들어갑니다. 또 때로는 순풍에 돛을 단 것처럼 순경계가 되기도 합니다. 이처럼 마구니에 휩쓸려 본분사 가업을 잃게 되면 양가득죄兩家得罪가 됩니다. 출가하느라 부모를 여의고 천륜을 저버린 것이 그 죄요, 스승과 원수가 되며 선지식과도 멀어지는 것이 또한 그 죄가 됩니다.

그런데 순일무잡하게 의단이 들어서면 이런 경계가 다 떨어져 버립니다. 흔적도 없고 조금의 조작도 없이 그렇게 면면하게 들어간다는 말입니다. 이렇게 되어야만 본심을 잊고 도업을 잊지 않습니다. 그러나 사구면 본심도 잊고 도업을 잊습니다.

'소종멸적掃蹤滅跡'이라 했습니다.

선禪법문은 일체 흔적을 지우는 일이라는 뜻입니다. 흔적 지운다는 이야기가 또 나옵니다. 흔적을 어떻게 지웁니까? 절대 알음알이나 분별이나 학문으로는 안 됩니다. 알 수 없는 화두, 활구 화두 참선에서 이 흔적이 지워집니다. 마지막에 가만히 양구良久하는데 양구하는 것이 큰 법문입니다. 달마 스님이 돌아앉아서 양구면벽良久面壁하였습니다. 달마 스님이 가만히 벽을 바라보고 입 다물고 앉으신 그 모습이 엄청난 법문입니다.

'첩捷'이라고 또 말씀하셨습니다.

이 '첩捷'에 무슨 인위고 조작이고 흔적이 붙겠습니까? 지금까지 한 법문을 전부 다 일자법문으로 양구하면서 '악[捷]!'이라고 하였습니다. 이것이 선禪입니다. 여기다 자꾸 분별의식을 갖든지, 이렇게 저렇게 끼워 맞추고 머리를 굴리면 그것은 눈 뜨고 귀신 보는 짓입니다. 선은 그냥 듣고 그냥 보는 것입니다.

兄弟家가 成十年二十年토록 撥草瞻風하되 不見佛性하야 往往에 皆謂被昏沈掉擧之所籠罩라하나 殊不知只者昏沈掉擧四字가 當體卽是佛性이로다 堪嗟라 迷人은 不了하야 妄自執法爲病이라 以病攻病하야 致使佛性으로 愈求愈遠하며 轉急轉遲하나니 設使一箇半箇라도 回光返照하야 直下知非하야 廓然藥病兩忘하고 眼睛露出하야 洞明達磨單傳하며 徹見本來佛性이라도 若據西峯點檢將來인댄 猶是生死岸頭事라 若曰向上一路인댄 須知更在靑山外니라

여러분[兄弟家]이 10년, 20년이 되도록 풀을 헤치고 바람을 맞되 불성佛性을 보지 못해서 가끔 혼침昏沈과 도거掉擧의 그물에 갇혔다고 말하나, 이 '혼침·도거' 네 글자의 본체가 곧 불성인 줄 알지 못하는구나. 매우 슬프다! 미혹한 사람이 요달하지 못해서 망령되게 스스로 법을 집착하여 병으로 여기고, 병으로써 병을 다스려서 불성을 구하면 구할수록 더욱 멀어지며, 급하면 급할수록 더욱 더디어졌다. 설사 단 한 개 반 개라도 빛을 돌이켜 비추어 당장 잘못됨을 알아서 확연히 약과 병을 둘 다 잊고 눈동자가 드러나서 달마가 홀로 전한 뜻을 환하게 밝히며, 본래 불성을 사무쳐 보더라도 만일 나[西峯]의 점검에 의거한다면, 오히려 생사 언덕의 일이다. 만일 향상의 한 길[向上一路]을 말한다면, 다시 청산靑山 밖에 있는 줄 알아야 한다.

"형제들이 10년, 20년에 이르도록 무명초를 베어 버리고 법풍을 맞되 불성을 보지 못하고 가끔 혼침昏沈과 도거掉擧에 구속되었다고 말하나, 이 혼침과 도거 넉 자의 본래 당체가 불성이라는 것을 알지 못한다"고 했습니다.

혼침은 마음이 아주 적적한 상태를 뜻합니다. 그러면 적적하고 고요한 상태가 좋은 것인데 왜 여기서는 그것을 병으로 치느냐? 화두 공부를 하는데 고요히 적적하다는 것은 마음을 누리기만 하는 것입니다. 마음을 누리기만 하고 가만히 고요히 붙들고 있으려고만 하니 그것은 마치 풀을 돌로 눌러 놓는 것과 같습니다. 돌로 눌러 놓은 풀은 완전히 뿌리가 제거되는 것은 아닙니다. 언제든지 그 풀은 돌 밑에서 인연이 주어지면 다시 살아 올라오게 되어 있습니다. 그 고요한 가운데서도 뿌리째 뽑아낼 수 있는 화두의 활구, 알 수 없는 의심이 함께 정진이 되어야 하는데, 의심이 일어나지 않고 마음만 고요히 붙들고 내리누르고 있다는 말입니다. 이것을 혼침에 빠져 있다고 이야기합니다.

도거는 그 반대입니다. 도거는 생각이 잠시도 가만있지 않고 움직이는데, 이 움직이는 것이란 알음알이를 가지고 화두를 풀려고 한다든지, 철학적으로 화두에 대한 해답을 만들려고 한다든지, 개념적으로 이해한다든 자기도 모르게 그렇게 마음이 움직이는 것입니다. 움직이는 것도 역시 알고 보면 그 병이 어디에 있느냐 하면 화두에 의정疑情이 서있지 않기 때문입니다.

혼침에 젖어 있는 것도, 도거에 마음이 산란하게 움직이는 것도 결국 화두에 의심이 들어 있지 않기 때문이며, 이것은 양쪽 다 치우친 것이고 병이 된다는 말입니다.

혼침, 도거, 화두의 의정, 이 세 가지가 어디서 나온 것이냐? 즉 그 본체가 뭐냐는 말입니다. 그 본체는 우리의 불성자리에서 나온 것입니다. 즉 본심자리, 일심자리를 말합니다. 이것이 한쪽에만 치우치면 병이 됩니다. 그래서 참 안타깝다고 했습니다.

미혹한 사람은 요달하지 못한다고 했는데, 무엇을 요달하지 못한 것이냐? 『반야심경』에서 이야기하는 진공묘유眞空妙有를 요달하지 못했다는 말입니다. 그 진공묘유를 요달하지 못해 망령되이 스스로 법을 집착하여 병을 만들었다는 말입니다.

혼침은 적적한 것이고 도거는 성성한 것인데, 의정이 아주 순일하게 살아 있으면 적적과 성성과 그 의정이 조화롭게 하나가 되어 아주 자연스럽게 그것이 잘 흘러나가는 것을 화두가 순일하다고 하는 것입니다. 그런데 이것이 한쪽으로 치우쳤다는 것입니다.

그러면 진공묘유라는 것은 뭡니까?

진공眞空은 생명 있는 것이나 생명 없는 것이나 모든 삼라만상의 본실체를 말하는 것이며, 우리의 본성을 말하는 것입니다. 본성은 무無하기 때문에 공한 것입니다. 그 공空에 만유를 다 살려내고 드러내는 것이 있다는 것입니다. 그러므로 참 공[眞空]은 비어 있는 것이 아니라 거기에 모든 생명의 싹을 틔울 수 있는 가능성이 들어 있는 것을 말합니다.

우리가 공부를 하면서도 진공묘유를 알기가 참 어렵습니다. 많은 사람들이 불교 공부를 하면서도 세상이 다 무상하고 허망하고 부질없는 일이라고 생각하는 폐단이 생기기도 합니다. 색色이 공空이고 공이 색이면, 우리가 살아가는 일상생활이 아주 창조적이고 활발하고 적극적이고 능동적이고 평화롭고 자유로워야 됩니다. 그런데 이것이 치우쳐 버렸다는 말입니다.

우리가 본래 부처인데, 그 부처에다가 부처니 조사니 열반이니 해탈이니 하는 것은 머리 위에다 머리 하나를 덧씌우는 것과 같습니다. 이것이 맞지 않다는 것입니다. 하나도 세울 수가 없는 것인데, 거기에 매몰되어 있다든지, 진공에 집착되어 있으면 모든 것을 살려내지를 못하므로 살려내는 도리는 또 색이라는 말입니다. 색은 일체 만상의 모든 경계를 오는 대로 그대로 보는 것입니다. 보고 살려내는데 살려내는 그것도 색을 보면서 거기에서 공을 같이 봐야 됩니다.

그것을 『금강경』에서는 '범소유상 개시허망凡所有相 皆是虛妄'이라고 했습니다. 범소유상은 색을 말합니다. 무릇 있는 바 모든 형상이라고 했으므로 색을 말하는 것이고, 개시허망이라고 하는 것은 공을 말하는 것입니다. 왜 공입니까? 모든 것이 다 연기로 되어 있기 때문입니다. 그러면 약견제상若見諸相은 무엇입니까? 약견제상도 모든 색을 말합니다. '약견제상若見諸相이 비상非相이면'은, 모든 상을 보는 가운데 그 상이 모두 연기로 인해서 잠깐 일어난 현상이고 물에서 떠오른 거품이라는 것을 바로 본다는 것입니다. 비상非相은 그 모든 상에서 공空을 본다는 말입니다. 즉 상相이 상이 아닌 줄을 안다는 뜻입니다. 공空을 보면, 바로 그 자리가 여래를 보는 자리다, 즉견여래卽見如來라고 했습니다. 여래라는 것이 무엇이냐? 실체가 없고, 무아이며 또 잠깐도 머물 수 없고 항상 흘러가고 있다는 그 자체가 여래라는 것입니다. 그것이 나의 부처라는 이야기입니다. 그 이야기를 이렇게 하는 것입니다.

"병으로써 병을 다스렸기에 불성을 구하면 더욱 멀어지며, 급하면 급할수록 더 멀어진다"고 했습니다.

부처님의 가르침은 연기법을 가르치신 것이기 때문에 모든 것이 실체가 없다고 했습니다. 실체가 없다 하고 또 무아無我라고 하니, 이것을 이해하기가 쉽지 않습니다. 내가 없는데 왜 연애를 한다고 하고, 내가 없는데 왜 절에서는 천도재를 지내는지 이런 것이 전부 다 궁금하고 해결이 안 되는 것입니다.

『금강경』에서 "일체 상이 상 아닌 줄을 보라"고 했는데, 그것이 『금강경』의 총체적인 진리의 뜻입니다. 상을 보되 상이 상 아닌 줄을 보라는 말입니다. 여래가 여래 아니기 때문에 여래고, 32상이 32상이 아니기 때문에 32상이라고 이야기했습니다. '여래가 여래 아니기 때문에'에서, '아니기 때문에'라는 말은 공空을 말합니다. 연기로 인해서 이루어진 것이기 때문에 아니라는 용어가 거기에 붙게 됩니다. 또『금강경』에서는 아상我相·인상人相·중생상衆生相·수자상壽者相이면 즉비보살卽非菩薩이라고 했습니다. 만약 아상·인상·중생상·수자상이 있다면 그것은 보살이라고 할 수가 없습니다. 즉, 여래라고 할 수 없다는 말입니다. 그런데 우리는 스스로가 착각에 빠져 지금의 나를 붙들고 있는 것입니다.

그것은 착각된 무명 업식으로 인해서 내가 보는 것이지 실제 있는 것이 아닙니다. 이것이 없다는 것을 무아無我라고 합니다. 비유를 하자면 구름이 실체가 없이 싹 걷힌다는 말입니다. 구름이 없다고 하니 여러분은 내가 없다고 자꾸 생각하는 것입니다. 내가 없는 것이 아니고, 구름이 없다는 말은 구름이란 실체가 없는 것이고 벗겨지면 태양이 나온다는 것입니다. 그 태양이 바로 내 부처이고 여래입니다. 태양이 나오면 그 태양은 천 삼라 만 삼라를 비추는데 인위적이거나 조작이 없습니다. 그냥 비추는 것입니다. 서씨 집의 열셋째 아들이 전쟁터에서 죽은 줄 알고 시체를 찾으러 갔는데 아들이 살아서 툭 튀어나오니 '아!' 하는데, 그 '아!'가 태양입니다. 거기에는 아상·인상·중생상·수자상 구름이 붙을 것이 없습니다.

이렇게 알아야 하는데, 무아라고 하면 있는 것 아니면 없는 것이고, 나 아니면 너고, 좋은 것 아니면 싫은 것 등 항상 중생 업식을 가지고 살기 때문에 이런 이야기들이 자꾸 겉돌게 됩니다. 그런 사상을 가지고 붙들고 있으면서 공부를 하려 하고, 내 성품을 보려고 하는 것은 병을 가지고 병을 다스리려고 하는 것과 같은 것으로 되겠느냐는 말입니다.

"설사 한 개 반 개라도 회광반조[設使一箇半箇 回光返照]하여서"라고 했습니다.

'한 개 반 개'라는 용어들이 참 어렵습니다. 제가 앞에서, 항상 무심자리를 먼저 체득을 하고, 체득된 대무심지에서 평상심의 일상 생각이 흘러나와야 된다고 했습니다. 그러면 컵을 컵이라고 할 줄 알고, 꽃을 꽃이라고 할 줄 알게 되며 그 아는 것을 평상심이라고 합니다. 그런데 이 평상심이 옳은 평상심이 못 되고, 지혜를 갖춘 평상심이 왜 못 되느냐 하면, 무심자리를 우리가 먼저 체험하거나 체득하지 못했기 때문입니다.

예를 들어 구슬이 있는데, 그 구슬은 본래 색이 없습니다. 그런데 구슬에 빨간 천을 갖다 대면 빨간 천 색깔이 비칠 것 아닙니까? 그러면 그 무심자리, 즉 진공의 자리를 아는 사람은, 이것은 인연에 의해서 나타나는 것이라는 것을 알기 때문에 빨간 것에 대해 좋고 싫고 밉고 곱고 너와 나 등의 분별심과 비교하는 마음, 집착하는 마음을 일으키지 않습니다. 왜냐하면 이것은 실체가 없고 잠깐 인연에 의해서 빨간 것이 비쳤다는 것을 알기 때문입니다. 그런데 이러한 무심의 자리를 몰랐을 때는 빨간 것이 비치면 그것이 내 것이라고, 좋은 것이라고 집착을 하게 됩니다. 집착을 하면 속상한 일도 생기고 괴로운 것도 생깁니다. 다시 말하면 아상·인상·중생상·수자상이 그렇습니다. 그러므로 이 진공의 자리, 무심의 자리를 먼저 체험해야 됩니다. 체험하기 위해서는 알 수 없는 활구 화두를 들라는 것입니다. 그것을 들면 무심자리에 바로 들어갑니다.

그래서 무심이 대단히 중요합니다.

우리가 견성하고 한 소식 했다고 해도 언행의 일치가 잘 안 되고 일상생활에서 다른 점이 별로 없는 것은 무심자리를 보지 않고 견성했기 때문입니다. 예를 들면, 이 팔은 하나인데, 한쪽은 손바닥, 즉 평상심이고, 다른 한쪽은 손등, 즉 무심입니다. 아주 간단한 원리입니다. 이것은 하나인데, 평상심은 여기의 반쪽입니다. 즉 하나의 반쪽입니다. 그래서 한 개 반 개라는 것입니다. 이 '한 개 반 개'라는 말은 우리 생명이 존재해 나가는 법칙성을 말하는 것입니다. 우리 본래 생명이 존재해 나가는 원리가 항상 평상심 아니면 무심, 무심 아니면 평상심 이렇게 하면서 계속 흘러가고 있습니다. 그런데 이것을 본래대로 돌아가게끔 하는 것이 고향소식입니다. 고향에 돌아간다는 것인데, 우리는 여기에다 아상·인상·중생상·수자상으로 막아 버렸습니다. 내가 있다고 자꾸 집착하고, 나라는 아상에 집착하여 그것이 막혀 버리는 것입니다.

회광반조廻光返照하라는 것은 진공자리, 무심자리를 바로 깨달아 보라는 말입니다. 바로 그릇됨을 알았다는 것은 분별해서 혹은 학문적이거나 지식으로 아는 것은 절대 의식의 변화가 일어나지 않고 언행의 일치가 안 되므로 그 무심자리를 체득해야 된다는 것을 알았다는 말입니다. 확연히 약과 병을 다 잊어버린다는 것은 주관과 객관, 나누는 생각, 아상·인상·중생상·수자상이 모두 실체가 없다는 것을 알면 다 잊어지는 것입니다. 잊어서 푸른 눈이 드러난다는 것은 우리의 본심자리, 무심의 자리를 바로 알았다, 달마께서 전하신 법을 아주 확연하고도 밝게 알았다는 말입니다. 달마께서 전한 법이 무엇이겠습니까? 전한 것이 있다고 생각하면 안 됩니다. 왜냐하면 머리도 없고 꼬리도 없고, 이것은 뭐라고 이름 지을 수가 없는 것이기 때문입니다. 너고 나고, 잘하고 못하고, 선이고 악이고 그런 것은 붙을 수 없습니다. 이것은 아상·인상·중생상·수자상 중생 업식의 종적을 전부 다 지워 버리는 자리입니다. 그것을 달마 스님이 전했다는 말입니다.

　전한 것이 없는 것을 전했다는 말인데, 전했다는 말은 '너한테 있는 것은 네가 써라'는 말입니다. 너한테 있는 것은 네가 쓸 뿐이지, 나한테 뭘 가져가려고 하느냐, 너희들이 본래 다 부처이기 때문에 본래 부처가 부처로서 살라는 뜻입니다. 전한 것이 있고 받은 것이 있다고 생각하면 또 아상·인상·중생상·수자상에 빠져 버리는 것입니다.

　그래서 본래 불성을 확철하게 봤을지라도, 즉 그러한 경지에 이르러서 견성했다 하더라도, 고봉 스님은 그것 가지고 내가 인가하지 않겠다는 말입니다. 만약 나에게 점검하라고 할 것 같으면 그것도 다 생사언덕의 일이라고 했습니다. 생사언덕은 무엇입니까? 태어남이 있고 죽음이 있고, 네가 있고 내가 있고, 좋은 것이 있고 싫은 것이 있는 등 전부 다 생사 양변으로 갈리는 것입니다. 다시 말하면 너희들이 견성을 했다 하더라도 내가 볼 때는 아직 어리다, 아마추어다, 진짜 프로가 아니라는 말입니다.

'향상일로向上一路'라 했습니다.

이 말은 경계를 당할 때마다 거듭거듭 지혜가 자꾸 살아나는 것을 뜻합니다. 절대 열반이니 해탈이니 부처라니 등의 어떠한 경계에도 조금도 집착하거나 머물지 않고 나가는 것입니다. 그것은 청산青山 밖의 일이라는 것입니다. 청산 밖의 일이라는 것은 비유하자면 백운白雲이 청산을 휘감고 돌아가는데, 백운이 청산에 걸려서 못가고 구속당하는 것이 아니라 백운이 청산을 휘감고 돌아가도 조금도 불편함이 없고, 청산 역시 백운이 자기 몸을 휘감고 돌아가도 백운에 미련도 없고 집착도 없다는 뜻입니다. 내 마음에 일어나는 모든 작용이 실제로 그렇게 체험이 되고, 생활에서 그렇게 되어야 됩니다. 생활에서 살아 있지 않을 때는, 즉 내 생활이 본래 불성대로 돌아가지 않을 때는 견성했다고 이야기하지 말라는 것입니다.

若論此事인댄 正如逆水撑船하야 上得一篙에 退去十篙하고 上得十篙에 退去百篙하야 愈撑愈退라 退之又退하야 直饒退到大洋海底라도 掇轉船頭하야 決欲又要向彼中撑上이니 若具者般操志인댄 卽是到家消息이라 如人上山에 各自努力이니라

此事的實用工切處는 正如搭對相撲相似하야 纔有絲毫畏懼心과 纖塵差別念이 蘊于胸中이면 何止十撲九輸리오 未著交時에 性命이 已屬他人了也니라 若是鐵眼銅睛인댄 憤憤悱悱하야 直要一拳打碎하며 一口呑却하리니 假使喪身失命하야 以至千生萬劫이라도 心亦不忘이니라 諸上座여 果能如是知非하며 果能如是著鞭하면 剋日成功을 斷無疑矣리니 勉之勉之어다

만일 이 일을 논한다면 마치 물을 거슬러 배를 젓는 것과 같아서 한 삿대를 저어 올리면 열 삿대가 물러가고, 열 삿대를 저어 올리면 백 삿대가 물러가서 저을수록 더욱 물러가서, 물러가고 또 물러가서 큰 바다에 이르더라도, 뱃머리를 잡아 돌려 결단코 저 가운데를 향하여 저어 올리고자 하는 것과 같다. 만일 이런 지조와 지략을 갖추었다면 곧 집에 이른 소식이다. 마치 사람이 산에 오를 때 각자 스스로 노력하는 것과 같다.

이 일의 분명하고 실제적으로 공부하는 간절한 곳은 마주 대하여 서로 싸우는 것과 같아서, 실 끝만큼이라도 두려워하는 마음과 가는 티끌만큼이라도 차별하는 생각이 마음속에 쌓이면, 어찌 열 번 싸워

서 아홉 번 지는데 그치겠는가. 싸우기도 전에 목숨은 이미 남에게 달려 있다.

만일 쇠 눈과 구리 눈동자를 가진 사람이라면 분하고 원통해서 당장 한 주먹으로 쳐부수며 한 입으로 삼키려 할 것이다. 가령 몸과 목숨을 잃어 천생 만겁에 이르더라도 마음은 또한 잊지 말아야 한다. 모든 상좌들이여, 과연 이같이 그릇된 것을 알고 이같이 채찍질할 수 있다면, 정한 기일에 성공할 것은 의심할 여지가 없을 것이다. 힘쓰고 힘쓸지어다.

　"이 일을 우리가 이야기할 때는, 마치 쏟아지는 폭포수 물을 바라보면서 배를 버텨가지고 올라가는 일과 같다"고 했습니다.

　역수逆水, 역풍逆風이 부는데 그 배를 끌어올리려고 하면 얼마나 힘이 들겠습니까. 한바탕 큰 원을 세우고 대단한 의지를 가지고 이 일을 한 번 해야 의식 변화가 일어난다는 것을 이렇게 표현했습니다.

　"한 삿대 저으면 열 삿대 물러나고, 열 삿대 저으면 백 삿대가 물러나고, 또 물러나고 물러나서 그것이 어디까지 가느냐면 오히려 저 바다까지 밀려가 버렸다"고 했습니다.

　폭포수로 올라가기는커녕 바다까지 밀려나 버렸다는 것입니다. 바다에 밀려났더라도 다시 뱃머리를 돌려 잡아서 결단코 또 저 폭포수를 향해서 내가 뱃머리를 돌리고 버티고 또 올라가는 그러한 대단한 원력과 의지와 집념이 있어야만 집에 이르는 소식이라고 할 수가 있다는 말입니다.

　그런데 왜 이렇게 표현을 했느냐 하면, 우리의 마음은 지금까지 분별하고 비교하고 차별하고, 너는 너고 나는 나고 이권利權에 너무 민감해져 있고, 이익과 손해에 친해져 있기 때문에, 이 흔적을 지운다는 것이 이렇게 어렵다는 뜻입니다. 이렇게 이야기하면 그 공부를 누가 하겠느냐는 생각이 들 것입니다. 그런데 그 힘든 것을 힘들지 않게 들어가는 길이 있습니다. 그것이 알 수 없는 화두 하나를 들면, 그 자리에서 떨어지는 도리가 나온다는 것입니다. 화두가 그만큼 길을 끊어 버리는 위대한 힘이 있다는 말입니다.

백장 스님은 하루 일하지 않으면 하루 밥 먹지 않겠다고 이야기했습니다. 그것은 일을 해서라는 뜻이 아니고 공부를 한 만큼 그것이 생활에서 살아나야 한다는 이야기입니다. 일을 한다는 표현으로 했지만, 생활이 바로 선이고, 생활이 수행이고, 수행이 생활이라는 것을 드러낸 말입니다.

또한 백장 스님은 착한 것을 세 번 이야기했습니다. 첫째 이 공부를 하려면 착해야 된다. 여기서 말하는 착한 것은 싫다 좋다, 중생이다 부처다, 너는 너고 나는 나고 하는 이 양변을 떠난 착한 것을 말합니다. 선과 악을 초월한 착한 것을 말합니다. 거기다 또 하는 말씀이 그 선까지도 떨어뜨려야 된다고 두 번째 선을 이야기했습니다. 세 번째는 떨어뜨렸다는 것까지도 떨어버려야 한다고 이야기했습니다. 이것은 모두 똑같은 이야기입니다. 본래 부처가 일상생활에서 부처로 살기 위해서, 봉사도 하고 좋은 일도 하면서 공부를 하라는 것입니다. 배고픈 사람 찾아가 밥 주고, 아픈 사람 찾아가서 구원해 주고, 죽는 사람 찾아가서 법문해 주고 마음 편안하게 해 주면서 공부하라는 것입니다. 이것을 안 하고 아무리 좋은 이야기를 많이 해도 그것은 전부 겉도는 이야기입니다. 실천이 대단히 중요하다는 것입니다.

"일에 있어서 적실히 공부를 하는 간절한 자리는 서로 맞붙어서 씨름하는 것과 같다"고 했습니다.

화두 드는 것을 씨름한다고 하였습니다. 앞에서 나온 노 젓는 것이 씨름하는 것인데, 마음의 집착을 지우는 것을 말합니다. 공부 전에 티끌만큼이라도 두려움을 생각한다든지, 차별심을 낸다든지, 또 마음 가운데에 조금이라도 알음알이를 낸다고 할 것 같으면, 열 번 싸워서 아홉 번 지는 데만 그치겠느냐는 말입니다. 열 번 싸워서 열 번 모두 진다는 말입니다. 성공 못한다는 말입니다.

'미착교시未著交時'라 했습니다.

싸우기도 전에 내 생명이 이미 타인의 손에 들어가 버렸다, 혹은 이기고 지는 것이 이미 타인의 손에 들어가 버렸다고 겁을 낸다는 뜻입니다. 알음알이로 해답을 찾으려고 한다든지, 자꾸 분별심을 낼 때, 그 알음알이를 내는 사람도 그 사람이고, 알아채는 사람도 그 사람입니다. 즉 그 사람이 그 사람이라는 말입니다. 그러니 그 사람을 어떻게 속이겠습니까? 속이지 못합니다. 그러므로 그 사람한테 이미 져버린 것입니다. 이렇듯 분명한 일이라는 것이니, 잘 살피라는 것입니다.

'쇠 눈과 구리 눈동자를 가진 사람이라면'이라고 했습니다.

쇠로 된 눈과 구리 눈동자는 뜨거운 것을 갖다 댄다고 해서 뜨겁지도 않고, 얼음을 갖다 댄다고 차갑지도 않습니다. 본래 불성의 본성자리, 즉 진공의 자리는 좋다 싫다가 없으며, 아상 · 인상 · 중생상 · 수자상의 사상도 없고, 차가운 것이나 더운 것이나 갖다 대도 부동심입니다. 그 마음은 본래 부처지 중생으로 전락한 적이 없는 것을 말합니다. 그렇게 믿을 때 쇠 눈이 되고 구리 눈동자가 된다는 것입니다. 그렇지 않고서는 조그마한 경계만 갖다 들이대도 눈동자가 돌아가 버리고 어두워져 버린다는 이야기입니다.

'분분비비憤憤悱悱'라 했습니다.

이런 의지와 기상을 가진 사람은 답답하다는 뜻입니다. 본래 부처인데 자꾸 중생심에 이끌려 사느냐, 답답하고 분하다는 말입니다. 그래서 한순간에 주먹으로 쳐부수며 한 입으로 삼켜 버려서 그렇게 해 보라는 것입니다.

만약 몸이 상하고 명을 다 마칠 동안에, 또 천생만겁에라도 도를 못 이루더라도 결단코 여기서 물러나지 않겠다, 내가 이것을 해결짓겠다는 것입니다. 왜냐하면 본래 내가 부처이기 때문에 부처로 살려고 하는 일이 당연한 일인데, 하루 이틀도 아니고 천생만겁을 윤회의 지옥으로 끌려 다니면서 축생의 옷도 입고, 아귀지옥의 옷도 입고 사는 일을 자꾸 해서 되겠느냐는 말입니다. 그러므로 지옥에 가더라도 내가 본래 부처임을 잊지 않겠다는 말입니다. 이와 같이 그릇됨을 알고, 이와 같이 채찍질을 해서, 정한 날까지 보낼 것이 없다는 것입니다.

'극일성공剋日成功'이라 했습니다.

날을 다 안 채운다는 뜻으로 내가 나를 이기는 것입니다. 날을 다 보내도 내가 결단을 못하면 정한 날한테 내가 지는 것입니다.

보통 우리는 깊은 산중이나 아주 특별한 장소에서 공부를 해야 공부가 되는 줄 아는데, 내 마음에 아상·인상·중생상·수자상이 떨어지고 본래 부처로서 지혜롭게 일상생활을 잘하면, 본심의 본체자리를 보는 그곳이 깊은 산중이고, 그곳이 청산첩첩에 미타궁이 되는 것이고, 창해망망의 적멸궁이 되는 것입니다. 산중이나 고요한 곳에 앉아 있어도 아상·인상·중생상·수자상이 안 떨어지면 그것은 저잣거리일 뿐입니다.

그래서 이것을 제대로 알려면, 먼저 내가 부처라는 것을 믿고 아상·인상·중생상·수자상이 분별하는 분별식이 전부 다 실체가 없고 헛것이라는 무아無我, 즉 진공眞空을 믿고 그것을 중하게 여겨야 된다는 것입니다.

『장자』「외편」에 재미있는 이야기가 있습니다. 닭싸움을 잘 시키는 기승자라는 아주 유명한 사람이 있었습니다. 어느 날 그 나라 임금이 닭싸움을 좋아하니까, 기승자에게 아주 싸움을 잘하는 닭 한 마리를 길들여서 싸움 구경을 하려고, 장닭 한 마리를 맡겼습니다.

그래서 기승자가 훈련을 시키는데, 어느 날 임금이 와서 "오늘쯤은 닭싸움을 볼 수가 있겠느냐?" 그러자 기승자가 "아닙니다. 아직 멀었습니다. 저놈이 그냥 자기의 기운만 믿고, 허세를 부리고, 교만을 부

리고, 아주 안하무인격으로 설치고, 그냥 천방지축이고, 그 기운을
못써가지고, 지금 상대가 앞에 나타나면 금방 달려들어서 상대를 피
를 흘리게끔 그런 기세로 되어 있습니다”. 그러니까 임금이 듣고는
“그럼 적절할 때가 아니냐?” 기승자가 하는 얘기가 “아닙니다. 조금
더 기다리세요”.

한 열흘 지나 임금이 다시 와서 “지금쯤은 싸움을 붙이면 되겠느
냐?” “아닙니다. 저놈이 아직도 다른 닭의 울음소리만 들어도, 깃을
세우고, 눈에서 불이 떨어지고, 싸울 태세를 하면서 아직도 저놈이 기
운이 펄펄합니다.”라고 말합니다. “그럼 언제쯤 하냐?” “조금 더 기다
리세요”.

그래 얼마 있다가 임금이 와서 “지금쯤은 닭싸움을 볼 수 있겠냐?”
그러니까, “지금은 싸움을 붙여도 될 것 같습니다. 이제는 닭 울음소
리를 들어도 전혀 상관을 안 합니다. 닭이 앞에 와서 기세를 부리고
닭 기슭을 올려도 전혀 동요가 없습니다. 눈동자에 싸울 승부욕이 전
혀 보이지를 않습니다”. 임금이 볼 때 “그렇게 해서 무슨 싸움을 하
냐?” 그러니까 기승자가 하는 말이 “천하의 닭이 다 몰려온다 하더라
도 이 닭을 어찌 할 수가 없을 것입니다. 이 닭은 나무 닭이 되었습니
다”. 나무 닭이 되었다는 말은 무심한 자기 마음의 경지를 이루었다는
말입니다.

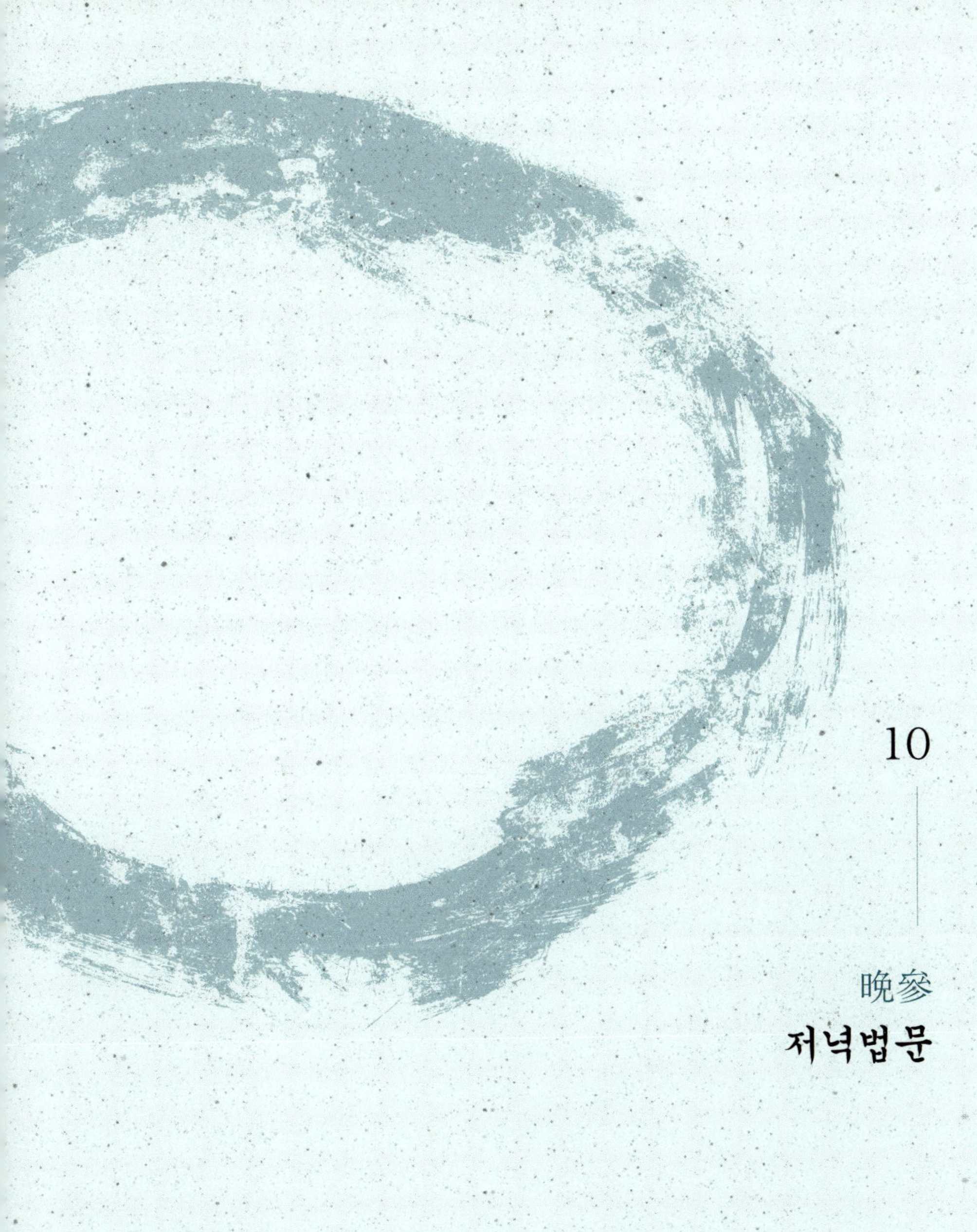

10

晚參

저녁법문

參須實參하며 悟須實悟인댄 動轉施爲에 輝今耀古어니와 若是操心이 不正하며 悟處가 不眞하야 粧粧點點하며 鬪鬪釘釘하야 被人輕輕拶著인댄 未免喚燈籠하야 作露柱하리니 且道하라 如何是實參實悟底消息고 _{良久云} 南山에 起雲하니 北山에 下雨로다

참구하되 진실하게 참구하며, 깨닫되 진실하게 깨달으면 일상생활〔動轉施爲〕에서 고금_{古今}을 빛내려니와, 만일 다잡은 마음이 바르지 못하며 깨달은 곳이 참되지 못해서 속은 비고 겉모습만 잘 꾸며서 사람들에게 가볍게 여김을 당한다면 등롱_{燈籠}을 노주_{露柱}라고 부르는 잘못을 면치 못할 것이다. 말해 보라. 어떤 것이 진실하게 참구하고 진실하게 깨달은 소식인가?

한참 있다가 말하기를

남산에 구름이 일어나니 북산에 비가 내린다.

"참구하되 진실하게 참구하며, 깨닫되 진실하게 깨달아야 한다"고 했습니다.

만참晩參은 저녁에 법문하는 것을 말합니다. 거짓말을 해서는 안 된다는 것입니다. 부처님의 아들 라후라가 어릴 때 부처님의 위신력을 믿고 스님들한테 거짓말을 잘했습니다. 부처님이 계시는데도 부처님 안 계신다고 장난을 쳤습니다. 하루는 부처님께서 라후라에게 대바구니에 물을 떠오라고 했습니다. 대바구니에 물을 아무리 떠본들 물이 담아질 리가 없습니다. 그래서 부처님께서 라후라에게 말씀하시기를, "네가 거짓말하는 것도 이와 같다. 우리가 인생을 가지고 장난을 하고 거짓말하면 안 된다. 거짓말하는 것은 바구니에 물 담는 것과 같다. 왜냐하면 마지막에 죽을 때 가서는 전부 다 업만 남는 것이다"라고 하셨습니다. 물은 흘러가고 자갈만 남는다는 것이 바로 내 업만 남는다는 것입니다. 그런 생활을 해서는 안 되기 때문에 고봉 스님께서 이렇게 진실 되게 공부하라고 말씀하시는 것입니다. 일상생활에서 옛날이나 지금이나 그 본성자리에는 시간도 공간도 다 초월한 자리라고 했습니다.

'장장점점粧粧點點'이라 했습니다.

이 말은 연지 찍고 분 바른다는 뜻입니다. 본래 우리 얼굴이 깨끗하고 맑고 피부가 고운데, 거기에다 괜히 눈썹도 그리고 분 바르고 한다는 것입니다. 이것은 진짜 예쁜 것이 아닙니다. 겉치레하고 눈가림하는 것입니다.

'투투정정鬪鬪釘釘'이라 했습니다.

이 말은 공부를 하지만 그 마음의 의식 변화가 일어나지 않고 진실되고 순수하고 소박한 인성이 없고 폼만 잡는 것을 뜻합니다. 예를 들어 산신할아버지처럼 수염을 기른다든지, 도인처럼 옷을 입는다든지, 모양과 폼만 신경 쓰는 것입니다. 공부를 할 때, 속은 텅 비어 있고 껍데기만 쌓아올려서는 안 된다는 뜻입니다.

'등롱燈籠', '노주露柱'라 했습니다.

'등롱'은 절에 24시간 밝혀 놓은 잔등을 뜻하는데, 평상심이라고 생각하면 됩니다. '노주露柱'는 돌로 쌓아 놓은 것을 뜻하는데, 그것은 주로 밤에 행사할 때만 밝힙니다. 노주는 무심자리를 말합니다. 즉 노주는 진공眞空을 말하고, 등롱은 묘유妙有를 말하는 것입니다.

잔등을 24시간 밝히듯이, 평상심을 24시간 우리가 계속 쓰고 있습니다. 그런데 쓰는 그것이 본래 실체가 없고 공이라는 것을 아는 자리는 무심자리입니다. 그것이 바로 노주입니다. 그것을 이렇게 표현한 것입니다.

"어떤 것이 참으로 깨닫고 어떤 것이 참 소식이냐?"고 했습니다.

그리고는 내가 참 소식을 전해 주겠다고 했습니다. 가만히 침묵하고 계시고 나서, 그 다음 진리의 말씀을 드러냅니다.

"남산에 구름이 일어나니 북산에 비가 내린다"고 했습니다.

여기에서 게송을 하나 말하겠습니다. 고봉 스님의 게송과 뜻이 통하는 게송입니다.

春有百花秋有月　춘유백화추유월
夏有凉風冬有雪　하유양풍동유설
若無閑事掛心頭　약무한사괘심두
便是人間好時節　변시인간호시절

봄이 되니 만 가지 꽃이 피고, 가을이 되니 달이 참 밝구나.
여름에는 시원한 바람이 불고, 겨울에는 눈이 내리는구나.
인생사에 부질없는 일이, 그 쓸데없는 생각이 남아 있지 않은 사람이 있다면
이 사람이야말로 참으로 호시절을 사는 사람이로다.

겨울에 풀 한 포기 한 티끌도 허용하지 않는 그 무심의 자리를 보았기 때문에 만 가지 꽃을 그대로 볼 수 있는 지혜의 눈이 열린다는 말입니다. 또 봄부터 천둥번개가 치고 많은 인연이 모여져서 그 달이 밝았다는 것입니다. 그것까지 우리가 다 함께 볼 수 있어야 됩니다.

그러한 소식에서 "남산에 구름이 이니 북산에 비가 내린다"는 것은 내가 깨달아서 여기서 알아야 된다는 이야기입니다.

11

示信翁居士

신옹 거사에게 보임

大抵參禪은 不分緇素하고 但只要一箇決定信字니 若能直下에 信得
及 把得定 作得主하야 不被五欲所撼을 如箇鐵橛子相似하면 管取剋日
成功하야 不怕甕中走鼈하리라 豈不見가 華嚴會上에 善財童子가 歷
一百一十城하야 參五十三善知識하고 獲無上果도 亦不出者一箇信字며
法華會上에 八歲龍女가 直往南方無垢世界하야 獻珠成佛도 亦不出者
一箇信字며 涅槃會上에 廣額屠兒가 颺下屠刀하고 唱言我是千佛一數
도 亦不出者一箇信字며 昔有阿那律陀가 因被佛訶하야 七日不睡에 失
去雙目하고 大千世界를 如觀掌果도 亦不出者一箇信字며 復有一少比
丘가 戲一老比丘하야 與證果位라하고 遂以皮毬로 打頭四下에 卽獲四
果도 亦不出者一箇信字며 楊岐가 參慈明和尙한대 令充監寺어늘 以至
十載하야 打失鼻孔하고 道播天下도 亦不出者一箇信字며 從上若佛若
祖가 超登彼岸하사 轉大法輪하야 接物利生도 莫不皆由此一箇信字中
流出이라 故로 云 信是道元功德母며 信是無上佛菩提며 信能永斷煩惱本
이며 信能速證解脫門이라하시니라 昔有善星比丘가 侍佛할새 二十年
을 不離左右하되 蓋謂無此一箇信字일새 不成聖道하고 生陷泥犁하니라

대개 참선은 승속[緇素]을 나누지 않고, 다만 하나의 결정적 믿음을 요
한다. 만일 당장에 믿어서 잡아 정하며 지어 주재하여 오욕五欲에 흔들림
을 당하지 않는 것을 마치 쇠말뚝과 같이 하면, 정한 기일에 공功을 이루
어 독 안에 든 자라가 달아날 것을 두려워하지 않을 것이다.

어찌 보지 못했는가? 화엄회상華嚴會上에서 선재동자善財童子가 110개

의 성을 지나면서 53선지식을 참례하고 무상과無上果를 얻은 것도 하나의 '신'자를 벗어나지 않았고, 법화회상法華會上에서 8세 용녀龍女가 남방의 무구세계無垢世界에 가서 구슬을 드리고 성불한 것도 이 하나의 '신信'자를 벗어나지 않았다. 열반회상涅槃會上에서 이마 넓은 백정이 도살하는 칼을 내던져 버리고 "나도 이 천불千佛 가운데 하나다"라고 외친 것도 이 하나의 '신信'자를 벗어나지 않았고, 옛날 아나율타阿那律陀가 부처님의 꾸짖음을 듣고서 7일을 자지 않아 두 눈을 잃어버리고 대천세계를 손바닥의 과일 보듯이 보게 됨도 이 하나의 '신信'자를 벗어나지 않았다. 또 한 어린 비구가 늙은 비구를 희롱하여 과위를 증득시켜 주겠다고 하고는 가죽공으로 머리를 네 번 때렸는데, 곧 늙은 비구가 사과四果를 얻은 것도 이 하나의 '신信'자를 벗어나지 않았다. 양기楊岐 스님이 자명慈明 화상을 참례하니 원주[監寺]를 맡겼는데, 그로부터 10년이 지나 콧구멍을 잃어버리고 도道를 천하에 드날림도 이 하나의 '신信'자를 벗어나지 않았다.

위로부터 부처님과 조사가 피안彼岸에 뛰어올라 대법륜大法輪을 굴려서 중생을 교화하고 이롭게 한 것도 다 하나의 '신信'자로부터 흘러나오지 않음이 없었다. 그러므로 말하기를 "믿음은 도의 근원이요 공덕의 어머니며, 믿음은 위없는 불보리佛菩提이며, 믿음은 영원히 번뇌의 근원을 끊을 수 있게 하며, 믿음은 속히 해탈문을 증득할 수 있게 한다"고 하였다. 옛날 선성善星 비구가 부처님을 모실 때 20년 동안 좌우를 떠나지 않았으나, 이 하나의 '신信'자가 없어서 성스러운 도를 이루지 못하고 산 채로 지옥에 떨어졌다.

신옹 거사 홍상사에게 보이는 법문입니다.

서문을 쓴 직옹 거사처럼 신옹 거사도 고봉 스님의 제자입니다. 홍상사라고 한 것을 보니, 아주 높은 벼슬을 한 분은 아닌 것 같습니다.

"치소緇素를 나누지 않는다"고 했습니다.

치소는 승과 속을 뜻합니다. 선禪은 그렇다는 것입니다. 출가자의 법이 따로 있고, 재가자의 법이 따로 있는 것이 아닙니다. 다만 하나의 결정적 믿음이 필요하다고 했습니다. 믿음이 뜻하는 바는 첫째, 나와 우리뿐 아니라 생명 있는 모든 것이 다 부처라고 믿는 것을 말하고, 둘째, '나'라고 할 만한 영원불변한 것은 존재하지 않는다는 것을 믿는 것을 말합니다. '나'라고 할 만한 것이 없다는 것을 '무아無我'라고 합니다.

"만일 당장에 믿어서 잡아 정하며 지어 주재하여"라고 했습니다.

원문에 '파득정 작득주把得定 作得主'라고 나오는데, '정定을 붙들고 주인 노릇을 짓는다.'라는 뜻입니다. 정定이라는 것은 선정禪定으로 삼매를 말합니다. 즉 화두의 의정이 잡혀서 의심이 섰다는 이야기입니다. 믿음이 조금의 어그러짐이 없으면 본래 내가 부처이고, 본래 그대로 무아이고, 마음이 고요해집니다. 작득주作得主는 주인이 된다는 뜻입니다. 주인은 내 마음대로 할 수 있습니다. 가고 싶으면 가고 가기 싫으면 안 가는 것이 주인입니다. 주인의 반대는 종입니다. 종은 오라고 하면 오고, 가라고 하면 가야 되고, 항상 시키는 대로 해야 하고 끌려 다니는 것입니다. 본래 부처 본성의 자리를 우리가 확실히 깨치지 못했을 때는 아상我相 · 인상人相 · 중생상衆生相 · 수자상壽者相의 사상四相을 붙들고 있는 것입니다. 그것을 다른 말로 하면 업식業識이라고 합니다. 업식에 의해서 살고, 업식에 꺼둘려서 죽습니다. 그리고 그 업식에 꺼둘려서 죽었기 때문에 업식에 의해서 다시 몸을 받습니다. 그러므로 업식이 윤회를 하고 업식에 꺼둘려 다닙니다. 종은 이렇다는 것입니다. 하지만 이 업식은 존재하는 것이 아니고 본래 공한 것입니다. 이것을 아는 것이 무아無我입니다.

우리가 일상생활을 하다 보면 순경계와 역경계가 옵니다. 이때 주인은 그 경계를 잡아서 부리고 씁니다. 조금도 동요가 없습니다. 그런데 주인 노릇을 못하고 업식에 꺼둘려서 살면 그 경계에 따라서 나를 그 경계에다 팔아 먹어 버립니다. 그것이 주인과 종의 차이점입니다.

"오욕五欲의 흔들림을 당하지 않는다"고 했습니다.

오욕을 세상에서 가장 소중한 보배로 여기는 것입니다. 그래서 오욕에 내가 팔려 버린다는 것입니다. 오욕은 사실 짊어지고 갈 것도 아니고, 필요에 의해서 잠깐 부려야 될 물건들인데, 그 오욕을 주인으로 삼아 구속되어 버린다는 것입니다.

"마치 철궐자鐵橛子와 같다"고 했습니다.

철궐자는 쇠말뚝을 뜻합니다. 쇠말뚝은 한 번 박아 놓으면 요지부동 움직이지 않습니다. 믿음은 십 년이 가든, 백 년이 가든, 세세생생토록 변하지 않는 것입니다.

「법성게」에 '제법부동본래적諸法不動本來寂'이란 말이 있습니다. 모든 법이 다 허공의 아지랑이 같고, 연기이고, 인연으로 모인 것이고, 실체가 없는 것이기 때문에 우리 본성은 본래 부동不動이라는 뜻입니다. 이 철궐자는 바로 그것을 말하는 것입니다. 「법성게」 끝에는 '구래부동명위불舊來不動名爲佛'이라는 구절이 있습니다. 움직이지 않는 것을 부처라 하고 주인 노릇하는 것을 부처라 한다는 것입니다.

그런데 여기서 주인이 따로 있고, 종이 따로 있다고 나누면 안 됩니다. 주인이나 종이나 같습니다. 이것을 선禪적으로 말하면 평상심平常心이라고 합니다.

'관취管取', '옹중甕中'이라 했습니다.

'관취管取'는 저절로 성공한다는 뜻입니다. 하루 해를 보낼 것 없이 일을 마친다는 것입니다. '옹중甕中'은 물 담아 놓는 옹기를 뜻합니다. 옹기 안에 들어 있는 자라는 도망갈 일이 없습니다. 마음에 확신이 서 있고, 믿음이 서 있는 사람은 반드시 성불한다는 것입니다.

그 다음은 『화엄경』, 『법화경』, 『열반경』의 사례를 끌어옵니다.

이 경전들은 모두 대승경전입니다. 선이라는 것은 대승의 가르침에 바탕을 두고 있기 때문에 그 사례를 끌어다 쓴 것입니다. 화엄회상에 선재동자가 110성城의 53선지식을 친견했습니다. 친견해서 무상과를 얻은 것도 이 믿음에서 이루어진 것입니다. 또 법화회상에 8세 용녀가 남방무구세계로 가 헌주성불獻珠成佛한 것도 이 믿음에서 나왔다는 것입니다.

본문에 나오는 8세 용녀는 「제바달다품」에 나오는 사가라 용왕의 딸을 말합니다. 여덟 살 되는 용녀가 믿음이라는 소리를 듣고는 머뭇거리지도 않고 바로 남방무구세계로 갔다는 것입니다. 남방무구세계는 티끌만큼도 때가 없는 세계를 말합니다. 티끌만큼도 때가 없는 것은 우리 본래 본성을 말하는 것입니다. 우리 본성을 바로 봐 버렸다는 말입니다. '헌주성불獻珠成佛'은 구슬을 바쳤다는 뜻으로 용이 가장 귀한 구슬을 부처님께 바쳐서 성불했다는 것입니다.

그리고 또 열반회상에 광액도아廣額屠兒 이야기를 합니다. '광액廣額'은 이마가 넓다는 뜻이고, 도아屠兒는 소나 돼지를 잡아 도살을 전문으로 하는 사람을 말합니다. 짐승을 잡는 도아도 믿음 그 소리를 듣고는 들고 있던 칼을 놓아버리고 '나도 천불 가운데 한 부처'라고 외친 것입니다. 천불千佛이란 수없는 무량수의 천불을 말합니다. 이렇게 한 것도 믿음에서 나온 것입니다.

법화회상에서 8세의 용녀가 부처가 될 때 부처님께 구슬을 바친 이야기가 나옵니다. 용이 부리는 신통만변은 모두 여의주에서 나옵니다. 그런데 용녀는 그 여의주를 미련 없이 부처님께 바칩니다. 이것은 무슨 뜻입니까? 내가 본래 부처이므로 여의주에 의지할 필요가 없다는 뜻입니다. 내가 원래 주인이니 하고 싶으면 하고, 싫으면 안 한다는 것입니다. 우리가 가장 집착하고 있는 사상[我相·人相·衆生相·壽者相]을 놓아 버린다는 뜻입니다.

또 『열반경』에 나오는 광액도아는 도살을 전문으로 하는 사람입니다. 도살을 전문으로 하는 사람에게 가장 귀한 것은 칼입니다. 칼이 없으면 그 일에 종사를 할 수가 없습니다. 그 칼이 생명과도 같은데 그 칼을 버려 버립니다. 그것은 모든 집착을 놓아 버렸다는 것입니다.

『화엄경』에 나오는 선재동자 역시 마찬가지입니다. 이 선재동자도 「입법계품」을 보면 53선지식을 다 친견하고 마지막에 미륵부처님을 친견합니다. 미륵부처님이 손가락 한 번 튕겼는데, 선재동자가 53선지식을 친견하면서 배웠던 모든 것들을 완전히 잊어버립니다. 선禪은 흔적 지우는 것이 매우 중요합니다. 제가 항상 평상심을 강조합니다. 대무심지를 알아버리면 아상·인상·중생상·수자상이 전부 다 없어져 버리는 것입니다.

부처님 당시에 아나율이라는 제자가 있었습니다. 아나율은 부처님의 사촌형제입니다. 즉 부처님의 작은아버지 감로반왕甘露飯王의 아들입니다. 아나율은 마하남이라는 형의 출가 권유를 받고 출가를 합니다. 하지만 석연치 않은 출가 때문인지 잘 적응하지 못합니다. 그러던 어느 날 부처님이 법문을 하고 계신데 졸고 있다가 부처님께 꾸중을 듣습니다. 그때부터 아나율은 분발해 잠을 자지 않고 수행에 전념

하다가 앞을 못 보게 됩니다. 하지만 육안은 멀어졌지만 대천세계大千
世界를 손바닥에 과일을 놓고 보듯이 다 보게 되었습니다. 천안통天眼
通을 얻은 것입니다.

다음에는 노 비구를 희롱한 젊은 비구 이야기입니다.

젊은 비구는 노스님에게 과위果位를 준다며 희롱합니다. 과위는 수
다원須陀洹, 사다함斯陀含, 아나함阿那含, 아라한阿羅漢을 말합니다. 아
라한이면 부처님 지위에 들어가는 것입니다. 그런데 이 젊은 비구가
노스님을 앉혀 놓고 ‘수다원을 얻어라’ 하면서 노스님의 머리를 가죽
공으로 탁 치고, 또 사다함, 아나함, 아라한과를 얻으라고 하면서 각
각 한 번씩 칩니다. 물론 장난으로 그런 것입니다. 그런데 이 노 비구
가 그 소리에 아라한을 성취해 버립니다. 노 비구는 그것을 굳게 믿었
던 것입니다. 믿음이 이렇게 아름답고 순수하며, 이렇게 훌륭한 공덕
을 지어냅니다.

그 다음에는 양기 스님 이야기입니다.

양기 스님이 자명 화상을 시봉하고 있을 때, 절의 원주 소임을 맡게
되었습니다. 자명 스님 밑에서 공부하기 위해 원주 소임을 맡겠다고
나섰던 것입니다. 그러기를 10년 동안 시봉을 했습니다. 찻물도 떠다
드리고, 빨래도 해 드렸는데, 자명 화상은 한번도 도에 대해 이야기
하지 않았습니다. 10년이 되었는데도 한번도 도를 말씀하시지 않으니
양기 스님이 자명 화상에게 인사하면서 “저는 다른 곳으로 떠나겠습니
다. 10년이 되어도 한번도 도를 말씀하지 않으니 제가 도를 배우러 떠

나야겠습니다”고 말하였습니다. 그러자 자명 화상이 “내가 언제 도를 이야기하지 않았느냐? 네가 차를 가져다 주면 잘 먹었다, 고맙다고 했고, 네가 빨래를 하면 애썼다고 했고, 너를 만나면 웃고, 하루도 도를 일러 주지 않은 적이 없는데 어찌 그런 소리를 하느냐!”라고 대답하였습니다. 그 소리에 양기 스님이 깨달았습니다. 깨달을 수 있었던 것이 아니고, 믿음이 완전했기 때문입니다.

『금강경』15품에『금강경』을 수지 독송하는 공덕에 대한 이야기가 나옵니다.『금강경』을 베껴 쓰고 남에게 법문을 해 주는 공덕이 큰데, 그 공덕이 항하사의 모래 수만큼 아침에 내가 칠보로 보시하고, 생명 있는 것이나 생명 없는 것이나 내가 보시하고, 점심에도 보시하고 저녁에도 보시하고, 그 숫자만큼 죽고 나고 하면서 보시를 한다고 했습니다. 그런데 그렇게 큰 공덕을 지었어도 사구게四句偈 하나 제대로 아는 것만 못하다고 했습니다. 또『금강경』21품으로 넘어가면 수보리가 부처님께 묻습니다.

“부처님 말씀은 훌륭하시고 믿음은 좋은 것인데, 말법중생들이 이 말을 믿는 사람이 한 사람이라도 있겠습니까?”

그러자 부처님께서 말씀하십니다.

“수보리야, 그런 말 하지 마라. 중생이 중생 아니니라.”

우리 모두가 본래 부처이므로 믿고 말고 할 것이 뭐가 있습니까? 부처에게 이런 이야기를 믿어야 한다, 수지 독송해야 한다는 등의 이야기를 할 필요가 없습니다. 내가 그대로 부처이기 때문입니다. 예를 들면, 여러분이 여기에 오는 길을 잘 아는데, 내가 일일이 전화해서 어떤 골목을 지나서 오라고 이야기할 필요가 없습니다. 다 잘 알고 있고 부처인데 믿고 말고 할 것이 없다는 것입니다.

'중생이 본래 중생이 아니다'라는 말은, 본래 부처이기 때문에 중생이 아니라고 막연하게 생각하기보다, 더 분명하게 '모든 것은 인연과 연기에 의해서 이루어진 현상이기 때문에 믿을 것도, 붙들 것도, 의지할 것도 없고 그것은 실체가 있는 것이 아니다'라고 이해해야 합니다. 다시 말하면 중생이라고 해도 상관없고, 부처라고 해도 상관이 없다는 것입니다. 인연으로 해서 육신을 만나 김가다, 이가다라고 했지, 인연이 다 흩어질 때는 김가도 아니고 이가도 아닙니다. 전부 다 인연으로 인해서 만들어진 것이기 때문에 실체 없는 본성자리를 알아버리면, 그때는 구름이라고 해도, 태양이라고 해도, 이가라고 해도, 김가라고 해도 상관이 없다는 것입니다.

"믿음은 도의 근원이 되고 공덕을 성취하는 어머니가 된다"고 했습니다.
『화엄경』「현수품」에 있는 이야기를 끌어왔습니다. 이 믿음은 위없는 지혜를 이루며, 믿음은 번뇌를 영원히 끊어 버릴 수 있는 해탈문解脫門을 속히 이를 수 있게 한다고 했습니다.
선성善星 비구가 20년 동안 부처님 옆에서 시봉을 했어도 믿음이 부족하여 니련선하 강가에서 성스런 도를 이루지 못하고 생지옥에 떨어졌다고 했습니다.

今日信翁居士는 雖處富貴之中이나 能具如是決定之信이라 昨於壬午
歲에 登山求見이라가 不納而回하고 又於次年冬에 拉直翁居士同訪하
야 始得入門이러니 今又越一載에 齎糧裏糝하고 特來相從하야 乞受毘
尼하며 願爲弟子할새 故以連日로 詰其端由하니 的有篤信趣道之志라
維摩經에 云 高原陸地에 不生蓮華하고 卑濕淤泥에 乃生此華라하니 正
謂此也로다 山僧이 由是憫之하야 將箇省力易修曾驗底話頭하야 兩手
分付萬法歸一一歸何處하노니 決能便恁麼信去하며 便恁麼疑去어다

須知疑는 以信爲體하고 悟는 以疑爲用이니 信有十分이면 疑有十分
하고 疑得十分이면 悟得十分이라 譬如水漲船高하고 泥多佛大니라 西
天此土에 古今知識이 發揚此段光明하되 莫不只是一箇決疑而已라 千
疑萬疑가 只是一疑니 決此疑者는 更無餘疑니라 旣無餘疑인댄 卽與釋
迦彌勒과 淨名龐老로 不增不減하며 無二無別하야 同一眼見이며 同一
耳聞이며 同一受用이며 同一出沒하야 天堂地獄에 任意逍遙하고 虎穴
魔宮에 縱橫無礙하야 騰騰任運하며 任運騰騰하리라 故로 涅槃經에 云
生滅滅已하면 寂滅爲樂이라하시니 須知此樂은 非妄念遷注情識之樂
이라 乃是眞淨無爲之樂耳니라 夫子云 夕死可矣라하고 顔回는 不改其
樂하고 曾點은 舞詠而歸하니 咸佩此無生眞空之樂也矣니라

오늘 신옹信翁 거사는 비록 부귀한 가운데 살고 있으나 이 같은 결정
된 믿음을 갖추었다. 지난 임오壬午년에 산에 올라와 나를 만나려 하
다가 만나지 못하고 되돌아갔고, 또 다음 해 겨울에 직옹直翁 거사를

데리고 와서야 비로소 문안에 들어왔다. 지금 또 한 해를 지나 식량과 쌀가루를 싸서 특별히 찾아와 서로 만나 계[毘尼] 받기를 빌며 제자 되기를 원하므로 여러 날을 계속하여 그 이유를 물어 보았더니 분명히 돈독한 믿음과 도에 나아갈 뜻이 있었다.

『유마경』에 말하기를, "높은 육지에는 연꽃이 나지 않고, 낮고 습하고 더러운 곳에 이 꽃이 난다" 하였으니, 바로 이를 두고 한 말이다. 내[山僧]가 이로 말미암아 가상히 여겨 힘을 덜고 닦기 쉽고 일찍이 증험한 '만법이 하나로 돌아가니 하나는 어디로 돌아가는가'라는 화두를 두 손으로 내어 주니, 이렇게 믿고 이렇게 의심해 가라.

의심은 믿음으로써 체體를 삼고, 깨달음은 의심으로써 용用을 삼는 줄 알아야 한다. 믿음이 십분十分이면 의심이 십분이고, 의심이 십분이면 깨달음이 십분이다. 비유하건대 물이 불어나면 배가 높아지고, 진흙이 많아지면 불상이 커지는 것과 같다. 서천西天과 이 땅에 고금의 선지식들이 이 광명을 비추되 다만 하나의 의심을 해결하지 않음이 없었다. 천 가지 의심과 만 가지 의심이 다만 이 하나의 의심뿐이니, 이 의심을 해결한 자는 다시 남은 의심이 없게 된다. 이미 남은 의심이 없다면 곧 석가 · 미륵 · 유마 거사 · 방 거사와 더불어 더하지 않고 덜하지도 않으며, 둘이 없고 다름이 없어서, 똑같은 눈으로 보며 똑같은 귀로 들으며 똑같이 수용하며 똑같이 나고 죽어서 천당과 지옥에 마음대로 거닐고, 호랑이 굴과 마군의 궁전에도 종횡으로 걸림 없어 자유자재하게 된다. 그러므로 『열반경』에 말하기를, "생멸이 멸

하면 적멸寂滅이 즐거움이 된다"고 하였으니, 이 즐거움은 망념妄念이
옮겨 쏟아 붓는 정식情識의 즐거움이 아니라, 참되고 깨끗하여 함이
없는 즐거움인 줄 반드시 알아야 한다. 공자〔夫子〕는 "저녁에 죽어도
좋다"고 하였고, 안회顔回는 그 즐거움을 고치지 않았으며, 증점曾點은
춤추고 노래하며 돌아갔으니, 모두 남이 없는 진공眞空의 즐거움을 가
졌던 것이다.

"신옹信翁 거사는 비록 부귀한 가운데 살고 있으나 이 같은 결정된 믿음을 갖추었다"고 했습니다.

그런데 임오년에 고봉 스님을 만나려고 천목산에 올라왔는데 만나 주지 않았습니다. 지금도 천목산에 오르려면 대여섯 시간을 걸어 올라가야 합니다. 고봉 스님이 만나 주지 않은 데는 깊은 뜻이 있습니다. 달마 스님이 중국에 오셔서 9년 동안 돌아앉은 이야기나 운문 스님이 목주 스님을 만나려고 왔을 때도 문을 닫아 버린 것과 같은 맥락입니다. 모두 최상승 법문이라 할 수 있습니다.

다음 해 직옹 거사와 함께 방문해 비로소 고봉 스님을 만나게 되었고, 또 한 해가 지나서 양식을 싸가지고 와서 계를 받고 제자가 되기를 원했습니다. 여기서 고봉 스님은 다시 한 번 믿음을 강조합니다. 신옹 거사의 믿음에 조금도 흔들림이 없는 것을 알고 제자로 받아들인 것입니다. 우리가 본래 부처라는 것을 확실히 믿는 것을 바탕으로 해서 기도도 하고 주력도 하고 참회도 해야 합니다. 이것을 모르고, 밖으로 구하고 밖에 의지하려고 하면 그것은 항상하지 않기 때문에 언젠가는 원망이 생기고 서운함이 생깁니다.

『유마경』에 "높은 언덕과 육지에는 연꽃이 나지 않고, 낮고 습하고 더러운 곳에 이 연꽃이 난다"고 하였습니다.

연꽃은 모든 잡물이 모이는 더러운 진흙밭에서 홀로 더러움에 물들지 않고 청정한 본성을 드러냅니다. 재가에 있으면서도 이 공부를 하려고 신심을 일으키는 믿음이 장하다는 것입니다. 때문에 믿음의 공덕에 대해서 대승경전의 『법화경』, 『열반경』, 『화엄경』 등을 끌어다가 스님께서 비유하셨다는 이야기입니다. 곧 신옹 거사를 칭찬하는 것이라 할 수 있습니다.

이러한 의미도 있지만 돌려서 생각해 볼 수도 있습니다. 『화엄경』에 "심불급중생 시삼무차별心佛及衆生 是三無差別"이라는 말이 있습니다. 마음, 부처, 중생의 이름이 각각 붙지만 이것은 모두 차별이 없다는 뜻입니다. 반야사상에서 볼 때는 번뇌가 곧 보리라는 것입니다. 즉 중생이 그대로 본래 부처라는 것입니다. 하늘에 구름이 끼었는데 구름을 걷어내고 태양을 보고자 하는 의미도 있겠지만, 반야사상에서 볼 때는 구름 그대로 태양을 본다는 것입니다. 왜냐하면 사실은 우리가 착각으로 인해서 구름을 붙들고 있는 것이지 구름은 본래 태양처럼 실체가 있는 것이 아니기 때문입니다. 이렇게 아상·인상·중생상·수자상이나 모든 집착하고 분별하는 이기심이 화두 공부로 인해서 본래 불성자리로 전환된다는 것입니다. 그것이 나쁜 것이라고 걷어내고 없애려 하는 것이 아니라, 그 자체가 본래 본성에서 나온 것인데 우리가 착각해서 잘못 알고 있다는 것입니다.

"힘을 덜 들이고 또 쉽게 닦을 수 있고 내가 일찍이 체험하고 경험한 화두, 즉 만법귀일 일귀하처萬法歸一一歸何處를 두 손으로 내어준다"고 고봉 스님께서 신옹 거사를 어루만져 주며 말했습니다.

만법은 만 가지 인연 따라 일어나는 마음의 작용, 중생심, 경계 따라 일으키는 마음의 여러 가지 작용을 말합니다. 그 만법이 결국 일심으로 다 돌아가는데, 그 일심이 어느 곳으로 또 돌아가느냐? 이런 화두입니다.

이 지구상에 많은 종교가 있습니다. 그러한 종교들을 총체적으로 말하기를 전변설轉變說이라고 합니다. 전변설은 영원히 변하지 않고 항상 독존하면서 전지전능한 능력을 갖춰 모든 것을 만들어 낼 수 있고 모든 것을 할 수 있는 하나의 개체가 있다고 생각하는 데서 출발합니다. 기독교 같은 경우는 유일신唯一神인데, 그 유일신은 하나에서 출발한다는 것입니다. 그 하나에다가 인격적인 개체를 부여해서 하나님이라고 이야기합니다. 힌두교 역시 그러한 하나의 능력과 영혼 불변하는 개체가 있어 거기에서 모든 것이 이루어진다고 합니다. 또 이슬람교의 알라신 역시 하나에서 모든 것이 갖춰져서 나왔다고 합니다. 그런데 불교는 그렇지가 않습니다.

만법이 하나로 돌아가는데 불교는 그 하나마저 어디로 돌아가느냐? 이것을 우리가 화두를 들고 깨달아야 된다는 것입니다. 고봉 스님께서 이 화두로 견성하셨고 체험해서 잘 아시므로 이것을 양손으로 나눠서 신옹 거사에게 신심을 놓지 않게끔 관리를 해 주시고 신경을 써 주신다는 것입니다. 이러한 믿음을 가지고, 의심을 가지고 공부를 해야 된다는 내용입니다.

"의심은 믿음으로써 바탕체를 삼고, 깨달음은 그 의심의 작용으로서 깨닫는다"고 했습니다.

이 이야기는 대단히 중요합니다. 이것이 화두 공부하는 사람들에게는 핵심입니다. 의정疑情이 일어나야 하는 것이 화두 공부의 생명이므로 화두는 의심이 따라 붙지 않으면 어렵습니다. 그 의심이 일어나려면 믿음이 완전히 갖추어져야 하는데, 예를 들면 부처님께서는 생명 있는 것이나 생명 없는 것이나 모든 만물이 모두 불성을 가지고 있다고 말씀하셨는데, 그것을 우리가 100% 믿어야 한다는 것입니다.

학인이 조주 스님에게 "저 지나가는 개도 불성이 있습니까?"라고 물었을 때 조주 스님은 "개에게는 불성이 없다"고 했습니다. 부처님의 말씀을 완전히 믿는 자가 그 소리를 들었을 때, 조주 스님의 무無에 대한 의심이 강하게 솟구쳤습니다. 부처님 말씀을 믿지 않는 사람은, 없다고 해도 의심이 안 나고 궁금할 것도 없을 것입니다.

이렇게 화두에 의정이 생겨야 합니다. 그리고 깨침은 그 의심의 작용으로서 깨친다고 했습니다. 화두는 구도자가 스승과의 선문답, 즉 진리를 주고받는 문답에서 그 스승이 본래 진리의 자리를 드러내 보였을 때 구도자가 그것을 깨닫지 못하면 그것이 의심으로 화두로 남고 결국은 자기 문제로 가슴에 남는 것입니다. 그러나 화두 공부를 잘못 지도받으면, 막연하게 앉아서 의심을 위한 의심공부만 되어 버립니다. 타성에 젖어서 '왜 없다고 했는가?' 하면서 의심 그 자체가 공부의 목적이 되어 버립니다.

따라서 '왜 조주 스님께서는 개는 불성이 없다고 했는가?' 그 뜻을 내가 모르니 알아야 하겠다는 의지의 간절함이 갖춰져야 합니다. 알 겠다는 의지의 작용으로 깨치게 된다는 것입니다. 막연하게 의심하기 위해 앉아 있으면 안 됩니다.

닭이 달걀을 품을 때는 그냥 앉아 있는 것이 아닙니다. 품고 있는 기운이 고르게 갈 수 있도록 간절하게 알을 돌립니다. 옛날 어른 스님들은 화두 공부는 간절함 하나만 있으면 해결된다고 했습니다. 그 뜻을 알아야 하겠다는, 알고 싶어 하는 작용이 있어야 합니다. 이것은 분석하거나 또는 철학적으로, 알음알이로 이해하려고 하는 작용을 말하는 것은 아닙니다.

예를 들어 깊은 산중에 어머니와 함께 가다가 길을 잃어버리고 혼자 내려왔다고 할 때, 어머니가 어디에 계시는지 궁금하고 걱정되고 보고 싶은 마음과 같습니다. 또 다른 누구를 좋아하는 것도 무슨 이유가 있는 것이 아닙니다. 그냥 마음이 아픈 것이고, 그리운 것입니다. 그렇듯이 간절한 생각으로 화두 공부를 하라는 뜻이지, 무엇을 분별하고 해석하면서 해답을 찾아서는 안 됩니다. 이것을 잘 기억해야 합니다.

"믿음이 십분十分이면 의심이 십분이고, 의심이 십분이면 깨달음이 십분이다"고 했습니다.

부처님 말씀을 100% 믿으면 의심이 일어나는 것도 그만큼 크고, 또 의심을 십분 얻으면 그 깨달음도 십분이라는 뜻입니다.

비유하건대 호수에 물이 많으면 배가 높이 뜨고 물이 적으면 배가 낮게 뜬다고 했습니다. 또 부처님을 조성할 때 흙의 양이 많으면 불상도 크게 만들어지는 것과 같다고 했습니다. 이 말은 의정이 간절하게 꽉 차 있는 사람은 깨치는 것도 크게 깨친다는 이야기입니다.

마조 스님과 그 스승의 이야기를 해 드리겠습니다.

하루는 마조 스님이 앉아서 공부를 하고 있는데 은사 스님이 와서 기왓장을 드르륵드르륵 갈았습니다. 마조 스님이 은사 스님에게 물었습니다.

"왜 기왓장을 갈고 계십니까?"

"기왓장을 갈아 거울을 만들려고 한다."

"기왓장을 갈아 어떻게 거울을 만듭니까?"

"의심하기 위한 의심병이 들었는데 앉아서 무슨 성품을 보겠느냐! 수레가 가기 위해서는 수레를 쳐야 되겠느냐, 소 엉덩이를 쳐야 되겠느냐?"

의심하기 위한 의심의 타성에 젖어서 앉아 있으면 안 됩니다. 간절하게 의정의 작용을 일으켜야 한다는 것이 매우 중요합니다.

그런데 앞에서 믿음을 중요시했는데, 무엇을 믿느냐? 우리가 본래 부처라는 그 공덕을 믿는 것입니다. 부처님이 가지고 계시는 그 많은 항하 모래와 같은 공덕을 우리도 가지고 있다는 것입니다. 마치 추운 겨울에 대지가 꽁꽁 얼어붙어 어떤 생명도 살아날 것 같지 않아도, 그 대지 속에는 엄청난 공덕의 씨앗들이 들어 있는 것과 같습니다. 봄이

되어 단비가 내리면 다 살아나는 것과 같습니다. 화두 공부를 통해서
우리가 본래 가지고 있는 공덕이 다 꽃이 피고 살아난다는 것을 믿어
야 한다는 것입니다.

"이 하나의 의심을 해결하지 않은 일이 없었다"고 했습니다.

'서천西天'은 인도를 말하고, '차토此土'는 중국을 말합니다. '광명'은
본래 우리의 불성자리를 아는 일입니다.

전부 이 하나의 의심을 해결하여 모든 것이 이루어졌다는 뜻입니다.
그래서 천 가지 의심과 만 가지 의심이 다 하나의 의심으로 돌아간다
고 했습니다. 이 의심을 해결한 자는 다시는 남은 의심이 없습니다.
성불하면 의심이 없어야 하고, 궁금한 것이 없어야 합니다. 그 궁금한
것은 무엇입니까? 마음의 찌꺼기 흔적, 즉 아상·인상·중생상·수자
상의 찌꺼기가 남아 있으면 이것은 아직 중생 업식입니다. 그런데 이
것이 완전히 없어졌다는 것입니다.

화두 공부는 천칠백 가지인데, 한 화두에서 타파되면 천칠백 가지가
다 타파됩니다. 그런데 공부를 잘못한 사람들은 화두를 하나 풀고 두
개 푸는 식으로 공부하는 경우가 있는데, 이렇게 공부를 하면 의식에
인격적으로 변화는 오지 않고, 오히려 알았다는 것에 집착해서 자꾸
아만이 생깁니다.

"남은 의심이 없을 때는 석가모니부처님, 미륵불과 조금도 다르지 않

고 유마 거사, 방 거사와 더불어 더하지도 않고 덜하지도 않으며, 들도 없고 다른 것도 없게 된다"고 했습니다.

견성하면 우리가 같은 눈으로 보며 또 같은 귀로 듣고, 동일하게 받아들이고 쓴다는 것입니다. 그리고 나고 죽는 이 생사도 그대로 부처님과 같이 열반에 들 수 있다는 것입니다.

중생 업식에서 볼 때는 나는 것도 고통이고 늙는 것도 고통이고 병드는 것도 고통이고 죽는 것도 고통이라는 생로병사가 있습니다. 그런데 마음자리를 확실히 깨달아 버리면 그 생로병사가 『열반경』에서 말한 '상락아정常樂我淨'으로 바뀝니다. 항상 즐겁고 기쁘고 편안하고 동요가 없는 경지로 들어가는데 불고불락不苦不樂의 경지에서 열반을 받아들입니다. 고통도 없고 또 즐거움에도 집착하지 않는 마음의 경지에 들어가 명을 마칠 때도 아주 편안하여 조금도 불안한 것 없이 받아들이는 경지가 우리나 부처님이나 똑같다는 것입니다.

그러한 경지가 될 때는 일상생활에서 천당이 오든지, 지옥이 오든지 편안하다는 것입니다. 여러 가지 분별심, 차별심 그 양변에 떨어져 있는 마음이 화두 드는 공부에 의해서 없어져 항상 편안하다는 것입니다. 당신이 경험하신 그대로 말씀하시는 것입니다.

"호랑이 굴과 마군의 궁전에도 종횡으로 걸림 없어 자유자재하게 된다"고 했습니다.

이것은 순경계나 역경계 또는 마음의 모든 흔적이 남지 않아 의심이

없어서 안락의 경지가 되는 것입니다. 그리고 그 안락의 경지란 생활
에서 일어나는 일들을 관음보살처럼 자유자재하게 되는 것을 말합니
다. 일체 흔적이 없는 종縱과 관자재가 되는 횡橫이라고 생각해도 됩니
다. 이것을 선禪에서는 살殺, 활活로 표현합니다.

『열반경』에 "생멸이 멸하면 적멸이 즐거움이 된다"고 했습니다.

부처님께서 설산에서 공부하실 때 어디선가 좋은 소리가 들려 왔습
니다.

"제행이 무상하니 생멸법이다."

생멸법이라는 것은 나고 죽는 것만 말하는 것이 아니고 항상 변화
해 간다는 것입니다. 변화해 가는 것을 집착으로써 보면 지옥이 되고
고통이 됩니다. 즉 소유하고자 하는 생각이 강하면 그 변하는 것을 싫
어합니다. 그런데 모든 만물은 변화하게끔 되어 있는 것이지 고정불
변으로 되어 있는 것은 없습니다. 그 원리를 알면 변화되어 가는 것이
나쁜 것은 아닙니다. 항상 창의적이고 발전적이고 더욱 좋은 쪽으로
향상할 수 있습니다.

그런데 "제행이 무상하니 생멸법이다"라는 소리만 나오고, 그 다음
구절이 있을 것 같은데 아무 소리도 없었습니다. 부처님께서는 그 구
절을 알고 싶었습니다. 주변을 살펴보니, 그 소리가 나찰에게 나온 것
을 알고 나찰에게 나머지 구절을 가르쳐 달라고 했습니다. 나찰이 배
가 고프니 배고픔을 채워주면 이야기를 해 준다고 했습니다. 그러자

부처님께서 그 나머지 구절을 가르쳐 주면 내 몸을 바치겠다고 했습니다. 나찰이 다음 구절을 말해 주었습니다. "생멸멸이生滅滅已 적멸위락寂滅爲樂" 즉 그 생멸하는 마음이 다 없어지면 그 마음의 적멸을 안다는 것입니다. 즐겁고 괴로움에서 초월할 수 있다는 것입니다.

"망념妄念이 움직이고 모여 정식情識의 즐거움이 아니다"라고 했습니다.
망념이 움직여서 좋고 싫음을 분별하는 정식情識이 모여진 즐거움이 아니라는 것입니다. 화두를 들면 마음 가는 길이 끊겨 버리고 생각의 길이 끊겨 버린다는 것이며, 있다 없다, 좋다 싫다는 이런 중생 업식이 다 끊긴 가운데서 오로지 알 수 없는 화두의 의정 하나가 태양 같은 밝은 기운으로 여여하게 깨어 있습니다. 이것을 삼매라고 합니다. 이것이야말로 진정한 무위無爲의 삼매입니다.

『논어』에 "조문도 석사 가의朝聞道 夕死可矣라는 말이 있다"고 했습니다.
아침에 도를 깨치면 저녁에 죽어도 좋다는 뜻입니다. 생사 없는 도리를 알아버리고 마음이라는 그 속성과 마음이 흘러가는 존재성 그 정체를 알아버리면 죽는다고 겁날 것 없고, 저녁에 죽어도 아무 상관없다는 이야기입니다.
안회顔回는 공자가 아끼고 사랑한 10대 제자 중에 한 사람입니다. 안회는 도의 즐거움을 고치지 않았다고 했습니다. 안회는 지혜롭고 똑똑해서 29세에 머리가 희고 32살에 요절해 죽었다고 합니다. 평생을 가난하게 살았지만, 괴롭고 고통스럽다고 한번도 표현한 적이 없었다고 합니다. 그래서 공자가 안회를 칭찬했고, 도를 아는 자라고 이야기를 했습니다. 사실 생활이 불편하고 힘들면 그것을 괴로움으로 받아들입니다. 그러나 마음을 부릴 줄 알고 정체를 알아버리면 안회와 같다는 것입니다.

또 증점曾點은 춤추고 노래를 부르면서 돌아갔다고 했는데, 이러한 것이 모두 진공眞空의 낙樂을 즐긴 것이라고 했습니다. 증점도 역시 공자의 제자입니다.

이 이야기의 출처는 다음과 같습니다. 공자의 제자들이 모여서 "우리 스승은 훌륭하신데 나라에서 알아 주지를 않는다. 스승에게 정치를 맡기면 국민들이 다 잘 살 텐데……."라고 한탄을 하고 있었습니다. 공자는 그 제자들을 불러 놓고 "만약 너희에게 정권을 준다면 너희는 무엇을 하겠느냐?"라고 물었습니다. 그러자 제자들이 경제를 살리겠다든지, 교육혁명을 일으키겠다든지, 또는 일자리를 만들겠다든지 나름대로 자기가 무엇을 하겠다고 이야기를 했습니다. 그때 공자는 증점에게 "너는 어떻게 하겠느냐"고 물었습니다. 그러자 증점은 아무 말도 하지 않고, 아이들이 개울에서 옷 벗고 수영하는 것을 보고는 옷을 훌훌 벗고 그 아이들과 함께 수영을 했습니다. 그리고 다시 나와 옷을 입고 노래를 부르면서 가 버리는 것이었습니다. 아무 이야기도 없이 가 버린 것입니다. 공자가 증점에게 "너는 정말 도를 아는구나!"라고 했습니다.

　다른 사람들은 인위적이고 조작이고 밖의 상황으로 모든 행복과 안
락을 만들려고 했는데, 증점은 안락과 행복과 기쁨은 마음에 있다고
한 것입니다. 모든 것은 마음에 있으니, 밖에서 찾을 필요가 없다는
것입니다.

苟或不疑不信인댄 饒你坐到彌勒下生이라도 也只做得箇依草附木之
精靈과 魂不散底死漢하리니 敎中에 言二乘小果가 雖入八萬劫大定이
나 不信此事할새 去聖逾遙하야 常被佛訶라하시니라 直欲發大信起大
疑하야 疑來疑去에 一念萬年이며 萬年一念이라 的的要見者一法子落
著인댄 如與人으로 結了生死冤讐相似하야 心憤憤地하여 卽欲便與一
刀兩段하야 縱於造次顚沛之際라도 皆是猛利著鞭之時節이니라 若到不
疑自疑하야 寤寐無失하야 有眼如盲하고 有耳如聾하야 不墮見聞窠臼
라도 猶是能所未忘하며 偸心未息이니 切宜精進中에 倍加精進하야 直
敎行不知行하고 坐不知坐하며 東西不辨하고 南北不分하야 不見有一
法可當情이 如箇無孔鐵鎚相似하야 能疑所疑와 內心外境이 雙忘雙泯
하야 無無亦無니 到者裏하야는 擧足下足處에 切忌踏翻大海하며 踢倒
須彌하고 折旋俯仰時에 照顧觸瞎達磨眼睛하고 磕破釋迦鼻孔이니라

其或未然인댄 更與添箇注脚하리라 僧問趙州和尙하되 萬法歸一하니
一歸何處닛고 州云 我在靑州하야 作一領布衫하니 重 七斤이라하니 師
云 大小趙州가 拖泥帶水로다 非特不能爲者僧하야 斬斷疑情이라 亦乃
賺天下衲僧하야 死在葛藤窠裏로다 西峯은 則不然하야 今日에 忽有人
이 問萬法歸一하니 一歸何處오하면 只向他道하되 狗舐熱油鐺이라하
리니 信翁信翁아 若向者裏하야 擔荷得去인댄 只者一箇信字도 也是眼
中著屑이니라

만일 의심도 하지 않고 믿지도 않는다면, 그대는 비록 미륵불이 하

생下生할 때까지 앉아 있어도 다만 풀에 의지하고 나무에 붙은 정령이 되거나 혼이 흩어지지 않은 죽은 자가 될 것이다. 교敎에 말하기를, "이승二乘의 소과小果가 비록 8만 겁 큰 선정에 들어갔으나 이 일을 믿지 않아서 성인과의 거리가 더욱 멀어져 항상 부처님의 꾸지람을 듣는다"고 하였다.

바로 큰 믿음을 내고 큰 의심을 일으켜서 의심해 오고 의심해 가서 한생각이 만 년이 되며 만 년이 한생각이 된다. 분명하게 이 한 법의 낙착落著을 보고자 한다면, 다른 사람과 생사의 원수를 맺음과 같이 해야 한다. 마음이 분하여 곧 한 칼로 두 동강 내고자 해서 비록 잠깐 사이라도 다 맹렬하고 날카롭게 채찍질하는 시절이 되어야 한다.

가령 의심하려 하지 않아도 저절로 의심이 나서 깨어 있거나 잠들어 있을 때에도 잃지 않으며, 눈이 있어도 눈먼 것 같고 귀가 있어도 귀먹은 것 같아서 보고 듣는 구덩이에 떨어지지 않는 데에 이를지라도 오히려 주관[能]과 객관[所]이 없어진 것이 아니며, 엿보는 마음[偸心]을 쉬지 못한다. 반드시 정진하는 가운데에 배로 더 정진해서, 행해도 행하는 줄 모르고 앉아도 앉는 줄 모르며, 동서를 분별하지 못하고 남북을 가리지도 못하여 한 법도 정情에 해당함을 보지 못함이 마치 구멍 없는 쇠몽둥이와 같아서 의심하는 주체와 의심하는 대상과 속마음과 바깥 경계가 둘 다 잊히고 둘 다 없어져서, 없다는 것까지 없음도 또한 없어야 한다. 여기에 이르러서는 발을 들거나 발을 내리는 곳에 간절히 대해大海를 밟아 뒤집어 엎으며 수미산須彌山을 차서 무너뜨리는 것도 꺼리고, 구부리고 돌아보고 내려 보고 위로 볼 때에 달마의 눈동자를 찔러 멀게 하고 석가의 콧구멍을 부딪쳐 깨어버리는 것을 비추어 돌아본다.

혹 그렇지 못하면 다시 설명[注脚]을 더하겠다. 어떤 스님이 조주 화상에게 물었다.

"만법은 하나로 돌아가니 하나는 어디로 돌아갑니까?"

조주 화상이 말했다.

"내가 청주青州에 있을 때 삼베옷을 한 벌 지었는데 그 무게가 일곱 근이었다."

스승이 말하기를, "서툰 조주여, 진흙을 끌고 물에 뛰어들었도다. 다만 그 스님의 의심을 끊어 주지 못했을 뿐 아니라, 또한 천하의 납승을 속여서 갈등葛藤의 구덩이 속에 죽여 놓았다"고 하였다.

나[西峯]는 그렇지 않아 오늘 갑자기 어떤 사람이 묻기를, "만법은 하나로 돌아가니 하나는 어디로 돌아갑니까?" 한다면, 그에게 말하기를, "개가 뜨거운 기름 가마솥을 핥는다"라고 하겠다.

"신옹信翁아, 신옹아, 만일 이 속을 향해 짊어 메고 가면, 다만 하나의 '신信'자도 또한 눈 속의 티다."

"의심도 하지 않고 믿음도 약했을 때, 설사 미륵불이 하생할 때까지 앉아 있다 하더라도 결국은 풀에 의지하고 나무에 붙어 사는 정령과 같을 것이다"라고 했습니다.

풀에 붙어 있는 이슬은 바람이 약간만 불어도 떨어져 버립니다. 성황당에 붙어 있는 성황당 귀신이 무슨 영험이 있겠습니까? 나무에 붙어 있는 것과 같다는 것입니다. 즉 마음자리를 모르고 제대로 공부하지 않으면 마음한테 속아서 지옥의 고통을 받는다는 것입니다. 바깥 경계에 계속 이끌려서 그러한 고통을 받습니다. 이것은 혼이 흩어지지 않은 죽은 사람과 같다는 것입니다. 죽은 사람이 무슨 역동성이 있고 창조성이 있고 힘이 있겠습니까? 마음자리를 모르면 그렇게 어리석은 삶을 산다는 것입니다.

'이승二乘'은 성문聲聞과 연각緣覺을 뜻합니다.

팔만 겁의 큰 정定에 들어가 있어도 적적寂寂한 것만 계속 붙들고 있는 사람은 그 고요에서 깨면 일상생활에서 또 매어 버립니다. 선禪은 사실을 바로 알아 생활에서 도풍을 즐기는 것인데, 앉을 때만 공부가 되고 생활에서는 그것이 드러나지 않을 때는 이승과 같아서 부처님이 떠나신 뒤는 더욱 법이 멀어지고 부처님이 계실 때는 항상 부처님에게 큰 꾸지람을 듣는다는 이야기입니다.

"바로 큰 믿음을 내고 큰 의심을 일으켜서 의심해 오고 의심해 가서"
라고 했습니다.

화두 공부에서 가장 근본 바탕이 될 수 있는 수행덕목이 큰 믿음을
일으키는 것입니다. 본래 우리가 부처라는 그 믿음을 크게 일으켜야
합니다. 이 믿음이 대단히 중요합니다. 그 가운데에서도 생명 있는 것
이나 없는 것이나 모두가 불성의 지혜작용 그 공덕을 조금도 부족함
없이 갖추고 있다는 것을 믿어야 합니다. 이것을 믿어야만 큰 의심이
일어날 수 있습니다.

왜냐하면 '부처님께서는 모두가 불성의 지혜를 갖추고 있다고 하셨
는데 어째서 조주 스님이 개는 불성이 없다고 했는가? 그 깊은 뜻이
무엇인가?'라는 의심이 생기기 때문입니다. 본래 불성이 누구는 있고
누구는 없고 누구는 부처이고 누구는 중생이고 이렇게 분별된 것이라
고 부처님께서 말씀하신 것 같다면, 개가 불성이 없다는 이야기에 우
리가 조금도 의심이 일어나지를 않습니다. 그런데 우리가 본래 다 불
성이 있고 본래 다 부처의 공덕과 공능을 가지고 있다는 부처님의 말
씀을 확신하므로 개는 불성이 없다는 것에 대해서 의심이 돈발할 수밖
에 없는 것입니다.

따라서 큰 믿음이 있으면 그에 따라서 그 의심도 깊어집니다. 산이
높으면 골짜기가 깊고, 그 골짜기가 깊으면 흐르는 물도 아주 차고 바
람도 시원합니다. 그와 같이 믿음이 크면 의심도 더욱 깊어지고, 의심
이 깊어지면 깨침도 크게 깨닫는다는 것을 다시 강조하는 말씀입니다.

'일념만년一念萬年이며 만년일념萬年一念'이라 했습니다.

이 구절은 이해하기가 어렵습니다. 여기서의 일념은 『대승기신론』에서도 말하는 일념으로, 아상·인상·중생상·수자상이 조금도 없는 것, 이 일념에 들어가면 부처도 세울 수가 없고 열반도 세울 수 없고 조사도 해탈도 세울 수 없고, 티끌만한 번뇌도 세울 수 없고 마디만한 풀도 세울 수 없는 것을 말합니다. 이 일념의 세계는 과거·현재·미래의 시간이라는 것이 존속하지 않습니다. 번뇌가 있고 분별이 있고 차별심이 있을 때 시간과 공간의 한계성을 뛰어넘지 못하고 우리가 나눌 수 있지만, 그 자리에 들어가면 그 자리에는 모든 상대적인 분별이 끊어져 버립니다. 거기에는 시간도 존속할 수 없고 남자다 여자다 이름 붙은 것도 존재할 수가 없습니다. 즉 대무심大無心의 자리입니다.

『신심명信心銘』에서는 대무심의 자리를 "일심이 불생하면 만법이 무구니라[一心不生 萬法無咎]"라고 하였습니다. 한생각이 일어나지 않으면 만 가지 경계가 온다고 하더라도 조금도 허물이 될 것이 없다는 뜻입니다. 한생각이 일어나지 않는다는 것은, 즉 차별심, 이기심, 혹은 중생번뇌 등 중생 업식이 일어나지 않을 때는 천 가지 만 가지 경계를 우리가 다 받아들이면서도 조금도 그 경계에 마음을 팔아 버리고 괴로워하고 분별심이 일어나지 않으므로 허물이 없다는 것입니다. 허물 자체가 없으면 마음이라 할 것도 없습니다. 따라서 시간도 없으므로, 일념이 만년하고 통하는 자리이고 만년이 일념하고 통하는 자리입니다. 이것은 어디에서 나오느냐 하면, 화두가 온몸으로 의정의 기운이 찼을 때, 화두 기운에 의해서 일체 모든 분별잡념이 붙지 않으므로 일심 제자리로 바로 들어가 버리게 됩니다. 화두 의정이 걸리면 바로 그 일 심자리에 들어가므로 천 년이 가든, 만 년이 가든 거기에서는 시간이 라든지 삼세過去·現在·未來가 존재할 수가 없습니다. 내가 그것을 받아 들이지 않고 느끼지 않으므로 없는 것입니다. 다만, 한생각이 일어날 때 삼세가 존재하는 것입니다. 의정이 아주 깊이 들어가면 나도 없어 져 버리고, 화두 드는 화두도 없어져 버립니다. 즉 주관과 객관이 다 떨어져 버립니다. 오로지 의심하는 그 빛 광명덩어리 그대로 들어갑 니다. 그것을 삼매에 들어간다고 합니다.

"우리 본성이 가지고 있는 지혜의 본 바탕자리의 깊은 뜻을 알고자 할 때는 나고 죽는 사생을 결단하고, 원수를 맞는 것과 같이 해야 한다" 고 했습니다.

'적적요견자일법자낙착的的要見者一法子落著'에서 적적的的은 아주 분명 한 것을 뜻합니다. '한 법[一法]'은 우리의 본래 본성, 즉 불성佛性을 뜻 합니다. 즉 이 화두 공부를 할 때는 굳세게 결심하고 밀고 나가는 추 진력이 있어야 합니다. 매화가 눈 속에서 향기를 터트릴 때는 뼈에 사 무치는 눈보라 속의 찬 기운을 이겨냈기 때문인 것처럼 이렇게 애를 써야 합니다.

그 다음 내용은, 어째서 조주 스님은 '개는 불성이 없다고 했는가?' 라고 한 답답한 마음과 의심을 일도양단一刀兩段, 즉 한 칼에 잘라 버리듯이 하는 그런 대용맹심이 있어야 한다는 것입니다.

"비록 잠깐의 순간이라도 맹렬하고 예리하게 채찍질을 가해서 공부를 해야 한다"고 했습니다.

'종어조차전패지제縱於造次顚沛之際'에서 '종縱'은 '가령 비록'이라는 뜻이고, '조차造次'는 잠깐 순간을 뜻합니다. '전패지제顚沛之際'는 잠깐 넘어진 그 짧은 순간이라는 뜻입니다.

항상 이 생각이 생생하게 살아 있어서 모든 것이 그대로 다 조금도 어긋남이 없이 맞게 돌아가게끔 관觀해야 합니다. 부정적이고 희망도 없이 잠들어 있는 내 영혼을 화두를 듦으로써 깨우는 것입니다. 화두를 들면 내 생명자리에서 엄청난 힘과 공덕의 능력이 살아납니다. 살아나면서 무엇이든지 자신이 있고 아무리 어려운 일이 닥치더라도 생각이 침착해지면서 차분하게 그 일을 해낼 수 있습니다. 따라서 일상생활에서 시간을 정해 놓고 하지 말고 24시간 항상 해야 하는 것입니다.

"잠들어 있을 때에도 잃지 않으며, 눈이 있어도 눈먼 것 같고 귀가 있어도 귀먹은 것 같아서 보고 듣는 구덩이에 떨어지지 않는 데에 이를지라도 오히려 주관[能]과 객관[所]이 없어진 것이 아니다"라고 했습니다.

이 구절은 종지를 밝히는 대목입니다. 상당한 힘이 생겼더라도, 오히려 능소能所가 아직 익지 못했다는 것입니다. 이 정도는 대무심지의 힘을 얻기 위해서 화두 의정을 일으켜 들어가는 과정입니다. 대무심의 힘을 못 얻은 것입니다. 의정이 아직 약하기 때문에 경계가 오면 꺼둘리게 되어 있습니다. 생각을 일으키고 분별을 일으킵니다. 능소能所라는 것은 화두 드는 내가 있고, 대상인 화두를 말합니다. 그것들이 하나가 되고, 하나가 된 자리도 완전히 없어지는 자리까지 들어가야 합니다.

의정이 깊어지면 깊어질수록 힘이 약하면 안·이·비·설·신·의 즉, 눈으로 보고 귀로 듣는 이런 모든 것이, 보는 데 집착하고 들은 데 집착하게 됩니다. 그러나 의정이 꽉 차 있으면 이 육진六塵에 육근六根이 구속받고 집착 받고 거기에 노예가 안 됩니다. 의정이 깊어지면 깊어진 만큼 밖에서 오는 경계도 나에게 힘을 못 쓰게 됩니다. 그러므로 항상 의정을 깊이 가져서 화두 드는 나와 화두 드는 대상까지도 다 잊어야 합니다.

"엿보는 마음[偸心]을 쉬지 못한다"고 했습니다.

이것은 아직까지 깨달아야 되겠다, 얻어야 되겠다, 성불해야 되겠다는 등 이러한 생각들이 남아 있다는 것입니다. 대무심지에 못 들어갔기 때문에 이것은 화두 들고 공부해 나가는 과정을 이야기하는 것입니다.

조금이라도 궁금한 것이 있고, 알고 싶은 것이 있고, 깨달아야 되겠다는 생각이 있으면 그것은 본래 우리 본성자리에 아직 못 들어갔다는 이야기입니다. 본성자리에 완전히 들어가 버리면 구하는 생각, 원하는 생각, 발원하는 생각이 다 없어집니다.

여기에서 화두라는 것이 얼마나 대단하느냐 하면, 업業에 의해서 우리가 끌려가고 업에 의해서 윤회하고 업에 의해서 몸을 받는데, 그 업이 공하게끔 만들어 주는 것이 화두입니다. 의정의 불꽃이 타면 삼생의 업뿐만 아니라 몇 만생 천생 업도 다 녹아 버립니다. 또 화두를 열심히 들면 업이 만들어지지 않고 굳어지지 않습니다. 그래서 이 화두 공부의 위력이 대단합니다.

"간절하게 정진하는 가운데 더욱 정진하여서 행해도 행한 바를 알지 못하고, 앉아도 앉은 바를 알지 못하고, 동서를 분별하지 못하고 남북을 분간하지 못하여 한 법에도 그 감정에 꺼둘리는 것이 없음이 마치 구멍 없는 쇠몽둥이와 같다"고 했습니다.

구멍 없는 쇠몽둥이는 일체 모든 아상 · 인상, 번뇌, 탐 · 진 · 치가 다 끊어진 본래 일심자리를 말합니다. 이 일심자리를 은산철벽銀山鐵壁에 들어갔다고 합니다. 이것을 다른 말로 하면 오매일여寤寐一如, 혹은 대무심지라고도 합니다.

왜 구멍 없는 쇠몽둥이라고 했느냐 하면, 구멍이 있으면 그 구멍에 자루가 있어야 됩니다. 그러면 구멍과 자루로 나누어집니다. 즉 능소能所가 갈라집니다. 이것은 화두 있고 드는 내가 있다고 분별에 젖어 있다는 것입니다. 따라서 구멍 없는 쇠몽둥이는 일체 무심의 번뇌가 다 끊어져 버렸다는 것입니다.

의심하는 주체와 의심하는 대상과 속마음과 밖에서 오는 경계가 쌍으로 다 없어지고 멸했다고 했습니다. 쌍이라는 것은 주관과 객관을 말하는 것이고, 나와 경계를 말하는 것입니다. 그래서 무무역무無無亦無라고 했습니다. 없음이 없다는 것도 또한 없다는 것입니다.

여기까지를 조사선에서는 선문답禪問答하는 언하言下에 바로 깨닫는 것을 최상승 근기라 하고, 그 자리에서 못 깨달아 화두 의정을 일으켜 의심하면서 없음이 없다는 것까지도 없다는 이것까지를 견성한 것이라 합니다. 이것은 대무심지에서 견성한 소식을 이야기하는 것입니다. 모두 마음자리를 말하는 것입니다. 이 마음을 가지고 우리가 항상 이야기를 하는데, 모든 제법은 연생연멸緣生緣滅, 즉 밖에 있는 모든 형상, 내 마음에 일어나는 모든 번뇌망상 등 밖의 경계나 안의 경계나 모두 인연에서 일어나는 것입니다. 인연에 의해서 일어난 것이므로 인연이 가 버리면 없어지는 것이어서 그러한 것을 알기 때문에 앉아도 앉은 줄을 모르고 동서도 모르고 행해도 행하는 줄을 모르고 남북도 분간하지 못한다는 것입니다. 이 말은 바보를 말하는 것이 아니라 일체 경계에 화두 의정의 힘이 꽉 차 있어서 경계에 꺼둘리거나 노예가 된다거나 구속받는 것이 없는 안락한 경지를 표현한 것입니다.

"흔적도 다 지워버리고 견성했는데 견성한 거기서도 발을 올리고 발을 내릴 때 간절히 큰 바다를 밟아서 뒤집어 엎어 버리고 수미산을 발로 차서 무너뜨린다"고 했습니다.

　지금까지는 견성한 것을 이야기했고, 견성한 자리에서 머물지 않고 일상생활에서 향상일로向上一路해야 한다는 것입니다. 이런 소식을 무한한 향상, 즉 계속 향상해 나간다는 것입니다. 교학적으로 말하면 조금도 머물거나 집착하거나 열반이나 해탈에도 부처에도 정착하지 않고 그 마음에 정한 바 없이 계속 자유자재한 것입니다. 이렇게 대해大海를 밟아서 뒤엎는다든지 수미산을 발로 차서 무너뜨린다든지 하는 것은 대무심지가 바탕이 되어 그대로 생활에서 자유자재하는 것을 말합니다. 간절히 꺼린다는 것은 거기에 머물지 말라는 이야기입니다. 그 견성한 자리, 무심자리에서 머물지 않으면 절선부앙시折旋俯仰時라고 했습니다. 절선부앙折旋俯仰이라는 것은 손도 흔들고 고개도 돌아보며 움직이는 것을 말합니다. 견성한 대무심지에서 평상심으로 자유자재 생활해 쓰는 것을 절선부앙시折旋俯仰時라고 말합니다.

　"달마의 눈동자를 찔러 멀게 하고 석가의 콧구멍을 부딪쳐 깨어버리는 것을 비추어 돌아본다"라고 했습니다.

　이것은 다시 또 무심지로 들어간다는 이야기입니다. 무심과 평상심을 둘이 아닌 하나로 같이 한다는 말입니다. 여러분이 가정에서 식초를 만들다 보면, 식초가 되기 전에 술이 먼저 되는 것을 알 것입니다. 그럼 술에서 식초가 나온 것입니다. 다시 말하면 식초에 술이 깔려 있고, 그 술은 이미 식초가 될 가능성을 가지고 있다는 이야기입니다. 항상 무심과 평상심은 이렇다는 것입니다.

깨친 다음에도 중생을 교화하기 위해서 대자비심으로 근기와 능력 따라서 이렇게 써 주는 것입니다. 하근기·중근기·상근기에 따라서 거기에 맞게끔 관세음보살님이 전부 다 제도해 주듯이 자유자재하게 흔적도 남기지 않으신 한 도리를 이렇게 이야기했습니다. 그런데 다음 문구는 그렇지 못한 사람을 위해서 내가 다시 한 번 법문해 주겠다고 했습니다. 즉 자세하게 설명해 주겠다는 말입니다.

"만법은 하나로 돌아가니 하나는 어디로 돌아갑니까?"라는 화두입니다.

"내가 청주에 있을 때 삼베옷을 한 벌 지었는데 그 무게가 일곱 근이었다"라고 조주 스님은 말했습니다.

이에 대해 "서툰 조주여, 진흙을 끌고 물에 뛰어들었도다"라고 고봉 스님은 말했습니다.

이 말은, '나[고봉] 같으면 그렇게 이야기하지 않겠다'라는 이야기입니다. 고봉 스님이 조주 스님을 뭉개는 이야기가 아니고, 가풍이 다른 것입니다. 같은 법을 쓰는데도 가풍이 다른 것이지 이것을 우열로 보면 안 됩니다.

그래서 고봉 스님은, 어느 납승衲僧이 그렇게 물었을 때 그 의정을 완전히 끊어 주지도 못하여 그 납승이 아직도 갈등에 죽어 누워 있게끔 하였으니, 나는 더 확실한 공안을 이야기하겠다고 합니다.

“어느 학인이 나에게 ‘만법은 하나로 돌아가니 하나는 어디로 돌아갑니까?’ 한다면, 그에게 말하기를, ‘개가 뜨거운 기름 가마솥을 핥는다’고 하겠다”고 했습니다.

이 말도 캄캄합니다. 화두는 캄캄해야 활구活句고, 그 활구를 들어야 업이 공하고 업이 형성되지 않고 만들어지지 않습니다.

“신옹信翁아, 신옹아, 만일 이 자리에서 화두를 챙길 수만 있다면, 다만 하나의 ‘신信’자도 또한 눈 속의 티다”라고 했습니다.

짊어지고 간다는 것은 방하착放下著한다는 말의 반대되는 말로, 깨친 후에 아주 자유자재로 흔적도 안 남기고 잘할 것 같으면 내가 지금까지 여러분을 위해서 믿어야 된다, 믿어야 된다고 한 이 믿을 신信자 하나도 또한 눈 속의 티가 된다고 했습니다. 그 믿음 자체도 여기에 와서는 그 흔적이 없어져 버렸다는 이야기입니다.

선요, 선사의 체험으로 풀어내다 上

초판 1쇄 펴냄 2014년 8월 1일
초판 2쇄 펴냄 2017년 3월 3일

강   설 설우 스님
펴 낸 이 이자승
편 집 인 김용환
펴 낸 곳 ㈜조계종출판사

출판등록 제300 – 2007 – 78호(2007 4.27.)
주   소 서울 종로구 삼봉로 81 두산위브파빌리온 230호
전   화 02)720 – 6107~9
팩   스 02)733 – 6708
홈페이지 www.jogyebook.com

• 책값은 뒤표지에 있습니다.
• 저작권법에 의하여 보호를 받는 저작물이므로 무단으로 복사, 전재하거나 변형하여 사용할 수 없습니다.
• ㈜조계종출판사의 수익금은 포교 · 교육 기금으로 활용됩니다.